목자 리더십

THE SHEPHERD LEADER

티모시 Z. 위트머 지음 | 임경철 옮김

개혁주의신학사

Presbyterian and Reformed Publishing

P&R(Presbyterian and Reformed Publishing Company)은
미국 뉴저지 주에 소재한 기독교 출판사로서
웨스트민스터 신앙고백서와 요리문답에 기초하여
성경적인 이해와 경건한 삶을 증진시키는
탁월한 도서들을 출판하고 있습니다.
P&R Korea(개혁주의신학사)는
P&R과 CLC가 공동으로 운영하는 출판사로서
P&R의 도서를 우선적으로 번역출판하고 있습니다.

The Shepherd Leader

Written by

Timothy Z. Witmer

Translated by

Kyung Chul, Lim

Copyright © 2010 by P&R Publishing Company

Originally published in English under the title as

The Shepherd Leader: Achieving effective shepherding in your church

by Timothy Z. Witmer

Translated and used by the permission of

P&R Publishing Company, P. O. Box 817

Phillipsburg, New Jersey 08865-0817.

All rights reserved.

Korean Edition

Copyright © 2014 by Presbyterian and Reformed Publishing Company

Seoul, Korea

하나님이 맡겨주신 양 떼를
목자로서 충성스럽게 돌보고 있는
크로스로드커뮤니티교회(PCA 소속)
모든 임직자들과

그리고

죽음의 그늘이 드리워진 계곡들을 넘나들며
이라크 평화 작전을 수행하는 그리고
그의 부대원들을 돌본 용감한 목자
나단 T. 위트머 대위에게

이 책을 바칩니다.

추/천/사

싱클레어 B. 퍼거슨 박사
Westminster Theologycal Seminary 조직신학 교수

이렇게 중요한 책을 소개하고 추천하는 글을 쓸 수 있다는 것은 영광이요 특권이다.

『목자 리더십』(*The Shepherd Leader*)은 티모시 위트머의 인격과 사역을 아는 사람들이 기대해 왔던 책이다. 이 책은 교회의 진정한 리더십의 본질을 지적, 성경적으로 균형 있게 제시하고 있다. 뿐만 아니라 섬세하고 현실감 있게 목회를 위한 리더십을 설명하고 있다. 이 책은 읽기 쉬우면서도 흥미롭다는 두 가지 이점이 있다. 장로직에 대한 연구는 펜실베니아 어느 시골 목장의 실제 목양에 대해서 가르쳐주지는 않는다. 그러나 그러한 연구는 17세기 영국 리처드 백스터의 뛰어난 목양적 목회에 대해서 알게 해준다! 이 책은 지식과 정보가 가득한 책이다. 여기에 나타난 석의와 해설은 변치 않는 성경에 근거한다. 이 책에 나타난 영혼의 치유 역사에 대한 광범위한 지식은 우리들에게 다양함을 맛볼 수 있게 해준다. 성경에 나타난 역사, 중세 시대와 종교개혁 시대의 역사 그리고 19세기 스코틀랜드에서 토마스 찰머스가 불우했던 도시 교구를 돌볼 때 사용했던 전략들에 이르기까지 내용이 광범위하다.

어떤 이는 위트머 박사가 필라델피아에 소재한 웨스트민스터신학교(Westminster Theological Seminary)의 실천신학 교수라는 사실을 알고 많은 것을 기대하고 있을지 모르겠다. 그러나 그 정도의 기대를 한다는 것 자체가 위트머 박사가 자신의 이력이 주목받는 것을 겸손한 마음으로 감추고 있다고 할 수 있다. 왜냐하면 그는 교수로서 학생들을 가르치는 동시에, 필라델피아 교외에 위치한 다문화 장로교회 설교 목사로 섬기고 있기 때문이다.

그가 100년의 역사를 자랑하는 크로스로드교회(Crossroads Church)에 부임한 이후 교회는 영적으로, 수적으로 새로워지고 부흥되었다. 사실상 그 교회는 규모면에서 뿐만 아니라, 풍부한 은사 개발의 측면에서 한 사람도 소외되지 않고 있다는 점에서 훌륭하다. 이는 존 오웬이 제시한 모든 성도들이 참여하는 이상적인 교회와 동일시된다.

위트머 박사는 풍부한 목회 사역경험을 통해 최근 사역 현장에 지혜를 제공해 준다. 그러므로 이 책은 대단히 실제적이면서도 교훈적이라 할 수 있다. 이 책은 사역자들과 리더들이 자신들의 교회에 구체적으로 적용할 수 있는 원리들을 명백하게 보여주는 동시에 그 원리들이 어떻게 현장에서 활용될 것인지에 대한 실제적인 제안을 제시하고 있다.

이 책은 저자가 개인적으로 이미 임상실험을 해 본 내용이다. 이 책은 우리에게 완벽하고 이상적인 내용을 제공하지 않는다. 이 책은 단순히 신약의 가르침을 그대로 읽기보다는 그리스도의 양 떼 상태에 대한 가르침을 제공한다. 위트머 교수는 이 일에 적합한 신학자이다. 또한 그는 사역 현장에 있는 목사들을 배려하여 실제적이고 유용한 리더십과 영적 돌봄에 접근하는 방법들을 알려주고 있다 .

최소한 나의 경험에 비춰볼 때, 위트머가 말하는 성도들 가운데 있는 목사란 무리 안에서 양들을 사랑하고 돌보며 잘 보호하고, 하나님의 말씀으로 균형잡힌 건강한 음식을 규칙적, 헌신적으로 먹인다는 의미를 조금이나마 감지하는 것이다. 이 성도들에 대해서 한 마디로 정의하기는 힘들지만, 이는 하나님을 아는 지식과 예수 그리스도를 향한 믿음과 사랑, 그리고 성령의 임재에 대한 감각으로 설명할 수 있다. 이것이 예배와 복음 전도 안에서 함께 경배하며, 기도하고, 즐겁게 교제를 나누는 가족으로서 주의 백성을 연합하게 하는 것이다. 이와 같은 것들이 티모시 위트머의 사역과 리더십의 직접적인 열매로서 드러나고 있기 때문에, 그가 목회적인 돌봄의 주제에 관해 말할 때 우리는 귀 기울여야 한다. 그리고 그가 이러한 내용을 책으로 쓸 때 우리는 열정적으로 읽어야 한다.

나는 위트머 교수와 오랜 세월 동안 친구로서 지내고 있는 것에 깊이 감사하고 있다. 나는 그에게서 많은 것을 배울 수 있었으며, 특히 최근에는 목회하는 교회의 장로들과 밀접한 관계를 맺는데 큰 도움을 받았다.

이 책이 지적이며, 성경적이고, 균형 있으며, 목회적이고, 섬세하며, 실제적인 풍부하고 다양한 특성들을 지니고 있는 이유를 발견하기 어렵지 않다. 거기에는 두 가지 이유가 있다. 첫째, 이러한 특성들이 예수 그리스도와 사도들의 목회적 돌봄과 리더십 가운데 나타난다는 것이며, 둘째, 티모시 위트머 자신이 그것들의 모범이 된다는 것이다. 우리 주님은 말씀하시기를 선한 목자는 그의 양을 알고 그의 양들을 위해 그의 목숨을 내어 줄 준비가 되어있다고 하셨다.

선한 목자는 양들과 시간을 함께 보내고, 그들을 알아가며, 그들을 위해 하늘에 계신 아버지께 기도한다. 그리고 주님께서는 양들을 '사랑하기 때문에 죽기까지' 자신을 내어 주셨다. 이러한 특징들은 하나님이 약속해 오신 바로 '나의 마음을 따른 목자들'의 특징들이다. 이러한 특징들이 깨달음과 성경에 대한 지혜로운 적용과 융합될 때, 하나님의 양 떼는 목자의 돌봄을 받게 될 것이다.

오늘날 너무 많은 사람이 '목자 없는 양과 같은' 상황에 놓인 이때에 이러한 목자의 돌봄은 절실히 필요하다. 이 책은 중간 목자들이 함께 그들의 양들을 이끄는 방법을 변화시켜줄 잠재력을 가지고 있다. 작은 변화를 통해 저자와 그의 목자이신 그리스도는 더 많이 만족하고 기뻐하실 것이다.

역/자/서/문

　어느 날 기독교문서선교회 대표이신 박영호 박사님으로부터 전화가 왔다. 리더십에 관한 이 책을 꼭 번역하고 싶은데 누구에게 맡길까를 생각하다가 리더십을 전공한 내가 생각나서 전화를 했으니 거절하지 말고 꼭 번역을 맡아 달라는 부탁을 하셨다. 나는 순간적으로 여러 가지 일로 바쁜 현실을 핑계로 외면하고 싶은 생각이 나서 아무래도 나는 바빠서 단기간에는 할 수 없으니 다른 사람에게 부탁을 하시는 것이 좋겠다고 말씀을 드렸다. 그랬더니 박대표께서는 시간을 넉넉하게 드릴 테니 이 책을 한번 검토한 후에 결정을 해도 좋겠다는 말씀을 하셔서 이 책을 건네받게 되었다.
　그러나 나는 이 책을 읽어 가면서 강력하게 받은 도전은 우선 진정한 목자 리더십에 대해서 성경적이고 역사적인 근거에서 저술되었다는 확신을 가지게 된 것이다. 그리고 이 책의 저자인 티모시 위트머 박사는 웨스트민스터신학교의 실천신학교수로서 학문적으로 교수사역을 하고 있을 뿐만 아니라 실제로 크로스로드커뮤니티교회에서의 임상목회를 통해서 자신의 이론을 실제적으로 적용한 결과를 목회의 열매로 제시하고 있다는 것이다. 따라서 나는 이 책이 마이너스 성장을 하고 있는 한국 교회의 위기 상황을 극복하는 데 실제적인 도움이 될 것이라고 기대되어 번역을 하기로 결정하게 되었다.

이 책에서 저자가 주장하는 원리들은 특히 강단 설교를 중심으로 성장한 대형교회를 지향하는 한국 교회의 약점과 부족한 점들을 보충해준다. 이는 교회공동체 안에서 목양의 사명에 부르심 받은 목자-장로(Shepherd-Elder)들을 육성하고 개발하도록 도울 뿐 아니라 성도들을 거시적 목양(Macro-Shepherding)과 미시적 목양(Micro-Shepherding)을 통해 개인적으로 돌볼 수 있도록 하고, 교회공동체가 성경적이면서도 질적 양적으로 성장하도록 인도한다. 따라서 나는 이 책이 한국 교회에 귀한 성장을 도모하게 하는 하나의 좋은 대안이 될 수 있을 것이라고 확신한다.

끝으로 나는 한국 교회를 향한 한 가지 소망을 이 책을 통하여 갖게 되었다. 그것은 저자가 주장하는 대로 진정한 목자(Shepherd), 즉 맡겨진 양 떼들을 잘 알고(Knowing), 먹이고(Feeding), 인도하고(Leading), 보호하는(Protecting) 목회자, 목자-장로들이 벌떼처럼 일어나 마이너스 성장하고 있는 한국 교회를 성경적이면서 건강하게 성장할 수 있도록 도우며, 세상의 빛과 소금의 사명을 효과적으로 감당하여 하나님께 큰 영광을 돌리는 것이다.

총신대학교 신학대학원 양지골에서

임 경 철 識

서/론

"교회가 위기를 맞았다!" 교회가 처해있는 어려움을 다루는 책들은 늘 이렇게 경종을 울리면서 시작한다. 우리의 경우 그것은 목양의 위기 혹은 목양의 실패라고 말해야 할 것이다. 이런 주제에 관해, 실화보다 더 좋은 서론은 없을 것이다(세부사항은 바꾸었다).

많은 사람에게 '케이트'라는 애칭으로 알려진 캐티 윌리엄스는 1953년 9월 22일에 태어났다. 캐티는 1986년 신앙고백을 하고 언약교회(Covenant Church)의 구성원이 되었고, 2005년 7월 14일 사망할 때까지 교회의 회원으로서 활동했다. 캐티 윌리엄스의 죽음은 언약교회의 목회 사역에 한 획을 긋는 사건이 되었다. 반항적이고 게으른 삶을 살던 캐티는 한 때 신앙고백을 한 이후 교회 생활에 적극적으로 참여했었으나 곧 예전의 죄의 습관들에 다시 빠져 들었다. 그녀는 교회를 등지게 되었는데, 교회에서는 그녀가 어디에 있는지 아무도 몰랐고 그녀를 찾지도 않았다. 단지 그녀의 이름만 교인 명부에 남아 있을 뿐이었다. 사실 그녀의 죽음 직전에, 하나님은 캐티를 언약교회의 문턱에 돌려다 놓으셨다. 그러나 죽어가던 캐티에게 제공된 목회적인 도움은 그녀가 과연 하나님 앞에 설 수 있을 것인가를 확인하기에는 너무 부족한 것이었다. 믿음이 자리 잡히기 전, 불확실성 가운데 캐티는 땅에 묻혔다. 그녀는 심판대 앞에 서서 자신의 삶을 설명해야만 할 것이다. 그러나 그 보좌 앞에 나아가 이 잃어버린 양에 대해 해명해야 할 자들이 있으니, 바로, 언약교회에 있는 양 떼를 맡았던 목자들이다.

당신 교회에는 캐티와 같은 이들이 얼마나 많이 있는가? 당신 교회에서는 이와 같은 사람들을 돌보기 위해 어떤 리더십을 행사하고 있는가? 당신의 리더들은 리더로서의 정체성을 어떻게 보고 있고 리더의 할 일이 무엇이라고 생각하고 있는가? 교회 안의 리더십의 본질과 기능에 관한 당신의 견해는 무엇인가? 당신 교회 성도들은 교회 리더십의 본질과 기능에 관해 어떤 생각을 가지고 있는가?

이 책의 논제는 간단히 말해 "교회 지도자들의 본질적 책임은 하나님의 양 떼를 목양하는 것이다"라는 것이다. 결국 '목사'(pastor)라는 단어는 '목자'(shepherd)를 의미하는 라틴어에서 온 것이다. 그러나 목양하는 일은 단지 목사로 부르심 받은 이들의 책임만이 아니라, 장로로 부르심 받은 이들과 장로와 동등한 자리에 부름 받은 평신도들의 책임이기도 하다. 당신은 '목양하는 것'이 리더십의 성경적인 그림의 가장 중심부에 존재한다는 것을 곧 알게 될 것이다. 불행히도 이러한 강조점은 많은 교회들에서 실종되었다.

몇 년 전 나는 우리 교단의 지도자들을 격려하기 위해 준비된 모임에 참석했다. 아주 존경받는 한 목사님이 가장 중요한 성경적인 비유들을 소개함으로 리더십 관련 세미나를 인도했다. 그가 성경적인 어휘들로 준비해 온 목록을 발표할 때, 나는 그가 '목자'의 비유를 말해 주길 계속 기다렸다. "다음엔 나올까. 아니면 그 다음에?" 이렇게 기대하고 있었다. 하지만 끝내 그 단어는 강연에서 언급되지 않았다. 이와 같이 이런 리더십 모임에서 목양의 개념이 명백하게 실종된 것을 미루어 볼 때, 오늘날 많은 교회와 리더의 사역에서 목양이 명백하게 실종된 것은 결코 놀랄 일이 아님을 알 수 있다.

그러므로 비록 이 책이 교회 정치에 관한 내용은 아니지만, 교회 리더십의 본질, 기능, 구조에 관한 당신의 사고에 도전할 것이다. 이는 매우 중요하다. 그것은 교회 내 목양 사역의 실패는 단순하지만 위험한 결과를 초래하기 때문이다. 이는 성도들과 리더들이 궁극적인 성경적 목양 모델을 수용하지 못하게 한다.

성도들이 자신들을 섬겨달라고 뽑은 '목자'라 불리는 교회 리더가 단지 '결정권자'로서만 행세하는 경우가 있을 수 있다. 장로들이나 리더 그룹인 '당회'가 오직 결정만 하고 있는가, 아니면 양 떼를 돌보는 목양 사역을 하고 있는가? 이 질문에 대한 답은 당신 교회의 리더 그룹이 제일 중시 여기는 것이 교회의 성공인지 아니면 목자가 진정한 마음으로 사역하는 것인지에 영향을 줄 것이다. 명백한 것은 그것들이 상호 배타적일 필요는 없지만, 리더들이 가진 궁극적인 관심을 나타내기 때문이다.

목양하는 일을 실패하게 되면 몇 가지 증상들이 나타나게 되는데,

우리는 적어도 미시적인 증상과 거시적인 증상 각 한 가지씩을 관찰하게 된다. 미시적인 증상은 마태복음 9장 마지막 부분에 있다. 예수님은 갈릴리 지방의 도시들과 마을들을 거니시면서 이렇게 생각하셨다.

> 무리를 보시고 불쌍히 여기시니 이는 그들이 목자 없는 양과 같이 고생하며 기진함이라(마 9:36).

예수님이 사람들 가운데서 보신 것은 좌절과 낙담이었다. 이 단어들은 오늘날 많은 교회 성도를 묘사하는 데 자주 쓰인다. 그 양 떼는 좌절하고 낙담하고 있다. 그들이 꼭 필요로 하는, 주께서 그의 목자들에게 공급하라고 요구하신 돌봄을 받지 못하고 있기 때문이다. 그들 중 많은 이들이 영적으로 굶주리고 있거나 방황하며 유랑하기 시작했을 가능성이 크다. 그러므로 목양의 실패는 교회 건강에 큰 충격을 준다.

이런 미시적인 문제는 너무나도 자연스럽게 거시적인 문제로 연결된다. 낙담한 양들이 이 교회에서 저 교회로 옮겨 다니면서 몇몇 교회의 일들을 늘리는 동안, 다른 성도들은 영적으로 연약해져 죽게 된다. 이것이 미국 대형 교회 성공 사례에 나타난 현상이다. 교회의 실질적인 구성원과 출석률은 지속적으로 그리고 전반적으로 줄어들고 있음에도 불구하고 대형 교회의 등록 교인 수는 성장하는 기현상이 펼쳐진다. 이런 것이 교회 성장에 충격을 주게 된다. 만일 우리가 이러한 역동성을 이해한다면, 우리는 '한 양을 얻는 것과 한 양을 유지하는 것이 동등한 가치가 있다'는 것을 알게 될 것이다.

우리는 어떻게 이런 곤경에 빠지게 되었는가? 이렇게 되기까지는 많은 이유가 있지만, 교회 리더들이 목양을 위해 무엇을 해야 하는지,

어떻게 목양하는지 알지 못한다는 점이 가장 궁극적인 이유이다. 이 책의 목적은 교회 리더, 특히 '장로들'이 궁극적으로 중간 목자들임을 성경으로 증명하는 것이다. 그 점을 증명함을 통해, 이 책은 당신이 교회 안에서 효과적인 목양 사역을 펼칠 수 있도록 도와줄 것이다.

내가 플로리다 올란도에 있는 리폼드신학대교(Reformed Theological Seminary)에서 박사학위를 할 때 이 주제에 큰 관심을 갖게 되었다. CCC 사역을 통해 예수님을 믿게 되었고, 그 직후 도시 교회 부흥 프로젝트와 교회개척에 참여하게 된 나는 전도와 선교라는 주제에 깊은 관심을 갖게 되었다. 전도와 선교를 통해 교회가 수적으로 성장하는 것은 긴급한 일이다. 나의 경험에 비춰볼 때, 나는 다음의 내용을 깨닫게 되었다. 앞문으로 들어 온 사람들만큼이나 빠르게 뒷문으로 나간 사람들이 많기 때문에 교인 숫자는 제자리라는 것이다. 비록 우리가 사람들에게 접근하여 성공적으로 교회에 데려오지만 마치 '제자리걸음을 하듯' (treading water) 그 많은 노력들이 결국 수포로 돌아가고 있는 것이다.

어떻게 이런 일이 일어날까? 이것은 지난날의 나의 영적 순례 추억을 떠올리게 한다. 여타 베이비부머 세대(미국의 경우, 2차 세계대전이 끝난 1945년 이후 전쟁기간 동안 떨어져 있던 부부들이 다시 만나고 미뤄졌던 결혼식들이 한꺼번에 이뤄진 결과 출산율이 높아진 시기에 태어난 세대-역주)처럼 나 역시, 어린 시절 교회 안에서 자라났다. 그러나 내가 대학을 가기 위해 집을 떠났을 때, 교회에 대한 관심이 점차 사라졌다. 이후 나는 내가 출석했던 교회 어떤 사람으로부터도 안부 한 마디 들어 본 적이 없다(물론 부모님은 예외이지만). 이것이 바로 거의 대부분의 베이비부머들이『윌로 크릭 사전』(Willow Creek's Lexicon)의 표현대로 '교회 밖의 해리들' 혹은 '예전에 교회 다녔던 피트들'이라 지칭 받게 된 이유이다. 베이비부머에 관한 연구 중 하나인 웨이드 루프(Wade Roof)에 인용된 내용을 보면, "종교적 전통 가운데 양육 받고 자라난 베이비부머의 2/3가 10대 시절이나 20대 초반에 그들의 교회나 회당에서 떨어져 나갔다."[1] 이런 일이 어떻게 생기는가? 자명하게도, 교회 건축에 열을 올렸던 교회 리더들이 그들의 자녀들을 목양하는 일을 잘하지 못했기 때문이다.

루프의 연구는 또한, 깜짝 놀라게 하는 결과를 보여주었다. "젊은 청년의 때, 즉 인생의 한 전환점에서 종교단체로부터 떠났다는 것은 미국 사회에 깊이 파고든 문화적 문제가 되었다."[2] 지금은 또 다른 세대가 위험에 처해있다. 일명, 밀레니엄 세대(1980-2000년에 태어난 세대)가 급격히 교회를 떠나면서 현 사회 문화와 교회에 충격을 주고 있다. 우리 교회들이 그들을 이렇게 잃어버릴 것인가? 만일 그들 혹은 다른 이들이 떠나간다면, 누가 알려줄 것인가? 우리 중 어떤 이라도 그들에게 반응하고 그들을 찾고자 하는 목자의 마음이 있는가? 우리가 더 많은 '캐티들'을 찾아 나서겠는가?

교회 리더로서 명심해야 할 한 가지 중요한 요소는 우리 주께서 믿고 맡겨주신 리더십이라는 청지기 역할에 대한 책임성이다. 히브리서는 다음과 같이 말한다.

> 너희를 인도하는 자들에게 순종하고 복종하라 그들은 너희 영혼을 위하여 경성하기를 자신들이 청산할 자인 것 같이 하느니라(히 13:17).

---

1 Wade Clark Roof, *A Generation of Seekers* (NewYork: Harper Colleins, 1993), 154.
2 Ibid., 56.

이처럼 양들은 리더십을 존중해야 한다. 이는 목자들이 훗날 주님 앞에서 자신들에게 맡겨진 양 떼에 대한 책무를 다했는지 보고해야 함을 암시한다. 이것은 나의 신학교 교수님들이 자주 말했던 '두렵게 하는 말씀들' 중에 하나이다. 특히 '너희 영혼을 위하여 경성하기를'이라는 목양적 말씀이 어떤 뜻인지 이해하도록 동기를 부여한다.

그러므로 이 책은 첫째, 목양하는 일이 당신이 교회 리더로서 세워가야 할 체계와 구조를 제공한다는 것을 확신시켜주기 위해 썼다.

둘째, 당신의 양 떼 가운데서 목양 사역을 시작할 수 있도록 하거나 이미 하고 있는 목양 사역을 개선해 주기 위한 실제적 가이드를 제공하기 위해 썼다.

비록 내가 신학교 교수이기는 해도, 이것은 학문적인 책이 아니다. 하지만 신학교에서 배우는 분들이(그리고 가르치는 분들) 목양 실천을 돕는 측면에서 이 책의 가치를 확인하게 될 것이라 소망한다. 나는 실천신학 교수이기에 나의 마음에서 나오는 동기는 목양적이다. 나는 여러분들이 사역 현장에서 책에서 언급하고 있는 원리들을 적용할 수 있게 돕고자 하는 소박한 소원이 있다.

본서는 성경적, 역사적인 근거들에서부터 실제적인 적용까지 다루고 있다. 1부에서는 목양이 당신이 꼭 관심을 가져야만 하는 것으로 참으로 중요하다는 확신을 심어 줄 것이다. 2부에서는 목양 계획을 어떻게 세울 수 있는지를 다룰 것이다. 여기에 효과적인 목양 사역의 일곱 가지 요소들이 들어있다. 이 '요소들'은 필수불가결한 것이다. 각 요소들은 당신의 목양 계획이 효과적이려면 반드시 필요한 것들이다. 3부에서는 양 떼 목양에 헌신할 때 중요한 시사점들과 동시에 목양 사역을 실행하기 위한 실제적인 방법들을 조명할 것이다.

단순화 작업을 위해, 나는 교회 리더들을 '장로들'(elders)로 쓸 것이다. 그들은 지역 교회의 성경적 리더십 모델이 무엇인지 보여주는 자들이다. 만일 당신 교회에 아직 '장로들'이 세워지지 않았다면(비록 나는 이 책에서 당신에게 성경적인 용어를 사용하도록 설득할 것이지만), 당신 교회의 리더십팀 정도로 이해하기 바란다.

이 책은 크로스로드커뮤니티교회(PCA 소속) 성도와 임직자들 없이는 나올 수 없었을 것이다. 크로스로드커뮤니티교회는 이 원리의 모범 사례일 뿐 아니라, 내가 책을 펴낼 수 있는 시간까지 허락해 주었다. 크로스로드커뮤니티교회의 장로님들은 진실로 참된 목자들이다! 나는 필라델피아의 웨스트민스터신학대교의 교수진과 학생들에게도 감사를 표현한다. 그들은 나로 하여금 당신들이 이 책에서 발견하는 원리들을 더 세련되고 더 명료하게 다듬을 수 있도록 도와주었다.

나는 지난 10년간 20여 교회들과 수백 명의 임직자들에게 기쁨으로 발표했었는데 이 책이 나오기까지 이분들의 영향이 매우 컸다. 정말 많은 이들이 효과적인 목양을 하는 목자들로 성장하길 갈망하고 있다는 사실은 대단히 기쁜 일이다.

나는 펜실베니아 랭카스터 카운티에 있는 최고 수준의 개인 소유 양 목장에서 얼마동안 지낼 수 있도록 허락해준 로버트 헤어 부부에게 감사드린다. 그들이 실제 양 떼를 돌볼 때 통찰력이 뛰어난 모습을 관찰할 수 있었는데 나는 이를 통해 사람들을 대할 때도 하나님의 지혜를 사용할 수 있다는 것이 얼마나 감사한지를 깨달을 수 있었다. 또한 P&R 출판사의 마빈 패지트, 마론 고티어, 에릭 아네스트에게 감사한다. 그들은 이 책을 만드는 작업 과정에서 목자처럼 이끌어 주었다. 그리고 성구 색인을 편집해준 래리 시블리에게 감사한다.

마지막으로, 나의 사랑하는 아내, 바바라에게 감사한다. 그녀의 무조건적인 사랑과 후원이 없었다면 이 책은 아직도 꿈으로 남아 있었을 것이다. 나의 기도는 당신의 양 떼가 '목자 없는 양들'이 되지 않기를 바라는 것이다. 더 나아가 목자 - 왕으로 불리는 다윗에게 명명된 말씀이 당신의 것이 되길 기원한다.

이에 그가 그들을 자기 마음의 완전함으로 기르고 그의 손의 능숙함으로 그들을 지도하였도다(시 78:72).

목/차

추천사 (싱클레어 B. 퍼거슨 박사/Westminster Theologycal Seminary 조직신학 교수) ··· 6
역자 서문 ·· 10
서 론 ·· 12

제 1 부 | 성경적, 역사적인 근거들 /23

1장. 새로운 것이 아니다: 백성의 목자이신 여호와 ······· 25
2장. 성취: 선한 목자와 사도적 명령 ······················· 47
3장. 잃음과 찾음: 목자들은 어디로 가 버렸는가? ········ 69
4장. 목자의 인도할 권리: 성경적 근거들 ·················· 105

제 2 부 | 목자의 역할은 무엇인가? 사역의 종합 매트릭스 /135

5장. 목자는 양을 안다 ···································· 141
6장. 목자는 양을 먹인다 ·································· 177

7장. 목자는 양을 인도한다 ················· 195
8장. 목자는 양을 보호한다 ················· 213

제 3 부 | 모든 것을 종합해서 보기   / 239

9장. 효과적인 목양을 위한 일곱 가지 필수요소 ········ 241
10장. 목양 사역의 의미 ···················· 275
11장. 시작해보자! 실천을 위한 제안들 ············ 293

결 론 | "목자 없는 양처럼?"   / 299

부록 A. 추가 자료 ······················· 303
부록 B. "기간제 장로직에 대한 반론" – 존 머레이 ······ 309

제 1 부
성경적, 역사적인 근거들

    이 책은 목양 사역을 위한 실제적인 최고의 모델을 제공하기 위해 기획되었으나, 어떤 교회도 성경적인 원리에 부합하지 않는 사역모델을 수용할 수 없다. 비록 성경이 자세한 내용의 '교회 헌법'(book of church order)은 아니지만, 주님은 그의 교회가 건강한 성장을 이루도록 하기 위한 명료한 원리들을 알려 주셨다. 특히 교회 리더들의 본질과 기능에 관련된 말씀들을 주셨다. 목자로서의 리더 개념은 하나님의 기록된 말씀 안에 깊이 뿌리박고 있는 중심 주제이다. 이것은 구약에 기초를 두고 있으며 신약에서 성취되었다. 제1장과 2장은 성경적인 배경에 대해, 제3장은 교회 역사를 통해 책 주제를 살펴볼 것이다. 제4장은 성경적 리더십 기능들을 행사하기 위한 목자들의 권리에 관한 중요한 성경적인 근거들에 관해 나눌 것이다. 그 다음에는 '어떻게' 목양할 것인지를 말할 것이다.

THE SHEPHERD LEADER

1장

새로운 것이 아니다 : 백성의 목자이신 여호와

여호와는 나의 목자시니 내게 부족함이 없으리로다(시 23:1).

성경 전체를 통해 여호와가 백성의 목자로 그려진 부분들이 많다.[1] 그것은 창세기에서 시작되는데, 야곱이 그의 아들들을 축복할 때, 여호와를 "나의 출생으로부터 지금까지 나를 기르신 목자 하나님"이라고 묘사했다. 야곱은 목자 하나님에 대한 믿음을 선포했는데, 그 목자는 야곱이 일생에 거쳐서 사납고 거칠며 반항적인 모습들을 자주 보일 때도 뒤에 서서 성실하게 오래 참으시면서 그에게 공급하시며 그를 인도하신 목자였다. 하나님은 그의 자녀들이 하나님의 인자하심에 따른 언약의 말씀에 순종함으로써 복을 받는 것을 보고 싶으셨다. 주님과의 언약에 나타난 개인적인 돌봄과 축복은 시편 23편에 잘 나타나 있다.

---

[1] 목양 비유에 관한 성경신학의 보다 자세한 설명을 위해서는 다음을 참고하라. Timothy S. Laniak, *Shepherds After My Own Heart*(Downers Grove, IL: InterVarsity, 2006).

> 여호와는 나의 목자시니 내가 부족함이 없으리로다(시 23:1).

이와 같은 확증으로 시작된 이 시에서 여호와는 그의 양 떼를 위한 궁극적인 공급자, 보호자, 인도자이시다.

그러나 하나님이 확립하신 관계는 단지 개인들뿐만 아니라, 공동체로서의 집합적 관계이다. 그러므로 하나님의 언약 백성이 그의 '양' 혹은 '양 떼'로 묘사되는 것은 자연스러운 것이다. 시편 기자는 이렇게 부르짖었다.

> 요셉을 양 떼 같이 인도하시는 이스라엘의 목자여 귀를 기울이소서(시 80:1).

또한 시편 기자는 그의 언약 백성을 향한 하나님의 성실하심을 기뻐하면서 외쳤다.

> 오라 우리가 굽혀 경배하며 우리를 지으신 여호와 앞에 무릎을 꿇자 그는 우리의 하나님이시요 우리는 그가 기르시는 백성이며 그의 손이 돌보시는 양이기 때문이라(시 95:6-7).

양 떼의 목자인 주님에 대한 묘사는 출애굽 상황에서도 자주 발견된다. 수많은 구절이 있는데, 예를 들어 이스라엘 백성을 이집트 노예 생활로부터 구출하실 때 주님은 목자로 나타난다.

주의 백성을 양 떼 같이 모세와 아론의 손으로 인도하셨나이다
(시 77:20).

이 구절은 홍해를 통과하여 구원을 주신 하나님의 선하심을 반영한다. 그 다음 시편에서 다시 한번 파괴적인 전염병들이 이집트 사람들에게 부어진 것을 상기시켜준다.

그가 자기 백성은 양 같이 인도하여 내시고 광야에서 양 떼 같이 지도하셨도다(시 78:52).

이러한 설명은 주의 백성을 이집트 사람들로부터 보호하시는 하나님의 돌봄을 찬양할 뿐만 아니라 앞으로 올 구속적 구원의 절정을 위한 기초를 놓는 것이다.

주님은 자기 백성의 '목자'이심을 스스로 밝히시는데 단지 그 백성이 분명히 서로 연결되어 있다는 비유를 통해서뿐만 아니라, 백성에 대한 포괄적인 돌봄을 묘사하시면서 알려주고 계신다. 다시 말해, 시편 23편에서와 같이, 주님의 백성을 향한 돌봄은 그 백성에게 "내가 부족함이 없으리로다"라고 말하면서 최고의 감사와 찬양을 표현하고 있다. 양 떼를 위해 공급하시는 돌봄 안에는 부족한 것이 전혀 없다. 여호와는 백성을 먹이실 뿐 아니라, 인도하시고 보호하신다.

비록 그들이 유리할 때에도 그는 성실하게 돌보실 것이라고 확실히 약속하셨다.

그는 목자 같이 양 떼를 먹이시며 어린 양을 그 팔로 모아 품에 안으시며 젖먹이는 암컷들을 온순히 인도하시리로다(사 40:11).

목양하는 일이 위기를 맞을 때, 그 목자의 헌신이 완전히 드러나게 된다. 이와 같이 목양하는 일은 진정한 목자이신 하나님을 향한 사랑의 수고이다.

'목양 비유'는 돌봄을 받는 것의 본질뿐 아니라, 수준에 대한 이해도 제공한다. 이것이 아버지 비유와 목자 비유 사이의 중요한 차이이다. 자녀와 아버지의 관계는 계속 유지되지만, 자라나면서 자녀는 육신의 아버지로부터 점점 독립적으로 변해간다. 그러나 양들은 언제나 전적으로 그들의 목자에게 의존해야 한다. 그들은 목자가 그들을 돌봐주어야 하는 필요에서 결코 벗어나지 못한다. 목자가 그들을 항상 먹여주고, 인도해주고, 보호해 주어야만 한다. 그 목자는 갓 태어난 어린 양일 때도 돌봐주지만, 그 양들이 자라서 늙고 약해질 때도 여전히 돌본다. 그러므로 목자-양 그림을 통해 목자의 포용력 있는 주권이 양들 위에 있고, 양은 목자의 돌봄을 받기 위해 전적으로 의지할 필요가 있음을 알 수 있다. 좋은 소식은 주님의 주권적 능력이 양들의 안녕을 위해 사용된다는 것이다.

1. 이스라엘의 목자-리더들 : 모세와 다윗

만일 주님께서 목자이시고 그 백성이 양 떼라면, 우리는 그분이 그의 양 떼를 인도하고 돌보라고 부르신 자들에게 목양의 그림을 사용하신다는 것에 놀랄 것이 없다. 주님께서 그의 백성을 향해 돌봐주시는 그림은 부름받은 리더들에게 마땅히 투영되어 나타나야 한다.

구약에 나타난 두 명의 뛰어난 리더, 모세와 다윗이 바로 이런 그림으로 묘사되었다. 앞장 시편 77편에 거론하고 있듯이 이사야는 모세를 이스라엘의 목자로 명명했다.

> 백성이 옛적 모세의 때를 기억하여 이르되 백성과 양 떼의 목자를 바다에서 올라오게 하신 이가 이제 어디 계시냐(사 63:11).

히브리어 원문의 문법적 구조가 어렵긴 하지만, E. J. 영은 다음과 같이 말한다.

> 한쪽 관점에서 보면 목자는 하나님을 가리킨다. 하나님이 그의 양 떼의 목자로서 그 백성을 구원하셨다. 다른 관점에서 볼 때 목자는 모세이다. 모세는 목자로 그 백성을 홍해에서 건져냈다.[2]

E. J. 영은 결국 그 '목자'가 모세라고 결론짓는다. 모세는 하나님에 의해 하나님의 언약 백성을 인도하는 일에 쓰임 받았다. 그는 이집트의 노예생활에서 양 떼를 이끌어 낸 목자였다.

다윗의 리더십 역시 목양하는 목자로 묘사되었다. 이스라엘 사람들이 그의 주변에 다시 모여 그를 왕으로 세울 때, 그들은 "여호와께서

---

[2] Edward J. Young, *The Book of Isaiah* (Grand Rapids: Eerdmans, 1972), 484.

도 왕에게 말씀하시기를 네가 내 백성 이스라엘의 목자가 되며 네가 이스라엘의 주권자가 되리라 하셨나이다"(삼하 5:2)라고 다윗에게 상기시켰다.

시편 기자는 다윗의 통치 영광을 다시 열거하면서 다음과 같이 기록하였다.

> 이에 그(다윗)가 그들을 자기 마음의 완전함으로 기르고 그의
> 손의 능숙함으로 그들을 지도하였도다(시 78:72).

목자-리더인 모세와 다윗에 관련하여 말씀에서 세부적으로 언급하고 있는 것처럼, 이스라엘의 다른 리더들도 목자로 표현되고 있는 것이 일반적이다. 사무엘하 7장에서, 주님은 주님의 성전 짓기를 사모하는 다윗의 마음에 대하여 "이스라엘 자손과 더불어 다니는 모든 곳에서 내가 내 백성 이스라엘을 먹이라고 명령한 이스라엘 어느 지파들 가운데 하나에게 내가 말하기를 너희가 어찌하여 나를 위하여 백향목 집을 건축하지 아니하였느냐고 말하였느냐"(삼하 7:7)라고 나단에게 말씀하신다. 이전 통치자들 역시 '백성을 목양하라고' 명령받은 것으로 묘사되고 있다.

당신은 모세와 다윗이 하나님의 백성을 목양하기 위해 실제 양들을 돌보는 곳에서 부름받았다는 사실에 관해 생각해 본 적이 있는가? 모세가 그의 장인의 양을 돌보고 있을 때에 주 하나님이 불타는 수풀에 나타나셔서 모세에게 언약 백성을 구원하기 위해 부르셨다고 말씀 하셨다(출 3:1). 주님은 모세가 갖고 있던 겸손한 목자 지팡이를 취하셔서 그것을 하나님의 부르심의 상징으로 변형시키셨다. 그리고 그 지팡이

를 통해서 그의 전능하신 역사들이 성취되었고 그 일들을 통해 그 백성은 노예생활에서 건짐 받았다.

> 너는 이 지팡이를 손에 잡고 이것으로 이적을 행할지니라(출 4:17).

이 지팡이가 바로 그 바로 왕 앞에서 뱀으로 변형된 지팡이였다. 바로 이 지팡이를 통해서 주님의 능력이 나타나 나일 강이 피로 변하고, 먼지가 이로 변했으며, 우박이 이집트에 떨어졌고, 개구리가 그 땅에 창일하게 된 것이다. 이 지팡이가 홍해 물 위에 들려졌을 때 물이 갈라졌고 하나님의 백성은 그 사이를 안전하게 통과했다. 모세가 이 지팡이를 다시 그 물 위에 올렸을 때, 그 물은 바로의 병사와 병거를 모두 삼켜버렸다. 모세가 바로 이 지팡이로 호렙 산에서 바위를 두드렸고 그 결과 사막에서 그의 백성의 목마름을 만족시킬 만큼 충분한 양의 물이 흘러나왔다.

> 여호와께서 모세에게 이르시되 백성 앞을 지나서 이스라엘 장로들을 데리고 나일 강을 치던 네 지팡이를 손에 잡고 가라 내가 호렙 산에 있는 그 반석 위 거기서 네 앞에 서리니 너는 그 반석을 치라 그것에서 물이 나오리니 백성이 마시리라 모세가 이스라엘 장로들의 목전에서 그대로 행하니라(출 17:5-6).

또한 이것이 모세가 여호수아와 이스라엘 사람들이 계곡에서 아말렉과 싸울 때 산 위에서 높이 들어서 승리할 수 있게 도와줬던 바로 그 지팡이였다. 그 지팡이를 높이 들고 있는 동안은 이스라엘이 승리했지만, 모세의 손이 약해지고 그 지팡이가 내려갈 때는 아말렉이 승리했다.

> 모세가 여호수아에게 이르되 우리를 위하여 사람들을 택하여 나가서 아말렉과 싸우라 내일 내가 하나님의 지팡이를 손에 잡고 산 꼭대기에 서리라 여호수아가 모세의 말대로 행하여 아말렉과 싸우고 모세와 아론과 훌은 산 꼭대기에 올라가서 모세가 손을 들면 이스라엘이 이기고 손을 내리면 아말렉이 이기더니 (출 17:9-11).

아론과 훌은 모세가 그 지팡이를 높이 들도록 도왔고 결국 아말렉은 패했다. 그러므로 이것이 '하나님의 지팡이'라고 불리는 것은 당연하다(출 4:20). 모세는 '중간 목자'(undershepherd)였다. 하지만 '하나님의 지팡이'가 계시하는 의미는 자기 백성을 보호하고 공급해주며 인도하시는 분은 하나님이라는 분명한 사실이다.

다윗 또한 하나님이 양 떼와 함께 하던 중에 하나님의 부르심을 받은 또 한 사람의 리더였다. 시편 기자는 다음과 같이 기록했다.

> 또 그의 종 다윗을 택하시되 양의 우리에서 취하시며 젖 양을 지키는 중에서 그들을 이끌어 내사 그의 백성인 야곱, 그의 소유인 이스라엘을 기르게 하셨더니 (시 78:70-71).

하나님은 다윗과 모세, 두 사람 모두 하나님의 양들을 섬기게 하시려고 양과 실제로 일하도록 하셨다. 다윗이 블레셋 장군인 골리앗을 잡으러 가기 전에 허락을 받기 위해 사울 왕을 설득할 때, 그의 양들을 치고 보호했던 경험을 근거로 말했다.

> 사울이 다윗에게 이르되 네가 가서 저 블레셋 사람과 싸울 수 없으리니 너는 소년이요 그는 어려서부터 용사임이니라 다윗이 사울에게 말하되 주의 종이 아버지의 양을 지킬 때에 사자나 곰이 와서 양 떼에서 새끼를 물어가면 내가 따라가서 그것을 치고 그 입에서 새끼를 건져내었고 그것이 일어나 나를 해하고자 하면 내가 그 수염을 잡고 그것을 쳐죽였나이다(삼상 17:33-36).

다윗이 골리앗을 대면할 수 있는 용기는 그가 아버지의 양 떼를 사자와 곰들로부터 보호할 때 주 하나님이 주셨던 그 힘이었다. 그가 실제 양 떼를 먹이고 인도하고 보호하는 가운데 배운 교훈들이 하나님의 백성을 돌보는 데 필수불가결한 요소였던 것이다. 하나님의 목적은 약속의 땅에 남은 자들을 보존하는 것인데, 하나님 백성을 위한 궁극의 목자, 즉 약속된 메시아를 통해서 성취한다. 원형적인 선지자 모세와 원형적인 왕 다윗, 이 두 사람 모두 목자들로 묘사되고 있다. 하나님의 백성을 위해 목양적인 돌봄을 베푸는데 있어, 그들은 언약의 주님의 목양적 돌봄을 반영했다.

2. 인간 목자의 문제점들

1) 모세

인간 목자이기에 불완전한 모습들이 구약성경에 명백하게 나타나고 있다. 하나님은 모세의 보잘 것 없는 지팡이를 통해 큰 능력을 보이셨는데 바로 그 지팡이가 하나님의 지팡이가 되었다. 그러나 동일한 지팡이의 오용은 이스라엘 사람들이 사막에서 물을 요구하게 되었을 때 장애물이 되었다.

> 지팡이를 가지고 네 형 아론과 함께 회중을 모으고 그들의 목전에서 너희는 반석에게 명령하여 물을 내라 하라 네가 그 반석이 물을 내게 하여 회중과 그들의 짐승에게 마시게 할지니라(민 20:8).

그러나 하나님이 명령하신 대로 바위에게 말하는 대신, 모세는 그 지팡이로 바위를 두드렸다. 모세가 불순종하고 말씀을 무시하는 행동을 했기 때문에 약속의 땅에 들어갈 자격을 박탈당했다.

> 여호와께서 모세와 아론에게 이르시되 너희가 나를 믿지 아니하고 이스라엘 자손의 목전에서 내 거룩함을 나타내지 아니한고로 너희는 이 회중을 내가 그들에게 준 땅으로 인도하여 들이지 못하리라 하시니라(민 20:12).

누가 이스라엘의 목자인지 분명하다. 그들의 목자는 바로 그 백성을 약속의 땅으로 인도하신 주 하나님이셨다.

2) 다윗

다윗 왕 역시 그가 이스라엘의 목자-왕으로서 자신의 권력을 남용했을 때 추락했다. 먼저 밧세바를 간음했고 뒤이어 그녀의 남편인 우리야를 살인했다. 원래 다윗 왕은 하나님의 백성을 보호하기 위해 그의 군대와 함께 출전해야만 했었다. 하지만 그 대신에, 그는 뒤에 남아서 그 양을 유린했다. 주님께서는 나단 선지자를 보내셔서 다윗으로 하여금 그의 죄를 책망하도록 하셨다. 그가 말했던 비유를 기억하는가?

> 여호와께서 나단을 다윗에게 보내시니 그가 다윗에게 가서 그에게 이르되 한 성읍에 두 사람이 있는데 한 사람은 부하고 한 사람은 가난하니 그 부한 사람은 양과 소가 심히 많으나 가난한 사람은 아무것도 없고 자기가 사서 기르는 작은 암양 새끼 한 마리뿐이라 그 암양 새끼는 그와 그의 자식과 함께 자라며 그가 먹는 것을 먹으며 그의 잔으로 마시며 그의 품에 누우므로 그에게는 딸처럼 되었거늘 어떤 행인이 그 부자에게 오매 부자가 자기에게 온 행인을 위하여 자기의 양과 소를 아껴 잡지 아니하고 가난한 사람의 양 새끼를 빼앗아다가 자기에게 온 사람을 위하여 잡았나이다 하니(삼하 12:1-4).

나단의 이야기를 통해 다윗은 이기적인 목자의 악함을 이해하게 되었을 것이다. 목자의 경험이 있는 다윗은 본능적으로 분노하였다.

다윗이 그 사람으로 말미암아 노하여 나단에게 이르되 여호와
의 살아 계심을 두고 맹세하노니 이 일을 행한 그 사람은 마땅히
죽을 자라 그가 불쌍히 여기지 아니하고 이런 일을 행하였으니
그 양 새끼를 네 배나 갚아 주어야 하리라 한지라(삼하 12:5-6).

나단이 그에게 "당신이 그 사람이라"고 말했을 때, 다윗은 즉각적으로 그가 지은 죄를 깨달았고 회개했다. 다윗은 자신이 그런 방법으로 양 떼를 유린할 것이라고 생각한 적이 없었을 것이다. 그러나 그는 하나님의 양을 유린함으로써 말할 수 없는 슬픈 악행을 저질렀다. 이스라엘 목자로서 모세가 실패했던 것이 결과적으로 자신과 백성에게 영향을 미쳤듯이 다윗 왕도 그러했다. 하나님의 지팡이를 들었던 모세는 약속의 땅에 들어가지 못했다. '목자-왕'의 면류관을 썼던 다윗도 밧세바와 부적절한 관계로 낳은 어린 아들의 죽음을 보았다. 나단의 예언처럼 다윗의 죄는 더 큰 무서운 결과들을 초래했다.

이제 네가 나를 업신여기고 헷 사람 우리아의 아내를 빼앗아 네
아내로 삼았은즉 칼이 네 집에서 영원토록 떠나지 아니하리라
하셨고(삼하 12:10).

비록 주님이 사람들을 부르셔서 그의 양을 돌보게 하셨더라도, 그 사람들은 오로지 그들의 목자이며 왕이신 주님만을 바라보아야 하며, 그들은 중간 목자들로서, 큰 목자이신 주님을 따르는 일에 방심하지 말아야 한다. 그러나 불행히도, 인간 목자들의 연약함은 이스라엘 역사에서 계속되는 중요한 주제가 되었다.

3) 에스겔 34장

모세와 다윗은 그들이 불완전한 목자임을 보여주었지만, 하나님 백성들의 지도자로 부름 받은 모든 이스라엘 목자들은 정신을 차려야 했기 때문에 주님의 꾸짖음을 들었다.

에스겔은 이스라엘 역사 중 가장 어려운 시기에 하나님의 백성 가운데서 예언 사역을 했다. 그는 불성실한 이스라엘 백성과 함께 바벨론에 잡혀갔다. 그는 '바벨론에 유배 당한 이유가 자신들의 죄 때문이'라는 사실을 포로로 잡혀간 이스라엘 사람들에게 감동적으로 알려주는 사역'[3]을 포함해서 다양한 일을 했다.

에스겔 34장은 하나님이 맡기신 양 떼를 돌보아야만 했던 이스라엘 중간 목자들에게 책임을 자세하게 묻는다. 이는 그 백성이 처한 상황들이 그 나라 장로들의 불성실 때문이었다는 것이다. 하나님은 그들의 목양 실패에 대한 책임을 물으셨다. 에스겔 34장은 세 개의 단락으로 나뉜다. 첫째 단락에는 (1-10절) 그 목자들에 대한 자세한 고발의 내용이 들어있다. 에스겔 34장의 앞부분과 중간 부분에 적절한 목자 비유가 나타나 있다. 그 목자들을 고발한 내용이 무엇이었을까?

그들은 양을 먹이기보다 자신들의 배만 채웠다(2절). 그들은 약한 것들을 강하게 하는 일, 병든 것들을 치료하는 일, 상한 것들을 싸매주는 일, 잃은 것들을 찾는 일 등 참된 목자로서의 일에는 실패했다(4절). 그 결과, 백성은 이방 땅으로 흩어졌고, 그 땅의 모든 무서운 동물들의 먹이가 되었다. 그들은 양들을 먹이고, 인도하고, 보호하는 목자가 기본적으로 해야 할 일을 감당하는 데 실패했다. 그래서 그 양들은 주리

3　Edward J. Young, *An Introduction to the Old Testament* (Grand Rapids: Eerdmans, 1989), 244.

고, 길을 잃고, 야생 동물들의 먹이가 되었다. 기가 막힌 일은 하나님의 양 떼를 먹이고 보호해야 할 그들이 오히려 그 양들을 잡아먹었다는 것이다.

> 너희가 살진 양을 잡아 그 기름을 먹으며 그 털을 입되 양 떼는 먹이지 아니하는도다(겔 34:3).

4절은 중간 목자들이 양들을 접근할 때의 자세에 관해 "포악으로 그것들을 다스렸도다"라고 말하고 있다. 라니악(Laniak)은 여기에 쓰인 무자비한 용어들은 애굽에서 이스라엘 노예생활을 묘사할 때에만 쓰였던 것이라 주석한다.[4] 첫째 단락의 결론적인 구절들(7-10절)은 그 목자들을 향한 하나님의 대적하심과 그들을 제거하심으로 더 이상 하나님의 양 떼에게 상처 주지 못하도록 하실 것을 선포하신다.

> 그러므로 목자들아 여호와의 말씀을 들을지어다 주 여호와의 말씀에 내가 나의 삶을 두고 맹세하노라 내 양 떼가 노략 거리가 되고 모든 들짐승의 밥이 된 것은 목자가 없기 때문이라 내 목자들이 내 양을 찾지 아니하고 자기만 먹이고 내 양 떼를 먹이지 아니하였도다 그러므로 너희 목자들아 여호와의 말씀을 들을지어다 주 여호와께서 이같이 말씀하시되 내가 목자들을 대적하여 내 양 떼를 그들의 손에서 찾으리니 목자들이 양을 먹이지 못할 뿐 아니라 그들이 다시는 자기도 먹이지 못할지라 내

---

4 Timothy S. Laniak, *Shepherds After My Own Heart* (Downers Grove, IL: Inter Varsity, 2006), 153.

가 내 양을 그들의 입에서 건져내어서 다시는 그 먹이가 되지 아니하게 하리라(겔 34:7-10).

둘째 단락에서는(11-22절) 하나님이 그의 백성들을 돌보실 것을 약속하신다. 목자들은 그들을 잘못 다루어왔을지라도 하나님은 그들을 잊지 않으셨다는 것이다.

주 여호와께서 이같이 말씀하셨느니라 나 곧 내가 내 양을 찾고 찾되 목자가 양 가운데에 있는 날에 양이 흩어졌으면 그 때를 찾는 것 같이 내가 내 양을 찾아서 흐리고 캄캄한 날에 그 흩어진 모든 곳에서 그것들을 건져낼지라(겔 34:11-12).

하나님은 중간 목자들의 모든 실패에 간섭하신다. 하나님 자신이 잃어버린 양을 찾아 돌보시고 먹이시며 보호하실 것이다. 그는 그들을 쉴만한 물가로 인도하실 것이며, 그들의 상처를 싸매고 아픈 것들을 낫게 하실 것이다. 그는 그 양을 유린한 자들에게 책임을 물을 것이라고 다시 언급하신다. 목양하는 일이 실패했을 때 따라오는 고통스런 결과 중 하나는 다른 이들이 그 빈 공간을 채우려고 들어온다는 것이다. 강한 자들은 자기 권리를 주장할 것이고 마구 으스대며 약한 자를 못살게 구는 자들은 약한 양 떼에게 자기를 내세울 것이다.

그러므로 주 여호와께서 그들에게 이같이 말씀하시되 나 곧 내가 살진 양과 파리한 양 사이에서 심판하리라 너희가 옆구리와 어깨로 밀어뜨리고 모든 병든 자를 뿔로 받아 무리를 밖으로 흩어지게 하는도다(겔 34:20-21).

그러나 성실한 목자들은 그들의 양 떼를 외부의 위험한 영향력들로부터 보호할 뿐 아니라 목자 자신의 이기적인 욕심으로부터 보호한다. 많은 교회는 리더들이 그 양 떼를 목양하는 책임에 실패할 때 약한 자를 못살게 구는 리더들의 협박을 경험하게 된다. 때때로 완고하며 큰 소리치며 고집이 센 무리들이 그 빈 공간을 차지한다. 항상 리더들이 문제이다. 이들이 하나님으로부터 부르심과 은사를 받고 양 떼를 잘 돌보고 있는 진정한 리더들이든지 혹은 자신들의 욕심을 앞세워 양들을 밖으로 밀쳐내 흩어지게 하든지 간에 말이다.

에스겔 34장의 셋째 단락(23-31절)은 완전한 목자의 도래를 기대하며 바라본다. 하나님 아버지께서 그의 양 떼를 믿고 맡길 수 있는 그러한 사람이 존재하기는 할까? 에스겔 선지자는 그러한 목자가 오실 것에 대한 비전을 그려본다.

> 내가 한 목자를 그들 위에 세워 먹이게 하리니 그는 내 종 다윗이라 그가 그들을 먹이고 그들의 목자가 될지라(겔 34:23).

에스겔이 이 예언을 받은 시기는 목자-왕인 다윗의 시대 보다 한참 이후였다. 하지만 또 다른 목자-왕이 오실 것이라고 예언했다. 그 왕의 신실함은 에스겔 시대의 불성실한 목자들을 능가할 뿐 아니라, 이스라엘이 존경했던 목자-왕 다윗도 능가할 것이라고 했다. 사실 에스겔이 예언한 그분은 다윗의 권좌에 앉아 영원히 다스리시기로 약속된 바로 그분이시다(삼하 7:12). 오실 그분은 단순한 왕이 아니라, 목자-왕으로 오신다. 이 결론적인 부분은 목자 비유로서 이해할 뿐만 아니라 그리고 종말론적인 관점에서 해석되고 있다. 새로운 언약 곧 '평화의 언약'이 곧 도래할 것이다. 메시아, 즉 목자-왕에 의해 그 축복들이 그의 백성에게 전달될 것이다. 그는 궁극적인 공급자요 구원자이시며 인도자이시다. 에스겔 34장은 두 가지의 중요한 내용으로 결론을 내린다. 30절은 하나님이 그의 백성들에게 개인적이고도 언약적인 관계로 맺어진 사실을 상기시킨다.

> 그들이 내가 여호와 그들의 하나님이며 그들과 함께 있는 줄을 알고 그들 곧 이스라엘 족속이 내 백성인 줄 알리라 주 여호와의 말씀이라(겔 34:30).

그 언약은 그들이 그분의 백성이며 그분은 그들의 하나님이 되실 것이므로 그들은 하나님의 인자하심과 이해심 많은 목양적 돌봄을 확신할 수 있게 해준다. 30절이 그 백성에게 하나님과의 관계가 독특한 언약관계임을 상기시켜주고 있는 반면에, 이 대단한 장의 마지막 절은 하나님이 그들의 목자이심을 결코 잊어서는 안 된다는 사실을 상기시켜 주고 있다.

> 내 양 곧 내 초장의 양 너희는 사람이요 나는 너희 하나님이라 주 여호와의 말씀이니라(겔 34:31).

하나님의 백성은 하나님이 항상 그들의 목자이실 뿐 아니라 주 하나님이심을 기억할 의무가 있다. 이 메시지에 귀 기울여야 했던 것은 양들만이 아니었다. 이스라엘의 중간 목자들은 자신들이 주님의 양임을 기억하는 데 실패했다. 그 결과로 양 떼가 흩어졌고 그들에게 저주가 임했다. 이러한 말씀들은 양 떼를 인도하는 목자들이 양들을 돌볼 때 매너와 책임감을 가져야 한다는 사실을 깨닫게 하기 위한 생생한 자료로 사용될 것이다.

3. 오실 그 목자

우리가 방금 본 대로, 에스겔 34장의 마지막 말씀들은 죄 많은 인간 목자들과는 달리 부족함이 전혀 없으신 선한 목자를 가리킨다. 그러나 오실 메시아를 묘사하면서 목자 비유를 사용한 선지자는 에스겔 이외에도 있다. 에스겔 34장의 구조와 비슷한 말씀으로 예레미야 23장이 있다. 그것은 거짓 목자들에 대한 보다 더 적나라한 내용의 저주를 담아내고 있다.

> 여호와의 말씀이니라 내 목장의 양 떼를 멸하며 흩어지게 하는 목자에게 화 있으리라 그러므로 이스라엘의 하나님 여호와께서 내 백성을 기르는 목자에게 이와 같이 말씀하시니라 너희가 내 양 떼를 흩으며 그것을 몰아내고 돌보지 아니하였도다 보라 내가 너희의 악행 때문에 너희에게 보응하리라 여호와의 말씀이니라(렘 23:1-2).

에스겔처럼 예레미야도 소망이 없는 그 상황들에 대해서만 얘기하는 것이 아니라 오실 다윗 목자-왕에 대한 약속을 언급한다.

> 여호와의 말씀이니라 보라 때가 이르리니 내가 다윗에게 한 의로운 가지를 일으킬 것이라 그가 왕이 되어 지혜롭게 다스리며 세상에서 정의와 공의를 행할 것이며 그의 날에 유다는 구원을 받겠고 이스라엘은 평안히 살 것이며 그의 이름은 여호와 우리의 공의라 일컬음을 받으리라(렘 23:5-6).

선지자 예레미야가 바벨론에 포로로 있는 이스라엘 백성의 불안정한 모습을 반영한 것과는 상반되게, 이 말씀은 아주 잘 보호받는 양 떼를 그리고 있다. 예레미야는 다윗의 줄기에서 나온 '의로운 가지'를 말하는데, 그 의로운 가지가 바로 백성에게 구원을 가져올 것이다.

이후 구속사에서 미가도 이와 비슷한 주제에 대해 말한다. 많은 사람이 오실 메시아 출생의 장소에 관한 미가의 예언을 잘 알고 있다. 하지만, 미가가 오실 그 목자에 관해 사실적인 묘사를 하고 있다는 것은 잘 알아차리지 못한다. '이스라엘을 통치하실 분'의 출생지로서 베들레헴 에브라다를 지목한 후에, 미가는 "그가 여호와의 능력과 그의 하나님 여호와의 이름의 위엄을 의지하고 서서 목축하니 그들이 거주할 것이라 이제 그가 창대하여 땅 끝까지 미치리라"(미 5:4)라고 말한다.

마태복음은 동방박사들이 '유대인의 왕으로 탄생하신' 그분을 찾는 상황에서 이 말씀들을 인용한다(마 2:2). 이 약속은 그 목자-왕이신 예수님이 오시면서 이루어졌다. 그분은 다른 모든 목자들이 실패한 그 영역, 즉 성실히 목양하는 일에 성공할 분이시다.

| 생각해 볼 문제 |

1. 목자 비유는 왜 하나님과 그의 백성의 관계를 설명하는 데 적합한가?
2. 목자와 아버지 비유를 하나님과 그 백성과의 관계 묘사로 비교하고 그 차이를 말해보라.
3. 하나님의 백성을 인도하는 자들을 묘사할 때 목자 비유가 왜 적합한지 말해보라.
4. 다음 세 가지 사항들 간 유사점들을 다음 표에 정리해보라. 오늘날 목자인 당신에게 맡겨진 사역이 의미하는 바들을 나누고 토론해보라.

겔 34:1-10 장로들에 대한 책망	
겔 34:11-22 목자이신 여호와	
겔 34:23-31 오실 그 목자	

THE SHEPHERD LEADER

2장

성취 :
선한 목자와 사도적 명령

너희 중 장로들에게 권하노니 나는 함께 장로 된 자요 그리스도의 고난의 증인이요 나타날 영광에 참여할 자니라 너희 중에 있는 하나님의 양 무리를 치되 억지로 하지 말고 하나님의 뜻을 따라 자원함으로 하며 더러운 이득을 위하여 하지 말고 기꺼이 하며 맡은 자들에게 주장하는 자세를 하지 말고 양 무리의 본이 되라(벧전 5:1-3).

요한복음에서, 예수님은 "나는 선한 목자라"(요 10:11, 14)고 말씀하셨다. 이 말씀은 그 당시 청중들에게는 대단한 의미가 있는 것이었다. 그 당시 목자라는 직업에 대한 친밀감에 덧붙여서, 주님께서 이스라엘의 목자되신다고 하심을 그 입을 통해 직접 들었기 때문이다. 그리고 그분이 친히 에스겔과 예레미야가 예언했던 그 목자-왕이심을 선포하신 것이다. 인간 목자들은 실패했으나, 예수님은 성육하신 하나님이시기 때문에 실패하지 않을 것이다.

예수님은 그의 양과의 관계를 묘사할 때 목자와 양의 이미지를 사용하셨다.

> 나는 선한 목자라 나는 내 양을 알고 양도 나를 아는 것이(요 10:14).

그러나 누가 그의 양들인가? 예수님은 그것을 매우 명백하게 말씀하신다. 목자의 목소리를 알아듣는다는 것이 그의 양인 증거이다. 여기서 '듣는다'는 의미는 청각적인 인식뿐 아니라 믿음으로 반응하는 영적인 깨달음을 포함한다.

> 내 양은 내 음성을 들으며 나는 그들을 알며 그들은 나를 따르느니라 내가 그들에게 영생을 주노니 영원히 멸망하지 아니할 것이요 또 그들을 내 손에서 빼앗을 자가 없느니라(요 10:27-28).

그 양들은 선한 목자의 실제 부르심에 이끌려서 그분의 안전함 가운데로 들어가게 되었다. 주님의 양들은 주님의 음성을 들으며 믿음으로 주를 따른다. 반대로 믿지 않는 자들은 그분의 양이 아니다. 오직 하나님의 주권적인 계획 아래 그분의 양이 정해지는 것이다. 예수님은 더할 나위 없는 완전한 목자로서 그분의 양들을 포괄적으로 돌보아주신다. 그분은 오로지 생명의 양식을 먹이는 일만으로는 충분하지 않다는 사실을 아신다. 즉, 그들의 필요가 더 많다는 것을 아신다. 이 영적인 갈급함은 그분을 믿는 믿음으로만 해결될 수 있다.

> 예수께서 이르시되 나는 생명의 떡이니 내게 오는 자는 결코 주리지 아니할 터이요 나를 믿는 자는 영원히 목마르지 아니하리라(요 6:35).

그의 양들이 주님과 함께 동행할 때 그분과 그의 말씀 안에서 건강할 수 있을 것이다.

예수님은 그 양들을 위해 공급하실 뿐 아니라, 그들을 부르셔서 그가 사랑의 마음으로 인도하시는 대로 따르게 하신다. 참 제자의 증거는 자신의 목자를 따르는 것이다. 이는 베드로를 사도로 부르실 때 확실히 말씀하신 부분이다.

> 말씀하시되 나를 따라오라 내가 너희를 사람을 낚는 어부가 되게 하리라 하시니(마 4:19).

> 또 무리에게 이르시되 아무든지 나를 따라오려거든 자기를 부인하고 날마다 제 십자가를 지고 나를 따를 것이니라(눅 9:23).

예수님이 양 떼를 위해 장소를 예비하시기 위해 앞서 가시면, 양들은 그를 따라가게 된다.

> 내 아버지 집에 거할 곳이 많도다 그렇지 않으면 너희에게 일렀으리라 내가 너희를 위하여 거처를 예비하러 가노니 가서 너희

를 위하여 거처를 예비하면 내가 다시 와서 너희를 내게로 영접하여 나 있는 곳에 너희도 있게 하리라 내가 어디로 가는지 그 길을 너희가 아느니라 도마가 이르되 주여 주께서 어디로 가시는지 우리가 알지 못하거늘 그 길을 어찌 알겠사옵나이까 예수께서 이르시되 내가 곧 길이요 진리요 생명이니 나로 말미암지 않고는 아버지께로 올 자가 없느니라(요 14:2-6).

요한복음 10장 초반에 예수님은 자신을 '양의 문'으로 언급하시면서 친근한 목자 비유를 사용하신다(요 10:7). 이러한 표현을 쓰심으로서 예수님은 양 떼 출입구로서의 자신에 관한 독특한 정의를 내리신다.

내가 문이니 누구든지 나로 말미암아 들어가면 구원을 받고 또는 들어가며 나오며 꼴을 얻으리라(요 10:9).

오로지 그를 통해 들어가는 자들만이 그가 베풀어 주시는 포괄적인 돌봄을 누릴 수 있을 것이다.

그러나 이러한 모든 약속은 그 양 떼를 돌보시는 그의 독특한 요소 위에 근거를 둔다. 예수님은 자신을 "양들을 위하여 목숨을 버리는"(요 10:11) 자로 묘사한다. 양들을 야생 동물들로부터 보호하는 일이 대단히 위험할 수 있는데, "팔레스타인 목자들 가운데는 그의 생명을 포기하며 그 일을 하는 경우는 흔치 않았었다".[1] 보통 그 목자들은 양을 위해 죽기 위해서라기보다는 양을 위해 살도록 부름받았다. 그런 점에서 예수님의 사역은 정말 독특했다. 그분은 자신의 목숨을 양 떼의 범죄

---

1 Leon Morris, *The gospel of John* (Grand Rapids: Eerdmans, 1971), 509.

를 속하기 위해 내어주심으로써 궁극적으로는 죄에 대한 종말론적 심판의 위협으로부터 그들을 보호하셨다. 그분은 생명을 스스로 버리셨다. 왜냐하면 그분은 그 생명을 다시 얻을 권세도 있기 때문이었다.

> 나는 버릴 권세도 있고 다시 얻을 권세도 있으니(요 10:18).

그분이 죽음으로부터 부활하신 것은 양들을 위한 그분 사역에서 가장 큰 감탄을 자아내는 부분이었다. 그의 자상하신 돌봄은 영원까지 확장되므로, 그의 양들은 절대적으로 안전하고 평안하다.
그 양 떼의 안정성은 다음 말씀에서 볼 수 있다.

> 그들을 내 손에서 빼앗을 자가 없느니라(요 10:28).

도둑질하려는 행동을 묘사하는 '빼앗다'의 헬라어 단어 하르파세이(harpasei)의 의미는 '잡아채다' 혹은 '힘으로 가져가다'이다. 어떤 잠재적인 도둑들이나 강도들이라도 예수님과 겨뤄야만 한다. 왜냐하면 그분은 이미 그의 양들을 위해 죄와 죽음에서 이기셨기 때문이다. 이제 그들이 이길 수 있는 기회는 없다. 혹여라도 이 약속이 충분하지 않을까 봐 예수님은 그의 청중들에게 그분 자신 안에서의 안전함은 곧 하나님 아버지 안에서의 안전함과 같다는 사실을 상기시킨다. '그분의 손'에서 아무도 빼앗아 갈 수 없을 뿐 아니라, 아무도 '아버지 손'에서 빼앗을 수 없다(요 10:29). 그리스도 안에서 안전함을 얻는 것은 아버지 안에서 얻는 것이고, 그것은 완전하고 영원하다. 이제 안전함이 보증되었다! 예수님은 하나님의 백성에게 약속하셨던 바로 그 선한 목자이시다. 그분을 통해 양들은 주님의 집에 영원히 거하게 될 것이다.

1. 더 많은 목자가 필요하다

양을 돌보는 일에 대한 예수님의 관심은 그가 갈릴리의 도시들과 마을들을 두루 걸어 다니시는 모습에서 확실히 보여진다.

> 무리를 보시고 불쌍히 여기시니 이는 그들이 목자 없는 양과 같이 고생하며 기진함이라(마 9:36).

예수님은 그들의 상황과 필요를 보셨을 뿐 아니라 그들 문제의 원인까지도 보셨다. 에스겔과 예레미야가 이스라엘이 약해진 이유는 지도자들이 양 떼를 잘 돌보지 못했기 때문이라고 했던 것처럼, 예수님도 적합한 목자들이 없는 것이 문제의 원인이라고 지적하셨다.

> 예수님의 마음을 움직인 것은 단지 인간적인 필요가 아니라, 제대로 인도받고 있지 못한 양들의 고통이었다.[2]

그의 자비로운 반응은 두 가지 의미를 가진다.
첫째, 그는 그의 제자들에게 "추수하는 주인에게 청하여 추수할 일꾼들을 보내 주소서 하라"(마 9:38)고 말씀하셨다.

---

[2] Timothy S. Laniak, *Shepherds After My Own Heart*(Downers Grove, IL: Inter Varsity, 2006), 185.

둘째, 그의 긍휼하심이 행동을 불러 일으켰다. 그는 즉시 그의 제자들에게 권위를 위임하시고 "이스라엘 집의 잃어버린 양에게로" 보내셨다(마 10:6). 그분의 사명은 제자들의 공동사명이 되었다. 예수님은 그가 안 계신 동안에도 그의 양들을 위한 목양적 돌봄을 지속하는데 모든 관심을 다 쏟으셨다. 제자들은 예수님이 그의 양 떼를 위해 의도하셨던 영속적인 사역의 기초가 되었다.

2. 사도적인 명령

예수님은 부활과 승천 이후 백성 가운데서 목양적 돌봄을 정확히 어떻게 확장시켰는가? 그의 나라가 확장되면서 그 목양 비유는 사라지지 않고, 오히려 기독교 리더십의 최전선에 서서 지속되고 있다. 결국 이스라엘의 거짓 목자들에 대한 저주의 말씀을 하시고 약속하신 다윗 목자에게 다음과 같이 말씀을 하셨다.

> 내가 그들을 기르는 목자들을 그들 위에 세우리니 그들이 다시는 두려워하거나 놀라거나 잃어 버리지 아니하리라 여호와의 말씀이니라(렘 23:4).

과연 예레미야가 새 언약의 날에 선한 목자이신 예수님의 사명을 수행할 충실한 목자를 부르시는 선지자적 비전을 소망할 수 있었을까? 주님은 그의 백성이 성령충만하고, 성령의 은사가 충만하고, 성령으로 부르심 받은 중간 목자들을 통해서 돌봄을 지속적으로 받길 원하신다.

1) 베드로

신약에 나타난 사도들을 연구한 한 논문에서는 목자로서의 지도자 기능이 베드로의 소명 가운데 가장 중심이라고 말한다. 베드로전서 5장은 목양에 관한 교훈적인 내용을 담고 있다.

> 너희 중 장로들에게 권하노니 나는 함께 장로 된 자요 그리스도의 고난의 증인이요 나타날 영광에 참여할 자니라 너희 중에 있는 하나님의 양 무리를 치되 억지로 하지 말고 하나님의 뜻을 따라 자원함으로 하며 더러운 이득을 위하여 하지 말고 기꺼이 하며 맡은 자들에게 주장하는 자세를 하지 말고 양 무리의 본이 되라 그리하면 목자장이 나타나실 때에 시들지 아니하는 영광의 관을 얻으리라(벧전 5:1-4).

첫째로, 베드로는 그 자신을 '함께 장로된 자'(sumpresbuteros)라고 함으로써, 장로 직분의 권위의 연속성을 잘 보여주고 있다.

> 비록 그가 사도였지만, 그는 어떤 모양으로도 그의 동료들을 지배하는 권위가 부여된 것이 아니며 오히려 자신이 나머지 동료들과 같은 직분에 참여하는 것임을 잘 알고 있었다.[3]

이는 단지 권위의 연속일 뿐 아니라 그 직분에서 가장 중요한 섬김

---

3 John Calvin, *Calvin's Commentaries: Commentaries on the Catholic Epistles*(Grand Rapids : Baker, 1984), 144.

의 본질에 관한 연대를 결속하는 일이다. 그 본질적인 섬김이란 "너희 가운데 있는 하나님의 양 떼를 치라"는 급한 부르심으로 묘사된다. 헬라어로 '양 떼를 치다'(*poimaino*)라는 동사는 눈에 띄게 강조된 위치에서 명령형으로 사용되었다. 양 떼를 목양하는 일이 장로가 감당해야 할 가장 본질적인 사역이라는 것을 베드로가 알려주고 있다.

> 초대 교회의 모든 어법에서 교회 직분자들과 관련해서 '목양하는 자'보다 더 자주 사용된 단어는 없다.[4]

이것은 요한복음 21장에 기록된 베드로의 삶의 극적인 변화를 연구해 보면 전혀 놀라운 것이 아니다. 일반적으로 주석가들은 이 사건이 "베드로로 하여금 그의 리더십 위치에 다시 온전히 세워지도록 했다는 것을 우리에게 보여준다"는 점에 동의한다.[5] 베드로가 주님을 세 번 부인한 후에, 그는 갈릴리로 고기잡이하러 돌아갔다. 바로 그 갈릴리 해변에 부활 이후 다시 살아나신 예수님은 세 번째 제자들에게 나섰다. 예수님은 베드로에게 물으셨다. "네가 나를 사랑하느냐?" 한 번만이 아니라 마치 베드로의 세 번 부인에 응답하시듯이 세 번씩이나 물으셨다. 이 내용에서 주석가들은 '사랑'이란 용어의 헬라어가 아가파오(*agapao*)에서 필레오(*phileo*)로 바뀌는 것의 중요성을 논하는 데 반해, 우리는 예수님이 베드로의 사랑의 확인과 충성에 대해서 양을 돌보라고 세 번씩이나 말씀하셨던 것을 통해 목양의 중요성을 이해하는데 관심을 가져야 한다.

---

[4] Thomas M. Lindsay, *The Church and the Ministry in the Early Centuries* (Mineapolis: James Family Publishers, 1977), 162.
[5] Leon Morris, *The Gospel According to John* (Grand Rapids: Eerdmans, 1971), 875.

베드로의 충성에 대한 세 번의 재확인이 이루어지자, 예수님은 그가 유념해야할 것을 명령어조로 말씀하셨다. 당신은 이것에 대해 생각해 본적이 있는가? 예수님은 여러 가지의 리더십 역할을 강조할 수 있었음에도 베드로에게 양 떼를 먹이고 돌보라고 명령하셨다. 첫째와 셋째 명령에서 예수님은 '먹이라'(헬라어, *boskein*)는 동사를 사용하셨다. 그러나 둘째 명령에서 예수님은 '치라', 즉 '목양하다'(*poimainein*)라는 동사를 사용사셨다. 이 단어들에 대해 트렌치(Trench)는 다음과 같이 보았다.

> 보스케인은 단순히 먹인다는 뜻이다. 그러나 포이마이네인은 조금 더 많은 의미를 담고 있는데, 목자의 전체적인 일, 즉 양 떼를 인도하고, 보호하며, 모으는 것과 더불어 그들에게 먹일 초장을 찾는 것까지 모두 포함한다.[6]

모리스(Morris)는 "대부분의 사람은 그 단어들의 다양성을 문제 이상으로 보지 않는다"[7]라고 덧붙였다. 부활하신 예수님이 베드로에게 요청하신 세 번의 명령들은 결국 모두 양 떼를 돌보는 일을 하라는 것이다. 베드로의 사랑을 확인하신 예수님은 세 가지의 다른 명령들을 말할 수도 있었다. 예를 들면, '복음을 전하라', '제자들을 삼아라', '서로 사랑하라' 혹은 명령들일 수 있었을 것이다. 그러나 그 대신에 예수님이 베드로를 회복시키는 과정에서 양 떼를 목양하는 일을 하라고 하신 것에 우리는 주목해야만 한다. "내 어린 양을 먹이라", "내 양을 치라", "내 양을 먹이라"(요 21:15-17).

---

[6] Richard C. Trench, *Synonyms of the New Testament*(London: Kegan, Paul, Trench, Trubner, and Company, 1894), 85.

[7] Morris, *John*, 874.

위와 같은 주님의 말씀들을 마음에 간직하고, 다시 베드로전서 5장으로 돌아가 보자. 베드로는 지속적으로 리더십을 발휘하려는 장로들에게 '하나님의 양 떼를 치라'는 책임을 상기시켰다. 이것이 교회 장로들의 본질적인 사역인 것이다. 베드로는 또한 그들이 이 일을 어떻게 감당해야 할지를 알려주기 위해 그들 '중심'에 말했다.

장로들에 대한 베드로의 묘사는 에스겔 34장에 묘사된 거짓 목자들의 모습과 현저한 대조를 이룬다. 이스라엘의 그 거짓 목자들은 저주를 받았다. 왜냐하면 그들은 그 양들을 잡아먹었으며 그 양털로 옷을 해 입었기 때문이다. 그러나 베드로는 리더들에게 양을 칠 때 "더러운 이득을 위하여 하지 말고 기꺼이"(벧전 5:2) 해야만 한다고 말한다. 에스겔 시대의 목자들은 '억압과 잔인함으로' 양들 위에 군림했다. 그러나 베드로는 "맡은 자들에게 주장하는 자세를 하지 말고(직역하자면, 주인되어 군림하는 자세로 하지 말고) 오직 양 무리의 본이 되어야 한다"(벧전 5:3)라고 장로들에게 상기시킨다.

에스겔 말씀과 베드로전서 말씀의 또 다른 차이점은 목자들이 그들의 양을 인도하는 방법에 대해 주님 앞에서 얼마나 책임성을 가졌는지에 있다. 베드로는 예수님을 "목자장"(Chief Shepherd; *archipoimen*)으로 묘사했다(벧전 5:4). 셀윈(Selwyn)은 이렇게 말했다.

> 그리스도인 사역에 있어서 목양적 책임을 가진 자들에 대한 양 떼와의 관계를 강조하며, 그 목양적인 일에 관련하여, 그리스도는 목자들에게 역할을 나눠주시며 감독하시는 목자장이시다.[8]

---

8 Edward G. Selwyn, *The First Epistle of Peter*(Grand Rapids: Baker, 1981), 231-32.

그러나 이 배경에서, 베드로는 그들에게 올 심판의 위협보다는 "시들지 아니하는 영광의 관을 얻으리라"는 약속을 제시한다. 에스겔 시대의 그 충성되지 못한 목자들이 심판을 기다렸다는 것을 비추어 볼 때 충성된 목자들은 부르심을 성취한 것에 대한 상급 받을 것을 낙으로 삼고 얼마나 더 기다렸을까? 교회 리더십과 관련하여 쓸 때, 헬라어로 '목자'(poimen)의 명사형은 단 한번 사용되었지만(엡 4:11), 동사형은 장로의 사역을 묘사하면서 수없이 많이 사용되었다. 그러므로 '목자'(shepherd) 혹은 '중간 목자'(undershepherd)는 모두 장로들에게 적용되기에 적합한 단어들이다. 장로들은 앞서 간 목자들과 함께, 그들을 신뢰하심으로 맡겨주신 양 떼를 돌볼 임무에 대해 목자장 앞에 궁극적인 책임을 갖고 있다.

2) 바울

사도 바울은 특히 장로 직분으로서의 리더십과 목양의 사역을 연결시킨다. 결정적인 말씀은 사도행전 20장에 나오는데, 누가가 사도 바울이 에베소 교회의 사랑하는 장로들과 고별하는 장면을 기록한 내용이다. 17절에서 시작하는데 바울은 에베소 사람들 가운데서 그의 사역이 복음 사역에 충실했음을 보여준다.

> 유대인과 헬라인들에게 하나님께 대한 회개와 우리 주 예수 그리스도께 대한 믿음을 증언한 것이라(행 20:21).

그의 사역을 기록한 몇몇 구절에서 그는 그들에게 그의 메시지 뿐 아니라 그들에게 보여준 그의 사역 방법 또한 설명한다. 그의 설교는 에베소 장로들에게 다음의 확고한 책임을 부과하면서 끝맺는다.

> 여러분은 자기를 위하여 또는 온 양 떼를 위하여 삼가라 성령이 그들 가운데 여러분을 감독자로 삼고 하나님이 자기 피로 사신 교회를 보살피게 하셨느니라(행 20:28).

장로들의 사역을 요약하는 이 마지막 고별사에서 그는 목양의 비유로 돌아간다. 그 장로들은 자기 자신들을 위해서 뿐 아니라, 에베소의 성도들을 위해서도 부단히 경계하며 주의 깊은 목양(*prosecho*)을 해야만 한다. 그들이 감독자(*episkopous*)로서 묘사된 것도 바로 이와 같은 이유에서이다. 칼빈은 "성경의 용어 사용을 말하면서, 감독들(*episkopoi*)은 장로들(*presbuteroi*)과 다를 것이 전혀 없다"라고 했다.[9] 브루스도 칼빈의 천명에 다음과 같이 동의한다.

> 사도 시대에는 장로들(elders, presbyters)과 감독들(bishops) 사이에 아무런 차이가 없었다. 이것은 우리가 2세기 이후에 발견하는 것과도 같이, 에베소 교회의 리더들은 장로들, 감독들, 목자들(혹은 목사들)등으로 차별없이 혼용되어 불렸다.[10]

라이트풋(Lightfoot)의 진술도 위와 같다.

---

9 John Calvin, *Calvin's Commentaries*, ed. Henry Beveridge(Grand Rapids: Baker, 1984), 19:255.
10 F. F. Bruce, *Commentary on the Book of acts*(Grand Rapids: Eerdmans, 1970), 415.

사도의 기록들에서 그 두 단어는 같은 직분에 대한 다른 표현으로 나타나고 있다.[11]

다만 브루스에 의해 묘사된 장로와 감독의 차이는 "장로는 주로 유대계 후손들 가운데서, 감독은 주로 헬라인 후손들 가운데서 사용되었다"는 정도이다.[12] 두 단어의 동의어적인 본질은 사도행전 20장에서 사용된 것을 보아도 확증된다.[13] 아무튼지, 두 단어가 지적하는 내용과 장로들과 감독들이 헌신해야하는 것은 '하나님의 교회(the church of God)를 목양하는 일'이다.

요약하면 베드로와 바울, 둘 다 교회 장로들에게 설교할 때 목양 사역을 핵심으로 강조했다. 베드로가 전한 말씀에서 우리는 부활하신 주님께서 그에게 회복을 위해 주셨던 말씀이 연속되고 있음을 포착할 수 있다. 그것은 세대를 넘어 목양해야하는 영속성에 대한 필요를 보여준다. 바울이 에베소 장로들에게 마지막으로 전한 말씀에서도 장로들의 사역은 하나님의 사람들을 위한 목자들로서 수고해야 함을 분명히 강조하고 있다.

---

11 J. B. Lightfoot, *Saint Paul's Epistle to the Philippians*(London: MacMillan and Company, 1913), 193.
12 Bruce, *Acts*, 416, 각주 56.
13 본서 제3장에서 우리는 교회의 계속되는 목양적 돌봄의 유해에 대하여 다른 직분들에게 어떻게 적용되기 시작했는지 보게 될 것이다.

3. 교회 구조를 위한 암시들

성경은 장로의 중심 사역이 목양하는 것임을 분명하게 확인해 주고 있다. 지금까지 말해온 것과 같이 이것은 교회 구조에 필요한 적용점들을 주목하는데 중요하다.

리더십의 다수성. 신약성경은 리더를 양들의 목자로서 묘사하는 동시에, 장로들을 특정 교회에서 함께 일하는 팀으로 묘사하고 있다. 바울과 바나바가 교회를 개척한 후, 그들은 각 교회에서 금식 기도 하며 장로들을 택하여 그들이 믿는 주께 그들을 위탁했다(행 14:23). 이것은 여러 명의 장로들이 각 교회 안에서 함께 일했음을 암시한다.

> 밀레도에서 사람을 에베소로 보내어 교회 장로들을 청하니(행 20:17).

바울은 디도를 가르칠 때도 이와 같은 사도들의 유형을 강조한다.

> 내가 너를 그레데에 남겨 둔 이유는 남은 일을 정리하고 내가 명한 대로 각 성에 장로들을 세우게 하려 함이니(딛 1:5).

이것은 바울이 디도가 돌봐야 하는 교회 리더들의 자격을 열거하고 난 후에 말한 것이다. 존 머레이(John Murray)는 바울의 교훈을 꽤나 명백하게 요약하고 있다.

디도는 모든 도시에서 '장로들'을 안수하도록 명령받았다. 그는 각 도시에서 한 명의 장로나 감독을 안수하도록 요구받은 것이 아니었다. 바울은 에베소 교회의 장로들을 밀레도로 불러서 하나님의 양 떼를 모두 목양하는 책임을 그들에게 맡겼다.[14]

이러한 패턴은 바울 서신에만 있는 것이 아니다. 야고보도 병든 사람들에게 다음의 사실을 강하게 요구했다.

> 너희 중에 병든 자가 있느냐 그는 교회의 장로들을 청할 것이요 그들은 주의 이름으로 기름을 바르며 그를 위하여 기도할지니라(약 5:14).

이 말씀은 병든 사람과 그 교회 특정 장로 그룹에 주신 말씀임을 추정할 수 있다. "어떤 이는 야고보서에서 부르심 받은 사람은 한 명의 장로가 아니라, 직분 맡은 자들, 즉 '지역 교회의 장로들'이었음을 지적한다."[15]

'너희 중 장로들에게' 권하는 베드로의 말씀 중에 그는 '너희 중에 있는 하나님의 양 떼를' 치라는 권면이 있다. 중요한 것은 회중인 양 떼를 목양하는 책임자들이 여럿 있다는 점이다. 회중 곧 양 떼를 치도록 부르심 받고 은사도 받은 장로들을 팀의 형태로 발전시키는 것은 지혜로울 뿐 아니라 성경적이다. 물론 장로교 행정조직은 이러한 성경적인 모델을 반영하여 설계되었고, 다른 많은 교단도 이러한 성경적인 유형

---

14 John Marray, *Collected Writings*(Carlisle, PA: Banner of Truth, 1977), 2:345.
15 Peter Davids, *Commentary on James*(Grand Rapids: Eerdmans, 1982), 193.

과 지혜를 선택하여 따르는 모습을 보여주고 있다. 예를 들어 회중 교회에서 파생된 많은 독립 교단이나 침례 교회 리더들의 경우 교회 리더십의 이러한 성경적인 모델로 돌아가는 것의 중요성을 인식하고 있다. 마크 디버(Mark Dever)는 이러한 추세에 대해 지적했다.

> 20세기 초반이 지나면서, 침례교 출판물들은 리더를 의미할 때 장로(elder)를 사용했다. 그런데 20세기 중반부터 그러한 내용이 자취를 감추어 버렸고, 오늘날까지 침례 교회에서 장로 직함을 찾기 힘들었다. 그럼에도 성경적인 직분으로 회귀하는 현상이 성장하는 추세이다. 장로직은 신약 시대에도 필요했고 지금도 역시 필요하다.[16]

평범한 관찰자도 지역 교회내 복수 장로제의 이점을 쉽게 파악할 수 있을 것이다. 만일 장로들이 결정권자로서만이 아니라 양들과 개인적인 관계를 가지는 목자라는 것을 알게 된다면 더욱 잘 이해될 것이다.

리더십의 동등성: 목사와 장로. '동등'(parity)이라는 단어는 '평등'(equality)이라는 단어와 유사하다. 장로의 직분을 논할 때 권위와 책임감에 관련하여 장로들은 서로 동급이다. 존 머레이는 다음과 같이 표현했다.

> 신약성경에는 장로들 사이에 어떤 계급구조도 없다. 장로들은

---

[16] Mark Dever, *Nine Marks of a Healthy Church* (Wheaton, IL: Crossway, 2000), 215.

서로 동등함을 인정하는 가운데 같은 마음으로 행정을 하도록 되어있다.[17]

이것은 그들이 동일한 책무를 갖는다는 의미는 아니다. 예를 들어, 신약은 장로들 중에 은사를 따라 말씀을 전하거나 가르치는 데에 많은 시간을 드린 자들이 있었음을 보여준다. 바울은 그들을 '목자-교사'(엡 4:11)로 불렀고, 그들은 목자였을 뿐 아니라 하나님의 말씀을 가르치는 일에도 집중하는 교사들이었다. 사실 이러한 '가르치는 장로들'은 그들의 가르치는 사역을 통해 생계를 이끌어 갈 수 있었다. 바울은 이러한 상황을 디모데전서에 다음과 같이 적었다.

> 잘 다스리는 장로들은 배나 존경할 자로 알되 말씀과 가르침에 수고하는 이들에게는 더욱 그리할 것이니라 성경에 일렀으되 곡식을 밟아 떠는 소의 입에 망을 씌우지 말라 하였고 또 일꾼이 그 삯을 받는 것은 마땅하다 하였느니라 (딤전 5:17-18).

바울이 말하는 것은 다음의 두 가지이다. 장로들은 부르심 받고 은사를 받은 대로 '말씀 선포와 가르침에 열심히 임할 것'이 요구되고 또 다른 한편으로 그들의 노력은 때마다 금전적인 형태로 보상받도록 해줘야한다는 것이다. 바울이 사역자 후원에 대해 제안한 참고 구절들은[18] 교회의 리더들이 부르심 받은 대로, 양 떼 가운데서 말씀을 연구하고 설교하고 가르치는 일을 수행하기 위해 돈 버는 직업을 포기할 때

---

17 Murray, *Collected Writings*, 2:346
18 레 19:13; 신 25:4.

경제적인 보상을 해줄 수 있다는 성경적인 선례들을 보여준다.

성경에는 또한 이러한 보상을 받을 수 있는 권리를 여러 가지 이유에서 포기한 사람들의 명백한 예들도 나와 있다. 바울이 바로 그러한 모델이었고, 그는 '텐트 만드는 기술자'로 봉사했다. 그는 선택이나 필요에 의해서 말씀 사역에 따라 보상받을 수 있는 권리를 쓰지 않은 사람들의 모델이 되었다. 또한 이 말씀은 '잘 다스리는 장로들'도 수고에 대해 보상 받을 수 있음을 암시한다.

말씀과 가르침에 헌신하는 자들에게서 나타나는 실제적인 결과들 중 하나는 이들이 다른 동료들보다 앞선다는 것이다. 이것은 그 지역 교회에 주도권과 방향을 제시한다는 의미에서 실제적인 유익을 가져다주기는 한다. 그러나 우리는 리더십의 성경적 그림은 '팀' 리더십인 점을 잊어서는 안 된다. 가르치는 장로들(목사들)을 포함한 모든 장로는 양 떼를 돌보라고 부름받았으나 모든 장로가 가르침의 은사를 받은 것은 아니다. 비록 그들이 가르치는 일에 소질이 있다 하더라도 그렇다.

이 논의의 주제는 누구는 사례를 받고 누구는 사례를 받지 않는 점에 있지 않고, 장로들로 부르심 받은 모든 이들은 목양할 양들에 집중하는 사역에 부르심 받았다는 사실에 초점이 있는 것이다. 그들은 양 떼의 유익을 위해 리더십을 함께 행사하도록 부름받았다. 많은 경우에 있어 사례를 받으면서 가르치는 장로나 목사에게로 하나님의 사람들을 목양하는 일이 확연하게 넘어갔다. 그가 사람들을 심방하는 사람이고, 찾아온 사람들을 상담하는 사람이며, 지역 교회의 '목자'인 것이다. 하지만 우리가 본 것으로 미루어 볼 때 장로들로 부르심 받은 그들에게 목양의 일이 집중되는 것은 합당하지 않다!

만일 그가 양 떼 전체를 홀로 다 목양하라는 책임을 맡았다면 그 장로(목사)가 말씀과 가르침의 사역에 신중한 주의를 기울이기에 충분한 시간을 가질 수 있다고 보는가? 아니다! 성경적인 그림은 양 떼를 목양하는 책임을 모든 장로가 나누어 섬기는 것이다. 가르치는 장로는 말씀을 선포하고 양 떼를 가르치는 책임을 잘 감당하기 위한 충분한 시간을 확보하기 위해 목양의 다른 기능들에 대한 책임을 줄여야만 한다.

우리는 해마다 목회자 탈진 소식과 놀랄만한 수의 목사들이 그들의 교회와 사역을 모두 떠난다는 보고서들이 늘어나는 것을 접한다. 성경에 기록된 대로 양 떼를 목양하는데 있어서 목자들의 필요가 채워지지 못하고 있다는 점이 그들을 탈진하게 하는 요소 중 하나가 아닐까? 만일 모든 장로가 그리스도로부터 부름받은 대로 그리고 목사들이 목양에 대한 책임을 진지하게 받아들이며 나누어 분담한다면 우리 교회들이 더욱 건강해 질 뿐 아니라 목사의 사역은 더 관리하기 쉬워질 것이다.

| 생각해 볼 문제 |

사도행전 20:17-38을 묵상하라.

1. 에베소 사람들을 향한 바울 사역의 근본 요소들은 무엇인가?
2. 교회의 리더들로 자주 묘사된 단어들은 무엇인가?
3. 바울은 어떠한 근본적인 명령을 집중적으로 세우려 했는가?

베드로전서 5:1-4을 묵상하라.

1. 이 말씀은 베드로 사도와 편지 수신인 장로들 간 연속성과 불연속성을 어떻게 나타내고 있는가?
2. 그가 장로들에게 책임을 맡길 때 선포했던 명령의 핵심은 무엇인가?
3. 베드로전서 5:1-4과 에스겔 34장을 비교하라. 에스겔 34장의 장로들의 행동과 베드로에 의해 묘사된 장로들의 따뜻한 마음을 제대로 분석해보고 비교해보라.
4. 여러분의 교회 장로들은 자신들 스스로를 목자들로 여기는가, 아니면 단지 당회원으로 여기는가? 그들은 목양하는 책임을 어떻게 나누고 있는가?
5. 교회 구성원들은 리더들을 목자들로 인식하고 있는가?
6. 여러분의 교회의 행정구조는 목회적 장로들의 성경적인 모델을 반영하고 있는가?

THE SHEPHERD LEADER

3장

잃음과 찾음 : 목자들은 어디로 가 버렸는가?

만일 장로들은 목자들이 되어야만 하고, 장로직은 주님에 의해 양떼를 돌보라는 목적으로 여럿이 동등하게 세워져야 한다는 것이 성경적인 자료들에 명쾌하게 나타나 있다면, 왜 오늘날 교회 안에서 이에 대한 큰 혼란이 있을까? 이 수수께끼에 대한 하나의 대답은 교회가 수 세기를 거쳐 오면서 신약성경의 모범에서 떠나고 뒤로 물러나 돌아가는 길로 가 버렸다는 것이다. 실제로 목자로서의 장로직의 본질과 사역에 대한 성경적인 이해는 '잃어버리고 찾았다가', 또 '잃어버리는 것'의 연속이었다! 이 간단한 역사를 살피는 일은 당신에게 이 여정을 볼 수 있도록 도울 것이며 아마도 당신으로 하여금 당신의 교회가 어떻게 현재의 상황까지 떨어지게 되었는가를 이해하게 해 줄 것이다. 그것은 전체를 다 총망라할 수는 없고 몇 사람의 중요한 인물들에 초점을 맞추어 그들이 이러한 문제들에 대해 끼친 영향을 중심으로 간단히 다루도록 하겠다.

1. 종교개혁 이전

지난 장에서, 사도 시대에 장로들의 최우선 직무는 목양이며 장로와 감독은 같은 직분을 맡은 동의어라는 사실을 증명하는 충분한 성경적인 증거들이 제시되었다. 바울과 베드로의 영감 넘치는 서신들에서도 장로의 사역은 목양하는 일이며, 여러 명의 장로들이 한 팀이 되어 한 장소에서 나누어 섬겨야 하는 일이라고 명백히 밝히고 있다. 바울은 에베소 교회의 장로들(*presbuteroi*)을 청하여 이 말씀을 나누었다(행 20:17). 베드로도 장로들(*presbuteroi*)에게 글을 썼다(벧전 5:1).

성경의 기록 이외에도, 초대 교회의 리더십의 복수성(plurality)은 당대의 기록에서 지속적으로 확인되고 있다. 고린도인들에게 보낸 클레멘트의 서신(약 주후 96년)에서도 동일한 사실을 나타내 준다. 그 편지가 쓰여진 이유는 그 교회의 몇 사람이 장로들에게 반항했기 때문이었다 (확실히, 사도 바울이 사랑과 연합을 호소한 후에도, 고린도의 교회의 공격적이고 싸우기 잘하는 습성은 오래도록 계속되었던 것 같다). 우선적으로, 클레멘트는 지역 교회 안에 '감독들'과 '집사들'의 직분의 가치에 대해 다음과 같이 주장한다.

> 그러므로, 사도들은 마을과 도시에서 말씀을 전하면서, 성령님의 증거를 받은 자들을 첫 열매들(firstfruits)로 지명하여 감독들과 집사들로 세웠다. 이것은 전혀 새로운 일이 아니었다. 왜냐하면, 오래전에 감독들과 집사들에 관해 이미 성경에 기록되었기 때문이다. 성경에는, '나는 그들의 감독들을 의로움 가운데 세우고 그들의 집사들을 믿음 가운데 세울 것이다'(이 말씀은 사

60:17을 인용한 것인데, 히브리어 원문은 샬롬이며 70인역 역시 에이레네로 사용한다. 그러나 클레멘트 1서 43:5은 피스티스를 사용한다-역주)라고 쓰여있다.[1]

클레멘트는 사도들이 감독들과 집사들(복수)을 지명하여 세웠는데, 이것은 교회들이 세워지는 곳에서는 어디서나 이런 직분자들이 세워져야함을 암시한 것이다. 그의 편지 전체를 통해서, 클레멘트는 '감독'과 '장로'를 자유롭게 교환하여 사용했다. 동의하지 않는 사람들이 있기는 해도, 다음의 인용문은 감독(장로)과 집사의 직분이 평범하면서도 영속적인 본질을 가지고 있음을 확증해 준다. 클레멘트는 직분을 마친 장로들은 칭찬하고, 책임 맡은 자들에게는 바른 행동을 요청하기 위해 글을 쓴다.

> 그동안 주 안에서 수고하여 열매가 풍성하고 온전하게 목표를 달성한 장로들에게 복이 있을지어다. 그들은 그들의 위치에서 그들을 그만 두게할 것에 대한 어떤 두려움도 가질 필요가 없다. 그런데, 우리는 당신들이 사역에 흠도 없고 존경할 것이 넘치는 이런 좋은 행위를 보여준 자들을 해임시킨 것을 본다.[2]

이 편지가 계속되면서, 그는 점점 더 강하게 비판하는 것에 초점을 맞추는데, 여기에서 교회의 장로들의 복수성(plurality)을 언급한다.

---

1 W.K. Lowther Clarke, ed., *The Rirst Epistle of Clement to the Corinthian*(London: Society for Promoting Christian Knowledge, 1937), 72.
2 Ibid., 74.

형제들이여, 그것은 은혜롭지 않다. 정말 은혜롭지 못하고 그리스도인으로서 심히 부끄러운 행동이다. 특히, 안정되고 오랜 전통 있는 고린도 교회의 품격에 맞지 않다. 그들을 돌보는 장로들에게 반역하고 반란을 일으킨 사실을 보고해준 이들에게 감사한다. 그것은 보고되어야만 하는 것이다.[3]

그리고서 그는 문제를 일으킨 사람들에게 행동 지침을 제안한다.

당신들 중에 누가 고귀한 사람인가? 누가 자비로운 온정의 사람인가? 누가 확신 있는 사랑으로 충만한가? 그에게 '만일 내가 들은대로, 당신들 가운데에 폭동과 투쟁과 분열들이 있다면, 나는 그리스도의 양 떼로 하여금 지명된 장로들과 화목하기 위한 일이라면 당신들이 원하는 곳 어디든지 달려가서 공동체에 의해 명령받은 그것을 행할 것이다'라고 말하라.[4]

약 2,000년이 지난 지금도, 이 문제는 아주 친근하게 들린다! 이 장의 목적대로, 1세기 말의 로마 제국 시대에도 복수의 장로들이 믿는 무리에 대한 목양 책임을 지고 있었던 것을 볼 수 있다. 교회 역사가인 토마스 린드세이(Thomas Lindsay)의 관점을 살펴보자.

이 글은 1세기가 다 가기 전에 로마 제국의 많은 부분에 퍼져있는 기독교 회중들의 통치 기구로서 장로들의 조직들(bodies)이

---

3 Ibid., 76.
4 Ibid., 79.

존재하였음을 우리에게 확증시켜 준다. 클레멘트의 서신도 로마 교회를 위해 이 사실을 증명한다. 베드로전서도 본도, 갈라디아, 갑바도기아, 아시아와 비두니아 지역의 교회들을 위해 쓴 내용에서 그것을 증명하고 있다. 요한계시록은 에베소 교회, 서머나 교회, 버가모 교회, 두아디라 교회, 사데 교회, 빌라델비아 교회, 라오디게아 교회를 위해 쓰면서 증거를 확증하고 있다. 사도행전은 에베소와 예루살렘 교회에 대해서도 그것을 확증해 주고 있다.[5]

1세기의 장로들의 사역은 그들에게 맡겨진 각 지역들에서 믿는 자들의 양 떼를 목양하는 것이었다. 그러나 2세기에 들어와서는 교회의 조직과 사역의 본질이 극적으로 퍼져 나가면서 점진적인 변화가 시작되었다. 지역 교회가 집사들의 지원 가운데 여러 명의 장로들에 의해 감독받는 대신에, 계급적인 성직 체계가 형성되기 시작한 것이다. 한 교회에 한 사람의 '감독'이나 '목사'가 세워졌고 그 후에는 교회 공동체에서 하나의 그룹으로 묶여졌다.

그 변화는 통치자들(장로들)의 기구의 수장의 자리에 한 사람이 앉는 것으로 변화되었다. 그 한 사람이란 일반적으로 목사나 혹은 감독이라 불리웠는데, 감독이란 이름이 더 자주 사용되었으며, 기술적인 지명임이 분명했다. 각 회중이나 지역 교회의 사역은 원래의 모습에서 이중구조(장로와 집사) 혹은 삼중구조

---

5 Thomas Lindsay, *The Church and the Ministry in the Early Centuries* (New York: G. Doran, 1902), 163.

(목사와 장로와 집사)로 변화되었다.[6]

그러나, 이렇게 2세기에 뿌려진 씨(여러 장로로부터 한 사람의 감독으로의 권위 이양)는 3세기가 될 때까지는 크게 꽃 피우지는 못했다.

예전에 모든 장로가 교회에서 권위를 가지고 양 떼를 돌보았던 목양의 책임들은 간데 없이, 이제는 한 사람의 감독이 굉장한 위치를 거머쥐기 시작했다. 이것은 키프리안(Cyprian, 대략 주후 200-258년)의 사역을 통해 더 많이 진전되었다. 린드세이는 양 떼를 돌봄에 관한 이러한 변화의 효과에 특별한 관심을 가지고, 키프리안 관점이 가져온 영향에 대해 다음과 같이 요약해 주었다.

> 감독은 교회 회중의 훈련에 대한 전반적인 책임을 가지고 있었다…그의 의무는 교회에 요구되는 훈련이 무엇인지에 대해 성도들을 가르치는 것과 그들로 하여금 거룩함 안에서 자라가도록 장려하는 것이었다. 이 모든 일에 있어 장로들과 집사들은 조력해야만 했다. 그러나 항상 감독의 통제 아래서 했다. 그에게, 다시 말해, 그에게만 속해있는 '맺고 푸는' 권리는 성 베드로 사도에게 주어졌던 권리였고, 그 다음엔 다른 사도들에게 주어졌으며, 이후에 감독들에게 주어진 그 권리를 그가 유지했다.[7]

이런 변화와 함께 사역이 성직자 중심으로 이동 되었다. 그것은 옛 언약의 레위적 제사장직과 새 언약의 감독직 사이를 직접 유비하여 대

---

6 Ibid., 170.
7 Ibid., 303.

등한 존재로 그리는 것이었다. 이런 관점에서 다시 한번 키프리안은 중요한 촉매 역할을 했다.

> 키프리안은 아론 제사장직의 모든 특권들과 책무들과 책임들을 기독교회의 직분자들에게 적용시키고 그들을 항상 사제(*sacerdotes, sacerdotium*)로 불러 주었다. 감독은 그러므로 하나님과 사람의 중보자로서 기독교 사역의 성직제도 개념에 합당한 아버지로서 불릴 수 있었다. 3세기에, '사제'라는 용어는 직접적이면서도 독점적으로 사역자들, 특히 감독들에게 사용되는 것이 관례가 되었다.[8]

이것은 감독을 평신도로부터 거리를 두게 했을 뿐 아니라, 감독들로 하여금 교회의 다른 직분들에 대해 높여주어 군림하도록 하는 데 일조했다.

그들의 사역의 초점 또한 늘어가는 성례들을 집전하는 것으로 변질되어 갔고, 그 성례식에는 자격이 있는 자나 없는 자나 구별 없이 참여했다. 반면에 감독들이 책임을 분담하기는 했지만, "감독이 죄인들의 죄를 슬퍼하며 고백하는 것을 들을 때까지 혹은 감독이 장로들과 집사들과 함께 용서의 징표로서 그의 손을 그들의 머리 위에 올리기 전까지는 죄인들의 회복이란 불가능했다."[9] 교회의 장로들이 양 떼를 돌보는 일에 있어 계속적으로 떠나갈수록, 그 교회의 권력구조는 점점 더 권위적으로 되어갔다. 교회의 직분자들이 더 이상 양 떼를 섬기지 않

---

8 Philip Schaff, *History of the Christian Church* (Grand Rapids: Eerdmans. 1910), 2:126-27.
9 Lindsay, *The Church and the Ministry*, 304.

게 되니, 양 떼는 점점 미신과 두려움에 포로가 되어 가면서, 권위를 남용하는 일도 점점 많아졌다. 스트라우치는 그 결과를 다음과 같이 요약했다.

> 신약이 가르치는 진정한 장로직을 '인간적 권위들의 속임수 불빛'으로 대치했기 때문에, 장로직에 대한 기독교 교리는 거의 14세기까지 상실되었다.[10]

거의 1,000년 넘게, '목양적 돌봄'이라는 것은 익명의 고해신부들이 죄 고백을 듣고 의무적인 죄인들에게 이미 짜여진 고해성사를 처방하는 일로 이해되기 시작했다. 장로직 뿐 아니라 근본적인 믿음의 교리에 이르기까지 신약의 가르침이 빛을 잃고 그늘에 가려지게 되었는데, 이는 교회가 인간적인 전통들에 점점 더 치중하였기 때문이었다. 교회는 적극적인 목자-장로들이 하나님의 사람들을 적절히 돌보는 일, 근본적인 진리인 성경으로 돌이키는 일은 거의 시도하지 않았다. 이러한 돌이킴은 종교개혁에 이르러서야 비로소 나타난다.

2. 종교개혁

'종교개혁의 새벽별'인 존 위클리프(John Wycliffe, 1329-84년) 시대에 와서 두 직분(장로, 집사) 관점에 관한 성경적인 인식이 다시 나타나기 시작하였다.

10　Alexander Strauch, *Biblical Eldership* (Littleton, CO: Lewis and Roth, 1995), 11.

> 내가 과감하게 단언하는 한 가지 일은 다음과 같다. 사도 바울이 사역하던 초대교회에서는 사제(priest)와 집사(deacon), 이와 같이 두 종류의 성직자들로 충분하다고 생각했다. 바울 시대에 사제와 감독은 같은 직분을 의미했다. 그 시절에는 아직 교황 이하의 계급, 추기경, 총대주교, 대주교, 주교, 부사제, 성직임원, 대성당 주임 사제 등은 고안되지 않았다.[11]

종교개혁이 본격적으로 도래하면서, 근본적이며 성경적인 믿음에 관한 교리들이 재발견되었을 뿐 아니라, 교회가 성경적인 구조로 변화되어야만 했다.

종교개혁 전쟁의 전반적인 싸움이 교리의 근본적인 문제점들에 관련하여 진행되면서, 다른 한편으로 관심이 점점 고조되기 시작한 내용은 교회 직분들에 관련하여 진정한 성경적인 질서가 어떻게 구성되는지에 관한 것이었다. 존 칼빈(John Calvin, 1509-64년)은 당시의 다층적인 성직 계급제도를 성경적인 칼로 잘라내어 신적인 패턴의 단순성을 재현해야 한다고 명쾌하게 지적했다.

> 교회를 이끄는 사람들을 부르는 호칭들, 즉 감독, 장로, 목사, 사역자 등은 사실상 어떤 차이점도 없다. 나는 성경에서 이 용어 모두가 같은 의미를 표현하기 위해 사용되었다는 것을 추적하게 되었다.[12]

---

11 Peter A. Lillback, "The Reformers' Rediscovery of Presbyterian Polity", in *Pressing Toward the Mark: Essays Commemorating the Fifty Years of the Orthodox Presbtterian Church*, ed. Charles Dennison and Richard Gamble(Philadelphia: Committee for the Historian of the Orthodox Presbyterian Church, 1986), 67에서 재인용.

12 John Calvin, *The Institutes of the Christian Religion*, trans. Ford Lewis Battles(Philadelphia:

그러나, 그는 이 용어들을 우리가 말하는 '다스리는 장로'와 동의어로 보지 않고 오히려 지역 회중들을 위한 '목자'의 직분으로 보았다. 양떼를 목양하는 일을 도왔던 '평신도' 지도자들에 대한 감사의 표현이 그의 후기 목회 사역에 갈수록 더욱 명백하게 나타난다.

칼빈은 제네바 사람들을 돌보는 데에 깊은 관심이 있었고 또한 시의회에 강력히 권고하여 도시 교구들을 더 잘 돌보도록 하는 명확한 규정을 하도록 요구하였다. 그러나 불행하게도, 그들은 그렇게 하는 일을 미뤘다. 칼빈은 불링거에게 쓴 편지에서 이런 현상이 사람들로 하여금 그들의 사역자들을 목자로서가 아닌, 설교자들로서만 보게 만든다고 불평을 늘어 놓았다.[13] 그가 그 도시로 1541년에 돌아왔을 때 그 시의회는 그의 요구에 응했다. 그는 제네바에서 진행되고 있는 사역을 위한 네 직분[14]의 윤곽을 그렸다. 그 네 직분이란 교사(혹은 박사), 목사, 장로, 집사였다. 그의 기독교 강요에서 칼빈은 장로 혹은 '다스리는 자'의 사역에 대해 다음과 같이 묘사한다.

> 내가 이해하고 있는 앞선 시대의 '다스리는 자'란 선택된 사람으로서 감독과 함께 권고하고 훈련시키는 일을 하는 이를 가리킨다. '다스리는 자는 부지런함으로 하도록 하라'는 명령에 대해서는 어떤 다른 해석의 여지도 없다. 그러므로 애초부터 모든 교회는 당회를 가졌었다. 그것은 경건하고 진지하며 거룩한 남자들로 구성되어 있었고, 그들은 우리가 곧 다루게 될 폐

Westminster Press, 1960), 2:324.
13 Amy Nelson Burnett, "A Tale of Three Churches", in *Calvin and the Company of Pastors*, ed. Daniel Foxgrover(Grand Rapids: CRC Product Services, 2004), 111.
14 *Ecclesiastical Ordinances of 1541*.

단들을 바로잡는 일에 재판권을 가진 자들이었다. 이제, 이 규칙은 한 시대에 국한 되는 것이 아니라는 사실이 지나온 경험들 속에서 스스로 증명되고 있다.[15]

'가난한 자들을 돌보는' 책임은 집사들에게 주어졌다. '다스리는 자들' 이나 '다스리는 장로들'은 목사들과 구분된 또 다른 영역의 장로였다. '다스리는 장로'에 대한 증가하는 중요성은 다음의 디모데전서 5:17의 해석에서 볼 수 있다.

> 그 시절에는 두 종류의 장로들이 있었는데, 그들 모두 가르치는 일에 임명된 것은 아니었다는 사실을 알 수 있다. 말씀에 나타난 순수한 의미는 그들 중에 '잘 다스리므로' 존경받는 장로들이 상당수 있었으나, 그들이 교사들의 직분까지 붙들고 있지는 않았다는 것이다. 그리고, 그 당시에는 사실상, 훌륭하고 선한 성품의 사람들 중에 선택받은 이들이 있어, 목사들과 함께 연합하여 당회에 참여함으로써, 윤리를 바로잡는 감찰관이 되어 교회를 바르게 세우기 위해 권위를 행사하였다. 이 점에서 암브로시우스는 자신들의 권력이 나눠지기를 원치 않는 박사들(혹은 교사들)의 무관심이나 자만심 때문에 이러한 관습이 폐지된 것에 대해 불평한다.[16]

---

15 Calvin, *Institutes*, 324-25.
16 John Calvin, *Calvin's Commentaries*, vol. 21, ed. & trans. William Pringle(Grand Rapids: Baker, 1984), 138-39.

다스리는 장로들의 사역은 제네바 지역 사회의 각각의 회중들을 감독하는 일도 포함되었다.

> 장로들의 의무들은 각 사람의 삶을 돌보아 주는 일과, 비뚤어진 삶을 사는 자들을 돌아보아 친절하게 훈계하여 바로잡아주는 일, 그리고, 필요한 경우, 형제애로 교정하는 것을 대행할 집회에 보고하는 일 등이었다.[17]

직분들의 이러한 질서는 후에 칼빈과 그의 제자, 드 샹도에 의해 쓰인 '프랑스 신앙고백서'(French Confession of Faith, 약1559년)에 반영되어 있다.

> 참 교회란 우리 주 예수 그리스도에 의해 확립된 질서를 따라 통치되어야만 한다고 우리는 믿는다. 거기에는 목사들과, 감독들과 집사들이 있어야 하며, 진실된 교리 교육의 과정이 있어야 하고, 실수들은 교정되고 억제되어야 하며, 가난한 자들과 고통 중에 있는 자들은 그들의 필요에 따라 도움을 받을 수 있어야 한다.[18]

이 간명한 요약은 각 직분의 기능들을 간단히 설명해 주고 있다. 목사들은 '진실된 교리가 그것의 과정을 가지도록' 살펴볼 책임이 있었고, 감독들은 '실수들은 교정되고 억제되도록' 보증할 책임이 있었으

---

17 Richard A. Gamble, "Switzerland: Triumph and Decline", in *John Calvin: His Influence in the Western World*, ed. W. Stanford Reid(Grand Rapids: Zondervan, 1982), 57.
18 Philip Schaff, *The Creeds of Christendom*(New York: Harper and Brothers, 1877), 3:376-77.

며, 집사들은 '가난하며 고통 중에 있는 자들을' 도울 책임이 있었던 것이다. 양 떼를 목양하는 것에 대한 칼빈의 관심은 주목할 만하다.

> 영혼들을 치유하는 칼빈의 사역팀에 함께했던 전문가인 쟝 다니엘 브누아는 과감하게 말한다. 그 제네바 개혁자(칼빈)는 신학자라기보다는 목사였다. 조금 더 정확히 말하면, 그는 더 훌륭한 목사가 되기 위해 힘쓰는 신학자였던 것이다. 그가 전반적인 개혁의 일을 하는 동안, 그는 영혼들의 목자였다.[19]

칼빈의 영향을 요약하면서, 스트라우치는 다음과 같이 말했다.

> 칼빈은…교회 장로직이 버려짐에 대해서는 공공연히 반대했고, 그것의 원상복귀에 대해서는 장려했다. 그러나 16세기의 노력들은 아주 적은 부분밖에는 성공하지 못했다. 왜냐하면, 수세기 동안 성직자의 전통들로 굳어진 땅으로부터 자유롭게 되도록 깨는 작업이 그 종교개혁가들에게 쉽지 않았기 때문이다.[20]

그러나, 설사 개혁된 교회들 안에서도, 절대적 권력을 갖는 감독제도로부터 성경적인 장로제도인 양 떼를 돌보는 일로 전환시키는 일은 그 원리와 실제를 개발하는 데 시간이 많이 들었다. 칼빈과 대륙의 개혁자들은 '다스리는 자들'과 다스리는 장로들의 역할을 정리하는 것 보

---

[19] John T. McNeill, *A History of the Cure of Souls* (New York: Harper and Row, 1951), 198.
[20] Strauch, *Biblical Eldership*, 11.

다 로마가톨릭교회의 복잡한 층층으로 이루어진 감독제도(prelacy)에 도전하는 것에 더 많이 마음을 썼다. 그러나, 다스리는 장로의 중요성에 대한 칼빈의 확신들은 시간이 갈수록 자라나갔음을 볼 수 있다.

칼빈의 견해는 영국 섬들로 울려퍼졌다. 그곳에는 그의 가장 유명한 제자인 존 낙스(John Knox, 1514-72년)가 있었는데, 그는 스코틀랜드에 종교개혁을 소개한 사람이다. 낙스는 양 떼를 돌보는 장로들에 대한 견해가 특별했다. 낙스는 칼빈의 견해를 따라, 말씀 사역자는 그 양 떼를 돌보는 일에 있어서 다스리는 장로들의 후원을 받아야 한다고 생각했다. 다음은 그가 에딘버러의 교회 리더십을 세우는 과정에 대해 쓴 글이다.

> 하나님의 영은 그의 백성이 전통종교의 헛되고 무익함에 빠져 고통 받는 것을 결코 원치 않으시기 때문에, 사람들은 그들의 개인 가정에서 비밀리에 성경을 읽기 시작했다. 그러나 많은 이는 감독들, 장로들과 집사들 없이는 바르게 순종하고 정직한 삶을 유지할 수 없었다. 그래서, 마치 예수 그리스도께서 그의 복음의 능력으로 그들 중에 승리하지 않으신 것처럼 그 소수의 양 떼는 병들기 시작했다. 그리고 그들은 몇 사람을 투표하여 뽑아서 그들에게 권고와 훈계 그리고 대표로 성경 읽기 등을 하는 일을 위해 최상의 자리를 차지하게 해 주었다. 또한 그들은 장로들을 뽑아서 그 양 떼를 감독하게 했다. 그리고 또 몇 사람을 뽑아서 집사로 임명하여 그들의 공동체 안에 가난한 자들을 돕는 일을 관할하게 했다. 이 작은 시작은 바로 긍휼이 풍성하신 하나님이 공적으로 우리에게 허락하신 질서의 영역이다. 목

사와 함께 공적인 교회를 돌볼 장로들과 집사들을 선출하는 원리는 각 교회 안에서 소통도 잘하고 평판이 좋은 사람들을 선출하는 것이었다.[21]

장로의 사역은 『제 1, 2 치리서』(the First and Second Book of Discipline)에 묘사되어 있다.

> 그들의 직분은 그들에게 맡겨진 양 떼를 공적으로나 개인적으로 부지런히 살펴, 그들로 하여금 종교나 품행에 있어 부패하지 않도록 하는 것이다.[22]

이 내용은 장로의 기능들을 목사와 박사(교사)의 기능과 구별하기 위해 다음과 같이 계속 이어진다.

> 목사들과 박사들은 하나님의 말씀의 씨앗을 가르치고 심는 일에 부지런해야만 하고, 장로들은[23] 열매를 거두는 일에 주의해야 한다.[24]

비록 장로들이 가르치는 은사들을 꼭 필요로 하지는 않지만, 교회의

---

21 John Know, *Works*, ed. David Laing (Edinburgh: The Wodrow Society, 1861), 2:151.
22 *The Second Book of Discipline*, ed. James Kirk (Edinburgh: The Saint Andrew Press, 1980), 193.
23 초기 스코틀랜드 장로교의 문서들을 살펴보면, 장로는 치리자 혹은 다스리는 자(*governouris*)와 원로(*Seniors*)로도 알려졌다. 치리자라는 용어는 칼빈과 관련된 용어이고, 원로라는 용어는 헬라어의 프레스비테로스(*presbyteros*)에서 기인했다.
24 *Second Book*, 193.

양 떼를 돌보는 책임을 나누어 동역한 사실은 의심할 여지가 없다.

> 스코틀랜드 교회에 장로들의 권위는 높았다. 존 낙스의 전례에 따르면, 매주 목요일마다 정기적으로 목사들과 장로들이 상호 교정하는 일을 주된 목적으로 하고, 교회 회원의 실수들에 관해 논하기 위해 모였다. 『제2 치리서』(1581년 차용)에 정의된 바를 보면, 장로 직분은 의사소통을 분석하는 일과 병자들을 방문하는 일을 돕는 것이며, 동시에, 개인적인 교훈을 주는 일과 선한 질서를 세우고 훈련을 시키는 일에 목사들과 '박사들'과 동역하는 것이었다.[25]

이와 같이, 사역자들과 장로들은 양 떼의 건강과 훈련을 돕기 위해 매주 정기적으로 만났다.

3. 청교도 잉글랜드

낙스의 리더십과 그의 계승자들에 의해 스코틀랜드에서 군주적 감독제도의 교회 정치 개념이 소멸되어 가는 동안, 잉글랜드에서는 청교도들을 통해 그 갈등이 계속되었다. 다시 말해, 그들의 우선적 관심은 개혁주의 신앙을 명확히 확립하는 것이었지만, 웨스트민스터 총회(1643-49년)는 교회 질서 문제를 상정했다. 웨스트민스터 대·소요리문답에 교회 지도자들의 직분과 기능들에 관한 내용은 거의 없다. 우

---

[25] McNeill, *History of the Cure of Souls*, 249.

리가 알고 있는 다스리는 평신도 장로들에 관한 자료들도 거의 희미하다. 거기에는 새 언약의 성례전을 바르게 집행할 수 있는 자로서의 '목사'(the minister)에 관한 자료들이 많다(웨스트민스터 대요리 문답, 176항). 이것은 다스리는 장로와 '가르치는 장로'를 구분하는 자료가 된다. '교회의 치리'에 나오는 웨스트민스터 신앙고백서 제 30장에는 교회의 직분과 그 기능에 관한 자료가 더 많이 나온다.

1. 교회의 왕이시며 머리이신 우리 주 예수 그리스도께서, 세상의 사법관과 구별되는 **교회 직분자들 손에** 그 행정을 맡기셨다.

2. **하늘 나라 열쇠들이 이 직분자들에게 약속되어 있다.** 그들은 직분자라는 이유로, 각각 죄에 대해 보류하거나 면제하는 힘(power)을 가지며, 회개하지 않는 완고한 자들이 들어올 수 없도록 성경과 견책들을 사용하여 천국 문을 닫을 수 있는 힘을 가진다. 또한, 복음 사역을 통해 죄 사함 받도록 도와줌으로서, 참회하는 죄인들에게 천국 문을 열어 주는 일을 할 수 있는 힘을 가진다.

3. 교회의 치리는 다음과 같은 경우에 꼭 필요하다. 그것은 형제들을 실족케하는 일에서 돌이키도록 하기 위해서, 다른 사람들로 하여금 같은 죄를 범하는 것을 방지하기 위해서, 죄의 누룩이 떡덩이 전체에 퍼져 병들게 하지 못하게 하기 위해서, 그리스도의 영광과 복음의 거룩한 직위를 옹호하기 위해서, 교회

위에 즉각적으로 임할 하나님의 진노를 피하기 위해서이다. 그 진노란 만일 교회가 하나님의 언약에 불순종하여, 악명높고 완강하고 고집스러운 반대자들에 의해 신성모독과 더럽힘 받게 될 경우, 교회에 임하게 될 하나님의 무서운 심판을 의미한다.[26]

첫 번째 문단은 '교회 직분자들'을 언급하는데, 그것은 함께 나오는 성경의 증거 본문이 '장로들'과 '리더들'에 관한 일반적인 자료들을 포함하고 있다는 점에서 대단히 격려가 된다.[27] 두 번째 문단은 마태복음 16:19과 18:17-18을 인용하면서 하늘 나라의 열쇠들에 관련된 영속적인 권위가 교회의 직분자들에게도 주어졌음을 알려준다. 세 번째 문단은 근면한 행동을 위한 기초로써, 신자의 언약적인 성실에 관한 명백한 자료를 준다. 그 암시는 교회 직분자들이 양 떼를 감독하고 지킬 책임이 있다는 것이다. "…만일 교회가 하나님의 언약을 불순종함으로써 교회에 임하게 될 하나님의 진노를 피하기 위해서…."

웨스트민스터 총회에 의해 발간된 자료들 중에 "교회 정치를 위한 지침, 치리와 안수에 관하여"(A Directory for Church-Government, for Church Censures, and Ordination of Ministers)라는 문서가 출간되었다. 거기에는 "교회의 직분자에 관하여"라는 제목으로 다음과 같은 요약문이 실려 있다.

> 어느 한 교회 안의 직분자들에 대해서 그들 중에는 말씀이나 교리를 가르치는 장로 최소 한 사람 혹은 다스리는 장로 최소 한

---

26 *The Westminster Confession of Faith*(Glasgow: Free Presbyterian Publications, 1994), 119-20.
27 행 20:17-18; 히 13:7, 17.

사람과 교회 정치에 참여하는 다른 사람들도 요구된다.[28]

몇 줄 뒤에, 특정한 교회를 감독하는 일에 있어 다스리는 장로들의 개입에 관해 다음과 같은 가이드라인이 주어져 있다.

> 특정한 교회 안에 많은 다스리는 직분자들이 있는 곳에서, 그들 중 몇 사람이 더 특별하게 그 한 파트의 감시에 참여하도록 하고, 그 나머지 사람들은 가장 편리한대로, 몇 가정들을 방문하여 그들의 영적인 필요를 채우는 시간을 갖게 하라.[29]

이 말은 양 떼를 돌보는 일에 있어 교회의 장로들도 동등하다는 개념의 중요한 발전을 나타내준다. 그 다음의 문단은 특정한 교회를 훈련시키는 일을 위한 목사들과 다스리는 직분자들의 동역에 관해 말하고 있다.

게다가, 다음의 내용은 주목할 가치가 있다. '다스리는 장로들'의 안수를 위해서는 아무런 규정도 없는 데에 반해, '말씀의 사역자'를 위해서는 규정이 있다는 것이다. '어떤 공적 교회 직분자와는 동떨어진 엄숙한 의식'으로서의 안수에 관한 참고자료는 가끔 있지만, 안수에 관해 가르치는 문서들의 초점은 '특정 교회의 사역자로서 말씀을 가르치는 사역자, 즉 말씀을 선포하는 장로들'에 집중되어 있다.

요약하면, 웨스트민스터 총회는 다음과 같이 밝히고 있다. '교회 직

---

[28] *The form of Presbyterial Church Government* (repr., New York: Robert Lenox Kennedy, 1880), 57-58.
[29] Wayne R. Spear, "The Westminster Assembly's Directory of Church Government", in *Pressing Toward the Mark*, 90에서 재인용.

분자들'과 '교회 통치자들'로 불려졌던 다스리는 장로의 직분이 존재했다는 것과, 그들은 '말씀의 사역자'와 함께 교회를 돌아보며 훈련시키는 일을 책임지고 있었다는 것이다. 그러나, '말씀의 사역자'와의 '동등'(parity)이라는 표현은 총회 어휘에는 들어가지 않았다. 양 떼를 목양하는 책임을 적극적으로 분담했던 다스리는 장로들로서 성경적인 이상형을 향하여 점점 진보되어 나가고 있었다.

청교도 잉글랜드에서, 아마도 종교개혁 이래로 서방 교회 전체 가운데, 리처드 백스터(Richard Baxter, 1615-91년)가 보여준 것 보다 더 훌륭한 모델은 없었다. 이러한 내용에 비춰볼 때, 그의 고전적인 저술인 『참 목자상』(The Reformed Pastor)이란 책의 시금석은 사도행전 20:28 말씀에서 발견한 '양 떼를 치라' 였다. 이 내용에 대해 백스터는 다음과 같이 말했다.

> 작은 양 떼라 할 때는, 그리스도의 전체 교회를 의미하지 않고, 장로들이 책임지고 있는 특정한 교회를 의미한다. 감독들은 구원의 길에 있는 특정한 교회를 가르치고 인도하도록 그리스도에 의해 임명받은 사람들을 말한다. 전에 에베소교회의 장로들로 불려졌던 그 사람들이 여기에서는 감독들과 주교들로 불렸다. 어떤 이들은 하나님의 교회를 먹이기 위하여, 또 다른 이들은 '통치하기 위하여'라고 표현한다. 그러나 이 두 가지면 중에 어떤 것 하나가 제한받을 필요는 없다. 왜냐하면, 우리는 그 두 가지를 다 이해하거나, 목회 사역 전반을 이해하기 때문이다.[30]

---

30 Richard Baxter, *The Reformed Pastor*(1656 ; repr., Grand Rapids : Sovereign Grace Publications, 1971), 1.

비록 그가 위의 인용문에서 장로직의 동등함을 언급했지만, 그의 교훈은 각 회중 가운데 '목사'가 목자로서 역할을 다할 것에 초점이 맞추어져 있다. 바로 다음의 인용에서 그는 그의 사역 전체를 개괄하면서, 양 떼를 돌아보기 위해 넘치는 책임감을 갖는 것을 가장 중요하게 여겼다.

> 모든 양 떼는 그들을 돌보는 목사(들)가 있어야 하며, 각 목사는 특정한 양 떼를 책임져야 한다. 마치 연대 병력수준의 모든 군대나 회사에 대장이 있고 모든 병사는 그의 상관과 국기(회사기)를 알고 있어야만 하듯, 모든 교회마다 목사가 있고, 모든 주의 제자들이 주 안에서 그들 위에 있는 각자의 선생을 아는 것이 하나님의 뜻이다. 그리스도의 우주적인 교회는 그들의 감독들에 의해 인도받는 지역 교회들로 구성된다. 그리고, 모든 그리스도인은 이 교회들 중 하나의 구성원이 되어야만 한다…비록 목사가 그리스도 교회 안의 직분자들 중 한 명이지만, 그는 주께서 맡겨 주신 특정한 교회의 감독자로서의 특별한 임무를 부여 받은 것이다. 이와 같이 목사와 양 떼의 관계 안에서 우리는 상호적으로 서로를 책임진 자로서 모든 의무가 생기는 것이다.[31]

백스터는 다스리는 장로를 양 떼를 목양하는 일에 중요한 동역자로 보지는 않았다. 이 견해는 만일 목사가 혼자 돌보기에 힘들 만큼 양 떼

---

31 Richard Baxter, *The Reformed Pastor*(1656; repr., Carlisle, PA:Banner of Truth, 1997), 88.

가 너무 많아지면, 심방을 돕기 위한 '한두 명의 조력자'[32]를 자신의 월급에서라도 지불하여 고용하도록 제안한 것을 볼 때 더욱 확실해진다. 그러나, 백스터가 키더민스터 지역 양 떼를 돌보는 일에 평신도-다스리는 장로로서 역할을 했다면, 얼마나 대단한 영향을 끼쳤는지에 대한 의문은 아직 남아있다. 백스터는 정기적인 심방과 교회의 가정들을 문답식으로 가르치는 예방적인 접근으로 회중을 돌보는 일을 강조한다는 점에서 우리에게 대단한 격려를 준다. 그럼에도, 그가 그러한 사역에 헌신하기까지는 약간의 시간이 걸렸다.

> 너무도 명백하고 탁월한 이 임무로부터 내가 어떻게 그렇게 격리되어 있을 수 있었는지 나도 의아하게 생각된다. 그러나 그 일이 내게 닥쳐왔다. 마치 그것은 다른 사람들의 것이라 가정했었는데 말이다. 나는 그 사역에 대해 오랫동안 확신해 왔지만, 그 일에 따른 고통은 너무 크고 그 임무의 가치는 너무 작은 일이라는 생각 때문에 그 일에 뛰어들기까지 많은 시간이 지체되었다. 나는 사람들이 그 일을 경멸할 것이며, 최소한의 필요를 가진 아주 적은 사람들만이 그 일에 헌신할 것이라고 상상했었다. 그리고, 나는 예전에 가져보지 못했던 너무 심하고 무거운 짐들 때문에 결코 그 일을 감당해내지 못할 것이라고 생각했다. 이렇게 오랫동안 연기해 왔었기에, 나는 주 앞에 회개하며 용서해 달라고 탄원했던 것이다. 후에 알게 된 바, 그 어려움은 내가 상상했던 것에 비하면 거의 아무것도 아니었으며, 오히려 그 일의 유익과 안위가 얼마나 컸던지, 세상의 모든 부들로도

---

32 Ibid., 93.

그것을 바꾸지 않을 정도였다는 것을 발견했다.³³

또한 양 떼를 목양하는 중에 권징에 관련된 그의 설교 말씀은 매우 도전적이다.

> 이러한 교회들의 목사들에게 드리는 두 번째 요구는 그들이 더 이상의 늦어짐 없이, 결국에는 교회에서 권징하는 사역을 만장일치로 세워 달라는 것이다. 그것은 물어볼 것도 없이 꼭 필요한 사역이다. 좋은 사람들이 그렇게 위대한 책임을 지속적으로 무시하고 수수방관하는 일은 슬픈 일이다. 많은 사람이 다음과 같이 우는 소리를 한다 '우리 사람들은 그것을 위해 준비되지 않았다. 그들은 그것을 감당하지 못할 것이다.' 그러나 당신들이 오히려 그러한 결과로 발생될 문제와 미움 받는 것을 지고 가려하지 않는 것이 아닌가? 만약 사실상, 당신들이 행하고 있듯이, 우리 교회들이 그리스도의 질서와 다스림을 할 능력이 없다고 선포하면서, 우리로부터 떠나간 사람들은 포기해 버리고, 사람들에게는 더 나은 사회를 기다리라고 격려한다면, 이러한 권징과 훈계(discipline)는 어디서 얻을 수 있단 말인가?³⁴

그리스도의 양 떼를 돌보는 일에 대한 백스터의 관심과 그의 헌신은 어떤 종교개혁 목사에게라도 본보기가 된다. 게다가, 그의 양 떼를 돌보는 극진한 관심은 종교개혁자들에 의해 '다스리는 자'로 인식되었

---

33 Ibid., 43.
34 Ibid., 46-47.

던 사람들과 함께하면서 그리고 칼빈에 의해서 두 종류의 장로들 중 한 가지로 발전하게 되었다.

4. 스코틀랜드 장로교

존 낙스의 개척적인 사역의 대단한 영향력의 일환으로, 모든 장로가 양 떼를 돌보는 일에 가담하는 모델이 스코틀랜드 장로교의 표현으로서 계속 발전해 나갔다. 비록 이것이 장로교회주의 대 감독교회주의 간에 커다란 쟁론으로 발전하여 당대에 최고의 관심사가 되는 데는 약간의 시간이 걸리기는 했지만 말이다. 스코틀랜드의 관점을 보여 준 좋은 예는 제임스 바너맨(James Bannerman, 1807-68년)이다.

> 교회를 다스리고 통치하고 훈련하는 권위는 영혼들에게 복음을 전하고 은혜의 언약을 인치는 권위에 비해 사역적으로 낮은 권위를 가지고 있다는 사실은 부정할 수 없다. 그러나, 모든 부서들의 허락하에 장로들은 독특한 기능을 가진 가장 높은 권위가 주어졌다. 그 상황은 장로들이 교회에서 다스리는 그 낮은 권위로부터 배척당했다는 것을 믿기 어렵게 만든다.[35]

'감독'이 '장로' 위에 군림하는 계급적 권위에 반대하는 논의가 그 논쟁의 중심부에 있었다. 그는 장로(*presbyteros*)와 감독(*episkopos*)이 동의어로

---

[35] James Bannerman, *The Church of Christ* (1869, repr., Carlisle, PA: Banner of Truth, 1974), 2:291.

사용되었음을 언급함으로써 문제를 해결하려고 했다.

> 프레스비테로스(presbyteros)와 에피스코포스(episkopos), 이 두 단어가 나누이지 않은, 같은 직분에 적용되어 사용된 이유를 알아보는 일은 어렵지 않다. 우선, 프레스비테로스(presbyteros)가 유대인 회당에서 장로 직분에 쓰는 유대인식 직함이었다면, 에피스코포스(episkopos)는 헬라인들이 감독을 지칭할 때 일반적으로 사용된 단어였다…이와 같이 같은 직분의 사람에게 다른 이름이 주어진 것은 신약에 수많은 근거들이 있다. 사실상 그 증거는 현재 결론적으로 알려졌듯이 그리고 감독교회주의 반대파의 가장 솔직한 강조점처럼 대단히 강력하다.[36]

비록 그 단어 선택이 성경적인 관점에서 이뤄진 것이 사실이라 할지라도, '다스리며 통치하는 일과 교회를 훈련시키는 일'을 나눠서 하는 성직자들과 함께하는 사람들에게 이 단어를 사용하는 일은 아직 조금 더 추이를 지켜볼 필요가 있다. 여기에 추가적인 두 명의 스코틀랜드인들의 예를 통해 확인해 보는 것이 도움이 될 것이다. 그 하나는 가르치는 장로였던 토마스 찰머스(Thomas Chalmers)이고, 또 한 사람은 다스리는 장로였던 데이비드 딕슨(David Dickson)이다.

1) 토마스 찰머스

토마스 찰머스(1780-1847년)는 진정 목자의 마음을 가진 사람이었

---

36 Ibid., 2:274.

다. 그 당시에 연중 정기 가정심방을 하며 지방의 교회들을 목양하는 일은 흔치 않았던 일이었다. "스코틀랜드 교회의 성직자들이 각 지방에서 그들의 교구들을 정기 심방하는 것은 잘 알려진 의무이다. 정기 심방 시 각 집을 방문하여 각 가정의 상황을 알아보아 교육시키고 교회 참석을 확실히 하도록 권고한다."[37]

찰머스가 글라스고우에 있는 트론교회의 목사가 되었을 때 그는 개인적인 목양 사역의 대상에 지방 사람들뿐 아니라 도시 사람들까지도 포함된다는 사실을 이해했다. "도시 사람들과 지방 사람들 사이에 헌신된 성직자가 사역하는 데 효과가 떨어질 만큼의 본질적인 다른 점은 없었다."[38] 그러므로, 그는 그의 교구내의 각 가정을 개인적으로 방문하는 계획을 세웠다. "그 인구 수를 정확히 알 수는 없었다. 하지만 약 11,000-12,000명의 영혼들 정도로 알려졌다. 이렇게 많은 사람의 각 가정을 1년 혹은 2년 내에 방문하는 일은 초인적인 책무였다. 그러나 찰머스 박사는 그것을 이루기 위해 자신을 기꺼이 드렸다."[39]

말할 것도 없이, 그 심방들은 매우 간단했고, 놀랍게도 기도할 시간도 없이 진행되었다. 한 번은, 한 불쌍한 늙은 과부가 기도해 달라고 간곡히 요청했는데, 찰머스는 "만일 내가 방문하는 각 집마다 기도한다면, 내가 그 사역 전체를 감당하는 데 10년은 족히 걸리게 될 것이다"라고 대답했다.[40] 그의 방문은 간단하면서도 포인트가 분명한 질문들을 통해 주일 성수와 가정 교육을 도모하는 내용으로 구성되었다.

---

[37] William Hanna, ed., *Memoirs of the Life and Writings of Thomas Chalmers* (New York: Harper and Brothers, 1850), 2:118.
[38] Ibid., 2:118-19.
[39] Ibid., 2:119.
[40] Ibid.

그의 트론교회 사역 초기에 그는 장로들을 목양 사역에 적극적으로 가담시키는 것이 사역 성공에 필수임을 깨달았다. 이러한 깨달음은 그들 중 많은 사람에게 쉽게 전달되지 않았다. "트론교회의 몇몇 장로들은 매우 뛰어난 사람들이었는데 그들의 최우선 의무는 헌금 접시 옆에 서서 회중들이 자발적인 헌금을 넣는 것을 받아서 가난한 자들에게 매월 일정 금액씩을 나눠주는 일이었다."[41] 찰머스의 리더십 아래서, 그들은 '헌금함 옆에 서 있는 일' 이상의 더 많은 일을 하게 되었다. 사람들을 돌보기 위한 '초인적인' 과업을 달성하기 위해서, 도시는 많은 교구로 나뉘었고, 각 교구마다 적어도 한 명씩의 장로와 집사가 임명되었다. 그는 그 장로들의 목양 사역 기술을 개발시켜주었는데, 그가 교구들을 방문할 때 장로들을 동행시켜서 본을 보게 함으로 개발을 도왔다. 여기에, 한 장로와 심방을 간 찰머스를 묘사하는 그림이 있다.

> 그가 길고 힘한 계단을 올라오며 힘들어하는 그의 장로를 어깨너머로 친절하게 바라보면서 말했다. '흠, 이런 종류의 방문에 대해 어떻게 생각하시오?' 계단을 오르는 힘든 일에 몰두하던 그 장로는 미처 그것에 대해 많이 생각해 보지 못했다고 말했다. 이에 찰머스 박사는 '나는 잘 알고 있지요. 지금 속마음을 이야기하라고 한다면, 당신은 지금 우리가 빵에 버터를 아주 얇게 바르고 있다고 할거요.'[42]

---

41 Ibid., 2:130.
42 Ibid., 2:120.

'아주 얇게' 버터 바른 빵이라는 마지막 언급은 의심할 것 없이 그들이 하고 있는 심방의 짧음과 교구민들의 거대한 숫자를 말하는 것이다. 이런 상황에서, 찰머스는 성도들을 위해 이러한 중간 목자들을 성경적인 사역에 투입할 것을 더욱 결단하게 되었다. 그는 신임 장로들이 이 일에 동참할 때 큰 격려를 받았다. 1816년 12월 20일에 열린 신임 장로 안수식에서 한 그의 설교 내용 중에는 다음의 내용이 포함되어 있다.

> 나는 우리 세대의 사역이 우리 선조들의 사역에 비해 얼마나 멀리 빗나갔는지 잘 알고 있다. 우리 성취의 한계 안에서, 교회 평신도 직분자들이 각 가정을 돌며 기도하는 사역, 가르침의 사역, 영적인 위로를 나눠주는 사역, 병자나 외로운 자나 죽어가는 자를 상담하는 등의 전반적인 일들을 어떻게 그렇게 빨리 포기했는지 너무도 잘 알고 있다. 그래서, 나는 장로들에게 할당된 각 교구민들과 장로들 사이에 형성된 이러한 종류의 관계를 보는 것 이상의 만족 밖에 없다고 감히 단언할 것이다.[43]

그의 일기는 그의 장로들과 성도들을 방문한 사건들로 가득 차 있다.

> 화요일. 존 브라운 장로를 만나서 그와 몽고메리씨를 데리고 나머지 구역을 심방했다. 230명의 사람들을 방문했고, 브라운씨 집에서 차를 마셨으며…[44]

---

[43] Ibid., 2:505.
[44] Ibid., 2:180.

그들이 이런 분주한 스케줄 이후에 차를 마실 시간과 에너지 충전 시간을 가졌다는 사실이 무척이나 놀라울 뿐이다! 찰머스는 그가 섬기는 교구들의 모든 사람의 모든 필요들을 돌보려는 큰 비전을 가졌다. 그는 그 도시 전체의 가난한 자들을 위한 교육과 사역에 획기적인 개혁을 이뤄냈다.[45] 그 교회의 장로들과 집사들은 목양하는 일을 위한 중심 동역자들이었는데, 이러한 사역은 그가 트론교회에서 성요한교회로 목회지를 옮긴 후에도 계속되었다.

> 성요한교회의 목양은 25개의 지구별로 나뉘어져 있다. 그것은 교구이라고 불렸는데, 각 교구는 60-100가구가 포함되어 있다. 스코틀랜드 장로교 내에서 오랫동안 사용되지 않고 있던 집사 직분을 부흥시키기 위해, 찰머스 박사는 각 교구에 한 명의 장로와 한 명의 집사를 임명했다. 그 교구의 영적인 사역은 장로에게, 현실적인 사역은 집사에게 맡겨졌다.[46]

집사들은 각 '교구' 안에 있는 가난한 사람들의 필요를 채우며 돌보는 적극적인 동반자들이 되어갔다. 매주 정기적인 모임이 있어 그들을 돌보는 데 요구되는 사안들을 함께 다루어 나갔다. 찰머스 박사는 장로와 집사 직분이 그리스도께서 그 양들을 위해 준비하신 전반적인 돌봄임을 진실로 잘 이해하고 있었다.

---

[45] 글라스고에서 있었던 찰머스의 교육, 건강, 재산 등에 대한 포괄적 관심은 "목회적" 기획으로 알려지게 되었다.
[46] Hanna, *Memoirs*, 2:293.

2) 데이비드 딕슨

찰머스와 동시대에 다스리는 장로의 관점을 잘 보여준 사람이 있었는데, 그 이름은 데이비드 딕슨(1821-85년)이다. 그는 30년 넘게 에딘버러의 프리뉴노스교회에서 다스리는 장로로서 섬겼다. 그는 양 떼를 목양하는 일에 장로들이 실제적으로 참여할 수 있는 방법과 장로 직분의 위엄을 고취시켰다.

> 나는 비록 다스리는 장로직의 성경적인 근거가 분명하고 장로교회들에 의해 확실히 인정받음에도 불구하고 오랫동안 꼭 그래야만 하는 수준만큼 제대로 실천된 적이 결코 없었다고 깊이 확신한다.[47]

그는 말 그대로 '실천'했다. 그는 '교구들'은 각 장로가 책임져야할 대상이라고 제안했다. 그는 가정들을 심방하는 일과, 병자들을 심방하는 일, 그리고 훈련하는 가이드 라인들의 모델을 보여주었다. 그는 성도들의 예배 참여를 감독하는 중요성도 알고 있었다. 다스리는 장로는 "그의 사람들이 교회 어디에 앉아 있는지 알기 위한 효과적인 방법을 발견해야 할 것이다."[48] 그의 사역의 유일한 초첨은 맡겨진 양 떼 각 사람들을 잘 돌보도록 장로들을 격려하는 일이었다.

---

[47] David Dickson, *The Elder and His Work* (repr., Dallas: Presbyterian Heritage Publications, 1990), 2.
[48] Ibid., 15.

만일 각 그리스도인이 아주 조금씩 만이라도 그리스도를 위해서 무엇인가 행한다면 교회 안과 세상에 어떤 변화가 나타날 것인지! 광야가 금방 열매로 뒤덮히지 않겠는가?[49]

양 떼를 위한 이러한 돌봄에 대한 '전매특허적인' 태도는 다른 어떤 곳에서보다 스코틀랜드 장로교의 더 큰 특징이었다.

5. 미국의 장로교

장로교가 미국에 퍼지면서, 스코틀랜드 교회는 확실한 족적을 남겼다. "왕정복고 이후…영국에서는 장로교단이 생기를 잃어 버렸었으나, 미국으로 건너와서는 전통적인 모본의 힘과 이민에 의해 스코틀랜드 교회가 폭발적인 영향력을 끼치게 되었다."[50] 그 스코틀랜드 교단은 목양하는 장로의 중요성으로 하여금 미국교회에 영속적으로 자리 잡히도록 할 수 있었을까?

사무엘 밀러(Samuel Miller, 1769-1860년)는 미국이라는 새로운 세계에서 목자 리더십의 성경적인 관점을 표현하기 위한 노력을 한 훌륭한 예이다. 그는 뉴욕 시에서 목사로서 섬겼고 그 후에는 프린스턴신학교에서 35년을 교수로서 가르친 사람이다. 다스리는 장로의 권위에 대해 그가 한 말은 가치가 있다.

---

[49] Ibid., 59.
[50] Sydney E. Ahlstrom, *A Religious History of the American People* (Garden City, NY: Doubleday, 1975), 330-31.

다스리는 장로, 그는 그리스도의 권위를 대리하는 자로서 그가 모든 일에 의롭게 행하기만 한다면 가르치는 장로(혹은 목사) 보다 결코 모자라지 않다. 만일 우리가 말하는 그 두 직분이 그리스도의 무한한 지혜에 의해 사도적인 교회에서 임명 받은 것이라면, 즉 만일 예수 그리스도에 의해 복음의 사역자로서 임명받은 것이라면 두 직분은 그리스도의 일꾼으로서 동등한 것이다. 그는 비록 교회의 구성원들에 의해 선출되기는 했으나, 주의 이름으로 말하고 행동할 수 있는 권리가 있다…성도들의 선택을 통해, 다스리는 장로는 다스릴 권위를 받았고 '말씀과 교리 안에서 수고하는 목사'는 교사와 인도자로서 설교와 성례 집전을 위한 권위를 부여 받았다는 점에서, 둘은 다를 것이 없다.[51]

또한, 밀러는 양 떼를 감독하는 실제적인 임무들에 대해 개요를 간략히 설명했다.

그러나 다스리는 장로들은 목사와 함께, 교회의 사법적인 행정가로서 공동적인 책임을 지는 한편으로, 그들에게 항상 부과되는 또 다른 책무가 있는데, 교회의 사법기관과 같은 모임을 가져, 그리스도의 몸을 지속적으로 세우는 임무를 실행하는 것이다. 그들은 회중 모든 구성원을 돌보고 감찰하는 의무를 가지며, 같은 목적으로, 양 떼 중의 각 가족들과 대중적이고 친밀한

---

51 Samuel Miller, *The Ruling Elder*(1831 ;repr., Dalla :Presbyterian Heritage Publications, 1994), 12.

만남을 함양하도록 '감독자'로 부르심 받은 것이다.[52]

이와 같이 밀러는 장로들이 교회의 '사법기관'으로서의 모임 때 뿐 아니라, '언제든지' 양 떼를 향한 관심을 가져야 한다는 필요를 지적했다. 그는 장로들이 양 떼를 심방하는 일을 잘하는 것이 이상적인 역할이라고 명백하게 알려준다.

밀러의 사역에는 '그리스도인 형제들'에게라고 하는 놀라운 편지를 써 준 것이 포함된다. 이는 교회 구성원들의 협조와 이해를 개선하기 위한 안목을 가지고 장로들의 사역을 설명하기 위한 말씀들이다. 권징에 관해 형제들에게 다음과 같이 편지를 썼다.

> 당신의 장로들은 어떤 때는 치리와 권징을 위해 소집될 것이다 (하나님의 은혜로 그런 일이 자주 일어나지는 않기를 바란다). 그것은 고통스러운 일이다. 여러분은 그들이 이런 책임을 감당해야 하는 것을 불쾌하게 생각하지 마라.[53]

밀러는 또한 장로들의 심방 사역에 대한 정보를 성도들에게 전해주었다.

> 당신의 장로들이 당신 가족들을 만나 보고 더 잘 알기 위해 심방할 때, 또는 목사를 도와서 양 떼의 영적 상태를 확인하기 위해 심방할 때, 그것은 간섭하기 위한 주거 침입이 아님을 기억

---

52   Ibid., 17.
53   Ibid., 26.

하라. 그것은 그들의 책임 그 이상의 어떤 것도 아니다.[54]

이 인용들은 다스리는 장로에 대한 밀러의 높은 관점과 다스리는 장로들이 정기적으로 양 떼를 감독하는 일에 동원 되어야 한다는 관점을 보여주는 것이다. 이것은 단지 스코틀랜드의 영향만이 아니라 성경적이고 신학적인 강한 확신들을 반영한 것이었다.

6. 요약

위의 역사적인 핵심 개관을 요약해 보면 다음과 같이 결론지을 수 있다. 교회의 역사는 누가 교회를 인도하는 리더인가 하는 것과 리더들이 무슨 일을 해야하는 지에 대한 영속적인 갈등을 보여준다. 실제로, 그리스도의 양 떼의 안녕을 위한 다스리는 장로의 권위에 대한 인식은 3세부터 16세기까지는 상실된 것이나 다름없었다. 종교개혁자들 중에서도 '장로들'과 '감독들'에 관해 말하는 구절들(행20장; 벧전 5장; 딤전 3장; 딛 1장)을 이해함에 있어, 말씀을 전하는 사역자나 혹은 가르치는 장로 이상으로 적용하기를 꺼려하는 경향이 있었다.

'다스리는 장로들'이나 '다스리는 자들'에 대한 성경적인 근거는 리더십이나 행정의 은사들에 관해 말씀하시는 구절들(롬 12:8; 고전 12:28)에 제한되어 있었다. 게다가, 다스리는 장로 직분이 존재했었는지를 확증할 수 있는지와 앞의 구문들을 다스리는 장로 직분의 부르심, 자격, 기능, 온전한 성경적 그림의 문제들에 적용할 수 없는지의 여부를 알

---

[54] Ibid., 27.

아보는 것은 어려운 일이다.

 비록 다스리는 장로와 가르치는 장로 사이의 관계를 이해하는 일에 차이점들이 계속 있긴 하지만, 특히 칼빈의 제네바와 스코틀랜드 장로교회에 소속된 개혁 교회들은 다스리는 장로 직분과 가르치는 장로 직분의 중요성을 말할 때 양 떼를 돌보는 일 안에 나란히 그 기초를 둔다. 그들은 지역적인 구성원과 동일시하는 일과 양 떼에 대한 지속적인 돌봄, 양육, 훈련과 치리등에 대해 함께 책임을 가진다.

 역사 전반을 통해, 장로 직분의 중요성에 대한 분명한 성경적 이해와 장로들의 목양적 기능이 실종되거나 손상되었을 때마다 하나님의 양 떼는 고통을 당해왔다. 그 반대로, 리더들이 양 떼를 돌보는 일을 추구했을 때에는 그들은 번창했다.

| 생각해 볼 문제 |

1. 당신의 교회 안의 '직분들'은 어떻게 존재해 왔는지 그 역사를 조사해보라.
2. 만일 당신의 교회(교단)에 관련된 교회 헌법서를 가지고 있다면, 교회의 직분들에 대한 묘사를 찾아보라.
3. 당신의 교회 상황은 다스리는 장로(혹은 그와 동등한 직분)의 직분에 적합한 무게를 두고 있는가?

4장

목자의 인도할 권리 :
성경적 근거들

> 너희를 인도하는 자들에게 순종하고 복종하라 그들은 너희 영혼을 위하여 경성하기를 자신들이 청산할 자인 것 같이 하느니라(히 13:17).

권위의 개념은 현대 문화에서 소외 당하는 것 중 하나이다. 그리고 교회의 리더들도 권위적인 목자 리더십을 행사하는 일로부터 위축될 수 있는 여러 가지 이유가 있다. 목자들이 무슨 일을 할 것인지의 주제로 옮겨가기 전에 교회 리더들에게 목양적 돌봄을 행사하기 위해서 어떤 권리와 책임이 주어졌는지 명료하게 이해하는 것은 중요하다. 권위에 관한 성경적인 관점을 논하기 전에, 우리는 문화 안에 있는 전반적인 도전들을 먼저 살펴볼 것이다. 그리고 권위에 대한 성경적 개념을 소개한 뒤, 권위에 대한 성경적인 관점을 오해하여 생겨난 두 가지의 운동들을 고찰할 것이다.

1. "누가 그렇게 말하는가?" 정박지로부터 표류하는 문화

故 죠지 카를린은 1960년대에 유행하던 '권위에 도전하라' 는 격언을 아직도 지지하고 있는지 질문을 받은 적이 있다. 그는 그렇지 않다고 하면서 이제 그의 새로운 격언은 '권위를 파괴하라'라고 말했다. 역사를 통괄하여 카를린과 같이 재빨리 권위의 남용을 지적하려는 사람들이 많이 존재해 왔으나, 체스터톤(G.K. Chesterton)은 아기를 목욕한 물과 함께 버리지 말라고 경고했다.

> 종교적인 권위는 의심할 것 없이 자주 억압적이거나 비합리적이었다. 모든 법적 시스템이 무정하고 잔인한 냉담으로 가득 찼던 것과 같이 종교적인 권위도 그랬다. 그래서 경찰을 공격하는 것은 온당한 행위, 아니 오히려 그것은 영광스러운 것이었다. 그러나 종교적 권위에 대한 현대적인 비평가들은 강도들에 대해 전혀 들은 적이 없는 상태에서 경찰을 공격해야만 하는 사람들과 같다. 그렇게 하여 강도와 같은 실제적인 위험 부담이 인간 정신에 가해진다. 어쨌거나 그것에 대항하여(옳든 그르든) 종교적인 권위가 육성되어 방어벽을 형성했다. 만일 우리 인종이 망하는 것을 막으려면, 그것을 대항하기 위해 무엇인가 확실히 세워야만 한다.[1]

그러나 불행하게도 체스터톤의 관점은 소수자 집단에 속하고 카를린의 관점은 노령화 되어가는 60대 전문가의 변두리 사색이 아니라 오

---

1 G.K. Chesterton, *Orthodoxy*(Wheaton, IL: Harold Shaw Publishers, 1994), 31-32.

히려 우리 사회와 교회의 중심부에서 그 관점을 대변하는 것으로 보인다. 권위에 대한 존경심이 무너져 버린 문화는 절대권위의 주권적인 주 되심, 즉 살아 계신 하나님이 우리 목자이시며 모든 인생의 권위자이심을 존경하는 일에 실패했기 때문이다. 비록 우리가 하나님을 믿는다고 립 서비스는 잘 하지만, 우리 문화의 핵심에는 '주님이 나의 목자이시다' 가 아닌 '내가 나의 목자이다' 가 있다. 선한 목자 되신 우리 주님의 말씀의 권위에 대한 존경심은 양들로 하여금 명확한 도덕적 경계선 안에서 안정감과 안전함을 얻게 해 준다. 양들은 '푸른 초장'과 '쉴만한 물가'의 한계가 어디까지인지 윤곽을 바로 알기 위해서 목자를 주의 깊게 바라보아야 한다. 목자-장로에게 충성해야만 하며 장로들은 양을 먹여야만 하는 책임이 여기에 있다. 불행하게도 우리는 목자의 권위와 그 목자께서 세워놓으신 도덕적인 '울타리'를 부인하고 있는 문화 속에 살고 있다. 선한 목자의 권위를 공경하는 것이 이렇게 침식당하면서, 정부, 가정, 교회에 이르기까지 권위에 대한 존경이 전반적으로 사라졌다는 사실은 놀라운 일이 아니다. 이 모든 것이 참으로 우리 문화 안에 법적인 질서의 기초가 무너지고 있다는 징후이다.

> 이것이 문화적인, 즉 우리 사회의 정치적이고 법적인 위기이다. 접근하기 쉽고 선명한 신념 체계와 우리 사회의 세계관들은 그 사회가 어떻게 질서 잡혀야만 하는지를 결정하게 해 주는 공적인 영역으로부터 전반적으로 차단되어 있다.[2]

느하우스(Neuhaus)는 그 '벌거벗은 공적인 광장'에 있는 도덕적인 공

---

2 Richard John Neuhaus, *The Naked Public Square* (Grand Rapids: Eerdmans, 1984), 259.

허의 자리를 종교로 채워야만 한다고 제안한다. 불행하게도 교회의 권위에 대한 존경심은 떨어져 감소되고 있고, 특별히 교회가 그 주변 문화의 기준을 수용하고 조화시키다 보니 선한 목자의 권위적인 기준도 내버리는 정도까지 이르렀다. 체스터톤은 더 나아가 다음과 같이 주장한다.

> 우리는 권위들의 오래된 반지를 깨부수는 회의주의를 접한다. 동시에 이성이 권위에 맞서는 모습을 볼 수 있다. 종교가 사라지는 한 이성도 사라진다. 종교와 이성 이 두 가지는 모두 최상의 권위를 가진 신뢰할 만한 것이기에…신적인 권위의 개념을 파괴하면서 우리는 인간 권위의 개념도 파괴해왔다.[3]

권위에 대한 존경심이 사라지면서 공적 광장에서나 교회에서 주장할 수 있는 권위적인 도덕적 기준 또한 사라지고 있다.

2. 우리 눈이 보기에 옳은 것을 행하는 것: 도덕적 가치들이 상실됨

오스 기니스(Os Guiness)는 소비에트 연방의 공산주의가 망한 사실을 이야기 하면서, 그것이 미국의 정치적인 질서와 경제적인 질서에 두 가지 승리를 안겨다 주었다고 관찰했다. 그러나 그는 '세 번째' 영역에서의 실패를 말한다.

---

3 Chesterton, *Orthodoxy*, 32.

> 그러나 그 세 번째 위대한 영역…도덕과 문화의 영역은 깊은 문제 속으로 떨어졌다. 미국의 역사적, 정치적이고 경제적인 보호의 단계에서, 문화적인 권위의 위기는 미국의 활력을 잃게 했다. 미국인들은 더 이상 그들이 예전에 가졌던 신념, 이상, 전통에 의해 영향받지 않는다. 이제는 미국의 문화 질서가 미국인들이 민주주의를 유지하는 데 요구되는 자유와 책임과 정중함을 어떻게 공급할 수 있을런지 의심스럽다.[4]

권위에 대한 존경심의 상실은 권위 있는 기준의 상실로 이어졌다. 권위 있는 기준들의 상실은 각 사람을 개인주의적인 기준을 만들어 내는 사람으로 전락시켰다. 하나님의 주권적인 권위는 개인의 주권적인 권위에게 자리를 내어 주었다. 미래학자인 로버트 나이스비트(Robert Naisbitt)는 개인주의의 도래를 확인해준다.

> 20세기를 종결하는 시점에 하나로 모아지는 위대한 주제는 개인의 승리이다. 20세기의 많은 시간 동안 전체주의에 의해 위협을 받으면서, 개인들은 예전보다 더 능력 있게 21세기를 맞고 있다.[5]

사실상 20세기 말미의 문화에 대한 그의 결론적인 분석 글에서 그는 말한다, "개인의 인식은 이 책에 묘사된 모든 트렌드에 실처럼 연결

---

4 Os Guinness, *Dining With the Devil*(Grand Rapids: Baker, 1993), 16.
5 John Naisbitt and Patricia Aburdene, *Megatrends 2000*(New York: William Morrow, 1990), 298.

되어 있다."⁶ 그렇다면 도덕성이 개인주의에 시사하고 있는 바는 무엇인가? "기준들을 파괴하는 것이 급진적 개인주의의 본질이다."⁷

이러한 회의적인 결론은 패터슨과 킴(Patterson and Kim)의 연구에 의해 지지받는다. 그들은 2,000명의 미국인들을 상대로 1,800문항의 포괄적인 설문조사를 수행했다. 다음은 그들이 발견한 내용들이다.

> 미국인들은 그들 자신들만의 규칙들과 법들을 만들어 가고 있다. 그 결과로 우리는 우리만의 도덕규칙들을 만들어 가고 있는 것이다. 우리들 중 겨우 13%만이 십계명을 모두 믿는다. 40%는 십계명의 5개만 믿는다. 우리는 어떤 하나님의 법들을 믿을 것인지를 우리가 선택한다. 1950년대의 도덕적인 일치는 이 나라에 결코 존재하지 않는다. 그때는 모든 미국 기관들과 단체들이 더 존경할 것을 명령했다. 그러나 오늘날에는 법(어떤 법이든지)에 대한 존경심이 매우 낮다.⁸

그들의 책의 첫 장의 제목은 "새로운 도덕적 권위: 자기 자신"이다. 그들은 누가 우리 도덕 교사인가라는 질문을 던졌고 다음과 같은 대답을 얻었다. 즉, 대부분의 사람들(93%)은 다른 사람이 아닌 그들 자신이 그들의 삶에서 무엇이 도덕적인지를 결정한다. 그들은 그들의 결정의 기초를 그들 자신만의 경험에 두거나, 어떤 때는 그들의 매일의 변덕

---

6 Ibid., 308.
7 Robert H. Bork, *Slouching Towards Gomorrah* (New York: Regan Books, 1996), 140.
8 James Patterson and Peter Kim, *The Day America Told the Truth* (New York: Prentiss Hall, 1991), 6.

스런 생각에 둔다.⁹ 이것은 도덕적 상대주의보다 더 저급하다. 이 그림은 사사기 21:25 말씀과 같다. "그 때에 이스라엘에 왕이 없으므로 사람이 각기 자기의 소견에 옳은 대로 행하였더라." 왕의 권위가 없으므로, 백성이 각기 자신의 도덕적인 권위를 가졌던 것이다. 우리는 '내가 먼저'를 주장하는 세대와 더불어 살고 있다. 그들의 최우선 관심사는 그들 자신을 만족시키기 위한 것과, 그들 자신의 것을 행하기 위한 것, 그들 자신의 길을 가기 위한 것, 절대 개인적인 자유를 쟁취하기 위한 것, 법과 훈련과 자기부인과 자기절제의 속박으로부터 자유하는 것에 있다.¹⁰ 이러한 관점은 우리 문화를 뒤덮고 있으며 메디슨 가의 판매 요점이 되었다.

> 초기 개척자는 나이키의 "저지르고 봐!"(Just Do It, 그것에 대해 생각하지 말고 당신이 행하는 길에 그 어떤 것도 서지 못하게 하라는 것-역주)와 버거킹의 "언젠가 당신은 그 규칙들을 깰 거야"였다. 그리고 그것을 따라하는 사람들이 많아졌다. "밤의 미각"이라고 광고하는 바카르디 블랙 술은 계속해서 말하기를, "어떤 사람들은 낮의 규칙들이 적용되지 않기 때문에 밤을 껴안는다." 이지 스피릿 신발은 심지어 다음과 같은 약속을 하면서 이 주제에 빗장을 걸어 잠갔다. "당신의 발에 잘 맞기 때문에 당신이 다른 어떤 것에 맞추려고 애쓸 필요가 없다." 랄프 로렌의 탐험대는 "경계들이 없는 인생"이라고 축하한다. 심지어 안정되고 신뢰할만한 메릴 린치 회사는 "당신의 세계는 경계들이 없다는 것을 알아

---

9 Ibid., 27.
10 Paul Settle, "Of Church Censures 2: The Power of the Keys", *Equip for Ministry* 3(1997):16.

야만 한다"라고 선포한다. 그리고 니만 마르쿠스는 그의 고객들을 편하게 해 주기 위해 "여기에는 아무 규칙도 없다"라고 격려한다."[11]

이러한 상인들 중 어떤 이가 그들이 하는 말이 암시하는 것에 관해 숙고해 보았을까? 당신이 니만 마르쿠스로 여행을 갔다고 상상해보라 (나는 여러분이 정기적으로 그렇게 하고 있으리라 확신한다). 그러나 이번에는 당신이 돈을 내러 가는 대신에 당신의 상인이 산 물건을 가지고 문을 향해 단지 걸어가라. 당신이 그 문으로 가기 전에 당신이 물건 값을 지불했는지를 물어보는 엄격한 직원을 만나게 될 것이다. 당신은 "아니오"라고 말하면, 그는 물건 값을 지불하지 않고서는 결코 이 상점을 떠날 수 없다고 당신에게 알려준다. 당신이 "그러나 이곳에는 아무런 규칙이 없다고 쓰여 있던데요?"라고 말하면, 그 직원이 "오, 그렇군요. 제가 깜박 잊었네요"라고 할 것이라 생각하는가? 나는 그렇게 생각하지 않는다. 이와 같은 광고 문구들은 하루하루의 상술을 펴는 데는 좋을지 모르나, 일상적인 삶에서 그것들은 적용되지 않는다.

어떤 이는 "당신이 울타리를 없애버리기 전에, 당신은 그 울타리가 왜 그곳에 있게 되었는지를 확인해야만 한다!" 목자이신 주님의 권위는 더 이상 존경받지 못하므로, 그 자연적 귀결로서 그분이 우리 유익을 위해 주셨던 "울타리들"과 도덕적인 원리들이 해체되고 제거된 것이다. 상대주의를 향해 가는 포스트모던 비행기는 우리들을 포스트모랄(탈 윤리) 시대로 안내해 왔다. 마치 그것이 그리 나쁘지 않은 것처럼,

---

11 David Wells, "Our Dying Culture", *The Formal Papers of the Alliance of Confessing Evangelicals Summit*(April 17-20, 1996), 13.

성경의 절대적인 기준 없이, 문화는 천천히 하락곡선을 타면서 지속적으로 바닥을 향해 하향하고 있다.

> 타락의 새로운 증거들과 함께, 우리는 잠깐 슬퍼하다가는 곧 그것에 익숙해진다…행동이 타락해 가면서, 그 공동체는 그것의 기준들을 조정하게 되고 그렇게 함으로써 한 때 괘씸한 행동이라 생각되던 것들이 더 이상 그렇게 간주되지 않는다.[12]

문화 기준들의 이러한 하향 궤도는 성경의 도덕적으로 명료한 명령들을 보존하기 위해 노력하는 교회에 점점 더 큰 압력을 가하고 있다. 슬프게도 교회에 관련된 사람들도 그들의 종교적인 신념들에 의한 영향력이 점점 줄어들고 있다.

> 여론 조사원들이 신념이 어떻게 삶에 영향을 주는지에 관해 질문을 계속해 나갈 때, 많은 사람에게 있어서 '신념'은 종교적인 동의보다 조금 더 삶에 영향을 미치는 것으로 나타난다…그들의 삶의 방식을 위해 글로 적혀있는 신념들을 적용하는 것을 멈춘 적이 없기 때문에 그들은 전통적이고 판에 박힌 답들을 준다. 거기에는 신념과 그 신념들에 대한 개인적인 헌신 사이를 교란시키는 간격이 있다.[13]

선한 목자 예수님의 권위와 그분의 계시된 뜻을 향한 목사-장로들

---

12 Bork, *Slouching Towards Gomorrah*, 3.
13 Eddie Gibbs, *In Name Only: Tackling the Problem of Nominal Christianity* (Wheaton, IL: Victor Books, 1994), 30.

의 전폭적인 헌신 없이는, 교회는 문화의 도덕적인 타락을 이겨낼 수 없고, 오히려 점점 따라가게 될 뿐이다. 교회가 진리를 사용하여 문화에 영향을 주어 소금과 빛이 되기보다는, 오히려 교회가 점점 문화 상황 안에 있는 세속적인 가치들과 우선순위들을 반영하면서 영향을 받는 입장이 되어간다. 로버트 보르크(Robert Bork)는 이러한 점에 대해 특별히 명료하게 기록했다.

> 만일 교회가 교리와 구조를 그 구성원들의 관점에 따라 변경한다면, 교회와 종교의 가치를 알기가 어렵다. 종교들은 반드시 진실된 것을 선포해야 하고, 그들의 핵심 자리에 우주적이고 영원한 원리들이 자리 잡고 있어야 한다. 시대사조로 이끄는 포주와 같은 교회는 존경받지 못한다. 정치적으로 이용하려는 사람들을 제외하고는 그들은 위장된 경멸보다 더 못한 존경을 받게 될 뿐이다.[14]

그러나 교회의 권위와 책임을 가진 위치에 있는 사람들 가운데 그러한 "포주와 같은 지도자"들은 그들의 양 떼의 안녕을 위해서 하나님 앞에 책임을 가진다. 그들 양의 안전을 위해 목자장이 제시해 주신 기준들과 경계들을 명확히 세워 주지 않으면, 양들은 흩어진다.

> 목자가 없으므로 그것들이 흩어지고 흩어져서 모든 들짐승의 밥이 되었도다 내 양 떼가 모든 산과 높은 멧부리에마다 유리되

---

14 Bork, *Slouching Towards Gomorrah*, 293.

었고 내 양 떼가 온 지면에 흩어졌으되 찾고 찾는 자가 없었도다(겔 34:5-6).

하나님의 기준에 따른 명확한 경계들을 명시해 주려는 의지가 없으면, 유리하고 있는 그 양 떼를 찾아 나서려는 의지가 상실될 것이다. 그래서 교회 지도자들이 유리하고 방황하는 그들의 성도들에 관해서 인식하지도 못하는 경우가 많은 것이다. 만일 울타리가 없는 경우 유리한다는 것은 무엇을 의미하는가? 잃어버린 양들을 찾아 나서기로 헌신한 목자들의 실제적 행동은 교회의 권징을 통해 명쾌해진다.

3. 악은 보지도 듣지도 말라: 권징하고자 하는 의지의 상실

만일 기준들이 없다면, 무엇을 근거로 시행시킬 것인가? 만일 아무런 기준들이 없다면, "틀린 것"을 어떻게 구별할 수 있을 것인가? 이러한 관점들이 교회 안에서 세워질 수 있는 가능성이 있는가? 알버트 몰러(Albert Mohler)의 관찰이 이러한 점에 대해 특별한 통찰력을 준다.

> 현대의 세속적인 세계관은 또한 교회의 파괴를 초래하였다. 진리를 지배하려는 모던은 진리 자체를 거절하는 포스트모던에게 교회의 영역들을 양도하였다. 사실상, 많은 교단과 교회에서, 정통과 이단의 관념이 '개념의 공황상태'가 되어가고 있다. 그 경계들이 점점 사라져가고 있다. 상당한 이단의 가능성은 주류 기독교 안에 많은 영역들에서 없어졌고, 많은 복음주의자

는 진리를 존중하고 오류를 대적할 더 이상의 도덕적인 명령을 잡을 통제력을 갖지 못하는 것으로 보인다.[15]

만일 교리에 있어 진리와 거짓 사이의 경계기준들이 무너져 "개념의 공황"상태로 떨어진다면, 그것은 바로 선과 악의 실천이 "도덕의 공황"으로 이어진다. 사실상 옳고 그른 것의 경계선을 분명하고 권위 있게 그리려는 의지는 사라져 버렸다. 대신 부도덕에 대적하려는 자들을 반대하려는 새로운 의지가 나타났다. 다양성과 관용성이 존중되는 우리 세대에서, 창조주 하나님은 폐위되셨고, 오류와 잘못을 비난하는 것은 절대로 용서할 수 없는 죄가 되어 버렸다. 다른 사람들이 애인을 가진 것에 대해 당신이 단 한 번의 반대의견을 낸다면 당신은 괴팍한 고집퉁이와 미워할 장사치가 되어 버린다.[16] 교회 권징에 대한 암시들은 명백하다. 교회 안에서 이러한 일탈적인 생활 양식들을 옹호하는 리더들은 이러한 일탈적인 생활 스타일에 연루된 구성원들을 권징하는 자리에 설 수 없다. 만약 그 기준들이 자가 발생적인 것이라면, 교회가 권징을 행사하는 기초로서의 역할을 할 수 없다.

우리 시대에 대단히 명확하게 드러나고 있는 이러한 개인주의는 가정과 교회와 사적인 단체의 권위를 공격한다. 가정은 억압적이며, 비극의 샘이라고 말할 것이다. 교회는 그 구성원들 가운데 도덕적인 행동으로 여기는 것이 무엇인지 합법적으로

---

15 Albert R. Mohler, "The Truth of God's Word", *The Formal Papers of the Alliance of Confessing Evangelicals*(April 17-20, 1996), 3.
16 Peter Jones, "Apostasy in America: Dressing up Paganism in Christian Clothing in an Attempt to Take Over the Christian Faith", *Equip for Ministry* March-April 1997:10.

주장할 수 있다는 사실을 부정당하게 된다.[17]

이러한 상황들의 결과는 성도들이 교회 권징의 성경적인 책임들을 모범적으로 행사하려는 장로들을 대항하여 고발하는 법적 소송의 증가를 초래하였다.

> 교회 직분자들에 대한 소송 건수의 증가는 그리스도의 직분자들의 권위에 대한 존경심이 하락되었다는 증거이다. 일반적으로 많은 교회들은 목사들이 죄에 대해 비난하고 탄핵하는 일은 허용하지만, 장로들이 성경적인 원리들을 따라 구체적인 죄들을 다루어 권징하는 것은 허용하지 않는다! 이러한 경향은 권위에 대한 경시와 절대가치에 대한 거부가 증가되고 있는 우리 사회를 반영한다. 이런 사회적 풍조는 절대적인 법을 세우며 강화하는 일에 대해 혐오하게 만든다.[18]

불행하게도, 법적인 권위에 대한 회의주의는 권징할 의지가 없는 능력 없는 권위를 만들어낸다.

> 산산 조각난 사회…담대함이 상실된 것을 보여준다. 그것은 공적인 욕설을 억압하려는 의지, 죄를 처벌하려는 의지, 복지를 개혁하려는 의지, 불법적인 아이를 임신하는 일에 수치의 딱지를 붙이려는 의지, 특혜 대우를 받기 위해 스스로 피해자라고

---

17 Bork, *Slouching Towards Gomorrah*, 6.
18 Paul Settle, "Church Discipline: God's Way of Caring", *Equip for Ministry* July-August 2007:16.

선포하려는 요구들을 저항하려는 의지 혹은 기준들을 유지 시키려는 의지 등을 출두 명령할 수 없다는 의미이다.[19]

이와 너무나도 비슷한 결론이 데이비드 웰스(David Wells)에 의해 연구되어 발표되었다. 도덕적 상대주의에 대한 교회들의 반응을 이야기하고 있다.

> 우리 문화가 전례 없는 어두움에 급락하는 바로 그 순간, 가장 연약한 그 순간에 복음주의 교회가 용기를 잃었음을 자각하는 것은 가슴 아픈 일이다. 대담함과 용기가 요구되는 바로 그 순간에도, 우리가 보는바 너무나 자주 소심하며 두려워 한다.[20]

"소심함"과 "두려움"은 양들에게, 궁극적으로는 목자장께 헌신하는 일에 실패한 목자-장로들의 강하지만 적절한 묘사이다. 이것은 교회 안에 돌봄의 위기를 초래하였다.

> 오늘날 교회는 도덕적인 위기를 맞았다. 악에 대항하는 강력한 기준을 잡는데 실패하였고, 옳은 것이 무엇인지보다 유용한 것이 무엇인지에 더욱 관심을 쏟았다. 교회는 성경이 말하는 온전함(integrity)과 능력을 빼앗겼다. 역사적으로 교회는 권징에 실수한 적도 있었다. 그러나 오늘날 교회의 문제는 정의를 무시한다는 사실이다.[21]

---

19 Bork, *Slouching Towards Gomorrah*, 11.
20 Wells, "Our Dying Culture", 18.
21 Art Azurdia, "Recovering the Third Mark of the Church", *Reformation and Revival* Fall

이러한 모든 발전은 사람들로 하여금 권위에 헌신하거나 그들이 몸담고 있는 학교기관들이나 교회 등에서 마음 내키지 않는 태도를 더욱 양산해냈다. 목자-장로의 일에 대한 문화적인 영향의 충격은 명백하다. 주 하나님과 그분의 말씀에 대한 주권적인 권위를 아는 것에 실패함으로써, 문화는 자신 이외의 어떤 다른 권위도 없이 유리하게 되었다. 사람들은 자신들을 특별한 양으로만 인식하고, 교회 구성원으로 서원한 것에 헌신하는 것과 이 모든 헌신들에 있어 목자-장로들의 권위에 순종하는 것에 점점 거북함과 마음 내키지 않음을 보여주고 있다. 그러나 교회 안에서까지도 그리스도의 양들은 하나님의 말씀 안에 있는 안정감과 안전함의 한계들을 넘어서고 있다. 다른 한 편으로, 교회 리더들은 목자장과 그분의 말씀에 따른 기준들을 붙드는 것에 마음이 내키지 않을 뿐 아니라, 하나님의 영광과 그 양 떼의 건강함을 위해 용기 있게 유리하고 있는 사람들을 찾아나서는 일에 자발적이지 않다. 우리가 사는 이 시대의 위험은 헌신의 부패에 있다. 주님을 향한 헌신, 그분의 기준들, 그분이 세워놓으신 권위들에 대한 헌신을 잃어버린 것이다.

교회가 기능을 옳게 하기 위해서, 우리는 성경적인 본질과 권위의 기능에 관해 이해하고 품어야 한다. 이것은 교회를 목양하도록 부름받은 사람들에게 분명하게 주시는 함축된 의미들이다. 어떤 이가 다른 이들을 "바르게" 인도할 수 있는가? 양 떼를 목양하기 위해 장로들에 주신 성경적인 기초는 무엇인가? 다음 장에 제시한 성경적 권위에 대한 본질과 그것의 사용법에 관한 기초적인 내용이 리더들에게 그들의 책임에 관한 기초를 세울 수 있게 되기를 소망한다.

2007:61.

4. "누가 그렇게 말하는가?" 권위의 본질과 사용

성경은 권위에 관해 무엇이라 말해주고 있는가? 성경은 그 권위를 행사하기 위한 리더들의 권리와 책임에 관해 무엇이라 말해주고 있는가? 신약은 이 세상에서 권위의 존재와 행사에 관해 명백하게 말씀하고 있다. 성경사전은 헬라어 "권위"(*exousia*)에 대한 많은 뜻을 보여준다. 권위, 즉 엑수시아(*exousia*)의 가장 근원적인 의미는 "어떤 것을 할 수 있는 권리와 어떤 것을 다스리는 권리"이다.[22] 성경적인 권위는 하나님의 목자들로서 장로들이 마땅히 가졌고, 이는 좋은 목자들로서 "행사하는 권리"였다. 목자-장로들과 연관된 권위에 관해 다섯 가지의 간단한 관찰들은 다음과 같다.

1. 모든 인간 권위는 주어진 것이다. "예수께서 나아와 말씀하여 이르시되 하늘과 땅의 모든 권세를 내게 주셨으니"(마 28:18). 궁극적으로, 모든 권위는 주님의 것이다. "교회 안에서의 모든 권위는 그리스도께 속한다. 하나님의 우편에 있는 그분의 권위의 위치에서 그리스도는 그의 나라의 열쇠들을 주신다. 그분은 땅에서 그의 이름으로 행해지는 것들에 대해 하늘에서 정당성을 입증하고 계신다."[23] 다음 부분에서, 우리는 하나님의 권위의 인간적인 표현으로서 그 '열쇠'의 개념을 조금 더 자세히 살펴볼 것이다. 성경은 명백히 밝히기를, 하나님의 권위만이 누구에게 받은 것이 아닌, 스스로 가지신 것이라고 말씀하신다. 어떤 그리고

---

[22] Gerhard Kittel, *Theological Dictionary of the New Testament* (Grand Rapids: Eerdmans, 1964), 2:562.

[23] Edmund P. Clowney, *The Church* (Downers Grove, IL: Inter Varsity, 1995), 202.

모든 인간 권위는 위에 계신 주님으로부터 맡겨진 것이다. 바울은 기록하기를, "각 사람은 위에 있는 권세들에게 복종하라 권세(exousia)는 하나님으로부터 나지 않음이 없나니 모든 권세는 다 하나님께서 정하신 바라"(롬 13:1). 빌라도는 예수님을 십자가에 못 박을 권세를 가지고 있다고 주장했다. 예수님은 그에게 상기시키기를 "예수께서 대답하시되 위에서 주지 아니하셨더라면 나를 해할 권한이 없었으리니 그러므로 나를 네게 넘겨 준 자의 죄는 더 크다 하시니라"(요 19:11)라고 말씀하셨다.

장로의 권위 또한 위로부터 온다. 바울은 에베소 장로들에게 "성령이 그들 가운데 여러분을 감독자로 삼고"(행 20:28)라고 말함으로 상기시킨다. 이 교훈은 베드로의 기록에도 나타난다. "베드로는 아시아 장로들에게 만약 그들이 아무 권위도 갖고 있지 않았다면, '맡은 자들에게 주장하는 자세'로 하지 말라고(벧전 5:3) 경고할 수 없었을 것이다. 교회의 목자들로서, 장로들에게는 지역 교회를 인도하고 보호하기 위한 권위가 주어져 왔다."[24] 모든 권위는 주께로부터 오고 그분의 뜻을 위해 사용되는 것이다. 궁극적으로, 그것은 그분의 권위이다.

2. 권위의 행사는 돌봄을 받는 이들이 건강하도록 도와주기 위한 것이다. 바울은 국가 권위에 관해서 "그는 하나님의 사역자가 되어 네게 선을 베푸는 자니라"(롬 13:4)라고 말했다. 확실히 주님의 양 떼 중에서는, 하나님의 백성 중의 리더십은 언제든지 섬기는 리더십이다. 베드로는 하나님의 양 떼를 치는 목자는 "억지로

---

24 Alexander Strauch, *Biblical Eldership* (Littleton, CO: Lewis and Roth, 1995), 97.

하지 말고 하나님의 뜻을 따라 자원함으로 하며 더러운 이득을 위하여 하지 말고 기꺼이 하며"(벧전 5:2)라고 말했다. 인자, 목자장께서 오신 것은 "섬김을 받으려 함이 아니라 도리어 섬기려 하고 자기 목숨을 많은 사람의 대속물로 주려 함이니라"(마 20:28). 목자-장로의 권위는 그리스도의 피로 사신 양 떼의 안녕을 위해서만 사용되어야 한다(행 20:28). 다음 장에서, 그 목자-장로들이 그 양 떼의 복지를 위해 이행해야 할 자세한 책임들의 윤곽이 그려질 것이다.

3. 권위는 하나님의 말씀에 의해 부여된다. 목자-장로들의 양들을 "다스릴 권리"와 "권위를 행사할 권리"에 있어서는 선한 목자 그분 자신의 권위 아래서 지도를 받아야 한다. 장로들은 양 떼를 돌보는 일에 있어서 지혜와 지도를 받기 위해 그분을 바라볼 책임을 가진다. 이러한 지혜와 지도는 성령의 조명을 통해 하나님의 말씀 안에서 발견된다. "그리스도의 말씀에 기초한 교회의 권위는 역시 그 말씀에 의해 제한받는다. 교회법에 대한 그리스도인의 순종은 주님에 대한 순종이다. 왜냐하면 그분의 말씀은 교회를 통치하고 계시고, 그 외의 다른 길은 없기 때문이다."[25] 교회의 권위 행사는 항상 말씀에 입각해야만 한다. 반대로 말씀 안에 있는 진리를 무시하거나, 부정하거나, 위반할 때 그 합법성을 잃어버린다.

---

25 Clowney, *The Church*, 203.

4. 권위를 가진 모든 사람은 궁극적으로 그 권위를 부여하신 하나님 앞에 책임이 있다. 장로의 권위와 그 권위를 행사할 권리가 주님으로부터 왔기 때문에, 그들이 행사한 방식에 대해 당연히 그 분께 답할 수 있어야한다. 그것이 그들이 주님의 양 떼를 돌본 것에 대해 주 앞에 책임을 지는 것이다. 히브리서 저자는 그의 글을 읽는 사람들에게 다음과 같은 명령으로 상기시킨다. "너희를 인도하는 자들에게 순종하고 복종하라 그들은 너희 영혼을 위하여 경성하기를 자신들이 청산할 자인 것 같이 하느니라"(히 13:17). 이 말씀에 대해서 필립 에지컴 휴즈(Philip Edgecomb Hughes)는 다음과 같이 적는다. "그들(리더들)은 하나님께 설명 해야 할 사람들이다. 이러한 엄위한 숙고는 그들의 리더십 자질에 뿐 아니라 그리스도인 공동체가 그 리더십에게 반응하는 것과 함께 그 순종의 질에도 영향을 미치게 된다."[26] 성경에는 이스라엘의 "목자들"이 하나님의 양 떼를 돌보는 데 실패한 것에 대해 책임을 추궁당하는 기록이 있다. 이것은 전혀 새로운 개념이 아니다.

"주 여호와께서 이같이 말씀하시되 내가 목자들을 대적하여 내 양 떼를 그들의 손에서 찾으리니 목자들이 양을 먹이지 못할 뿐 아니라 그들이 다시는 자기도 먹이지 못할지라 내가 내 양을 그들의 입에서 건져내어서 다시는 그 먹이가 되지 아니하게 하리라"(겔 34:10). 우리가 조금 전에 본 것 같이, 이들 목자들은 양 떼를 돌보기보다 언약 백성에게 사용해야 할 돈을 가지고 자기 자신들을 돌보았다. 이상적으로 주 앞에 가서의 종말적인 계

---

[26] Philip E. Hughes, *Commentary on the Epistle to the Hebrews* (Grand Rapids: Eerdmans, 1977), 586.

산에서 하나님의 중간 목자들은 복을 누리게 될 것이다. 그래서 "목자장이 나타나실 때에 시들지 아니하는 영광의 관을 얻으리라"(벧전 5:4).

5. 그 양 떼는 장로들의 권위에 순종하도록 부르심을 받는다. 인간의 권위도 존경받아야 할 이유가 있는데, 하나님께로부터 나온 권위는 더욱 그렇다. "그들을 감독자들로 만드신 분은 성령님이시다. 그리고 그들은 교회의 머리로부터 임명받았다. 그리스도에 의해 임명받은 장로들이 통치함을 인식하는 것은 성도들과 장로들의 필수 책임이다."[27] 이 주제는 신약성경에 분명하게 여러 번에 걸쳐 나온다. 시민들이 국가 권위들에 대해 세금 내는 일에 자발적으로 순종해야 하는 이유는 다음의 성경 구절에서 살펴볼 수 있다. "너희가 조세를 바치는 것도 이로 말미암음이라 그들이 하나님의 일꾼이 되어 바로 이 일에 항상 힘쓰느니라"(롬 13:6). 선한 목자의 양들의 한 가지 특징은 그들이 그분의 목소리를 듣고 그분을 따른다는 것이다. 그들은 선한 목자의 부르심을 받고 이 세상에서 다양한 계층에 대해 권위를 부여 받은 목자-장로들을 따라야만 한다. 바울은 데살로니가 교인에게 "형제들아 우리가 너희에게 구하노니 너희 가운데서 수고하고 주 안에서 너희를 다스리며 권하는 자들을 너희가 알고"(살전 5:12)라고 격려한다. "주 안에서 다스리는 장로들은 기술적인 사역질서에 있는 공식적인 묘사만이 아니고, 교회 직분 소유자라는 것 이상의 의미를 가지고 있다는 사실을 알기 쉽지 않다. 다스린다는 동사

---

27 John Murray, *Collected Writings*(Carlisle, PA : Banner of Truth, 1976), 1:262.

는 비공식적인 리더십에 사용되었을 것이다. 그러나 그것은 또한 그 장로들의 직분자 기능을 묘사하는 공적인 어휘이기도 하다."[28] "존경하라"로 번역된 원어가 에이데니아(eidenia)인데, "알라"는 의미의 동사인 오이다(oida)와 한 형태라는 사실은 대단히 흥미롭다. 여기서, 그것은 "존경하고 그 가치를 알아주며 감사하라"를 의미한다.[29] 바울은 또 "그들의 역사로 말미암아 사랑 안에서 가장 귀히"(살전 5:13)여기라고 권면한다. 히브리서의 저자는 "너희를 인도하는 자들에게 순종하고 복종하라"(히 13:17)고 격려했다. 그는 이것이 리더들을 위해서만이 아니라, 양들 자신들에게도 유익하기 때문이라고 말한다. "기독교 리더십은 모두의 유익을 염두에 두어야 한다. 권위의 위치에 있는 자들의 유익만 구하면 안 된다. 선하고 성공적인 리더십은 그 권위 아래 있는 자들의 복종과 자발적 순종에 상당히 의존한다."[30]

그러므로 목자들이 양을 알고 그들을 위해 책임을 져야 할 뿐 아니라, 양들도 주 안에서 세워주신 목자를 알아보고, 존경하고 감사해야 한다. 이것은 목자-양의 관계의 본질이다. 목자들은 사랑으로 그 양들을 돌아보고 그 양들은 그들을 사랑하는 리더십에 자발적으로 순종하는 그런 관계를 말한다. 이것은 리더들이 목자들로서 그들의 책임을 완수하는 성경적인 구조이다. 이 원리들은 지역 교회의 회중들에게 꼭 가르쳐야만 한다. 그것은 "리더십"의 유익을 위해서 뿐 아니라, 따르는

---

28 Leon Morris, *The First and Second Epistle to the Thessalonians*(Grand Rapids: Eerdmans), 166.
29 James Frame, *A Critical and Exegetical Commentary on the Epistles of Saint Paul to the Thessalonians*(Edinburgh: T. and T. Clark, 1912), 192.
30 Hughes, *Hebrews*, 585.

구성원들이 "따르는 자의 도리"(followership)의 중요성을 이해할 수 있도록 하기 위해서이다. 이와 같이 권위적인 리더십의 바른 행사는 양들에게도 유익하고 하나님께도 영광을 돌리게 되는 것이다.

그 성경적인 관점을 가슴에 품고 이를 실천해야 한다는 확신은 대단한 당위성을 갖고 유지되어야 한다. 그런데 불행히도 "권위의 연속체"(즉, 양들 위에 군림하려는 것)의 극단으로 나아가거나 혹은 그 반대의 경우(성경적 권위 체계를 받아들이지 못하는 것)에서도 항상 많은 압력이 있다. 이 장의 마지막 부분은 각 "극단"의 예를 살펴볼 것이다.

5. "권위의 연속체"에 관한 극단들

지금으로부터 한 세대 이전에 일어났던 "목양 운동"은 양들 "위에 군림하는" 극단적인 예를 보여준다. "이머징 교회" 운동은 소위 리더십 구조와 권위를 "평준화"시킨 극단적인 예로 나타난다. 이러한 예들은 우리에게 교훈을 준다. 그것들은 우리 죄성이 권위를 남용하게 하거나 권위의 적합한 사용을 무시하게 한다는 것을 우리에게 상기해 주고 경고해 주는 중요한 역할을 하고 있다.

1) 목양 운동

목양에 관한 이 글을 읽는 분들 가운데 어떤 분들은 그들의 뱃속에 신 딸기가 있는 것 같이 느끼기도 할 것이고 그들이 권력을 휘두르는 교회 리더들로부터 받은 부정적인 경험들의 어려움에서 파생된 회의 주의를 느끼기도 할 것이다. 예수님은 권위를 부적합하게 행사하는 것에 대해 분명한 경고를 하셨다.

> 예수께서 제자들을 불러다가 이르시되 이방인의 집권자들이 그들을 임의로 주관하고 그 고관들이 그들에게 권세를 부리는 줄을 너희가 알거니와 너희 중에는 그렇지 않아야 하나니 너희 중에 누구든지 크고자 하는 자는 너희를 섬기는 자가 되고(마 20:25-26).

베드로가 그의 동료 장로들에게 쓴 말씀에 그는 그들이 양 떼를 목양해야만 하는 것에 대해 그들을 상기시켰다. "맡은 자들에게 주장하는 자세를 하지 말고 양 떼의 본이 되라"(벧전 5:3). 그런데 불행하게도 권위에 대한 성경적인 가르침들의 예들이 하나님의 백성 "위에 군림하는" 부적절한 모습으로 왜곡되어 왔다.

이런 운동 중에 하나가 1960년대와 1970년대의 "목양 운동"이었다. 이 운동은 은사주의 교회들에서 대대적으로 번져 나갔는데 특히 "예수 운동"의 밀어닥치는 사람들 중에 헌신과 제자의 도, 그리고 권징을 강하게 강조할 필요성이 동기가 되었다. 각 교회의 신자들은 가정-그룹 리더들의 권위 아래에 놓여 있었다. 그들은 그 구성원들이 신자로서의 헌신을 다할 것을 확실하게 도울 책임을 가졌다. 그 가정-그룹 리더들은 장로들의 권위 아래 있었다. 이제 여기까지는 좋다. 문제는 "엄호"(covering)가 소개되어지면서 시작되었다. "엄호"란 교회 구성원이 중요한 결정을 해야 할 때, 그들의 가정-그룹 리더와 장로나 목사에 의해 허락을 받는 것을 의미한다.³¹ 다시 말해, 이것은 초기 단계에서는 충분히 납득할 만한 것이었다. 그 어떤 상황들이 나타나기 전까지는 말이다. 그 어떤 상황들이란, 장로나 기타 성숙한 그리스도인의 "엄호"로, 결혼, 이사, 취업, 심지어 병원 예약까지 허락받아야 하는 것이다.³²

장로나 성숙한 그리스도인이 자신의 중요한 결정에 대해 제안해준 것을 고마워하지 않을 사람이 있을까? 그러나 이러한 제안이 단지 추천하는 데 그치지 않고 교회 리더십에 의해 요구되고 그 신자를 구속하는 데에 그 문제가 있다. 어떤 경우에는 장로들의 상담이 선지자적 예언의 계시적인 의미가 주어진 경우도 있다. 먼저 장로들이 상담하는 것이 문제인데 또한 장로들이 양(성도)들에게 병원 예약, 배우자 선택 등의 일들에서 하나님의 뜻이라고 주장하는 결정들을 그대로 따르라고 하는 것은 또 다른 문제이다. 동기가 좋을 수 있으나 방법은 좋지 않다.

다른 예들은 권위를 행사 할 때 "위에 군림하는" 극단적인 예들이다.³³ 성경을 상황에 맞게 정확하게 이해하고 있지 않다면 교회 리더십의 권위가 이단에서 사람들을 통제하는 방식으로 전락할 수 있다. 리더들은 그들의 책임들을 진지하게 받아들여야 한다. 그러나 돌봄을 행사하기 위해서는 다음의 것들을 기억해야만 한다. 특히 교회 권징의 돌봄을 행사하려 할 때는 하나님의 말씀에 나타나 있는 명령들과 조건들을 지속적으로 참조하여 해야 한다.

---

31 Jerram Barrs, "Shepherding Movement", in *The New Dictionary of Theology*(Downers Grove, IL: Inter Varsity Press, 1988), 639.
32 Ibid.
33 Ronald Enroth, *Churches That Abuse*(Grand Rapids: Zondervan, 1992).

2) 이머징 교회 운동

만일 권위의 연속체가 양들 위에 지나치게 군림하는 한 극단의 모습을 보여준다면 또 다른 극단은 리더십의 권위를 수용하거나 표현하는 일을 지나치게 꺼리는 사람들이다. 이런 꺼리는 예는 이머징 교회 운동의 다양한 대표자들 가운데서 발견할 수 있다.

이머징 교회 운동의 리더인 스캇 멕나이트(Scot McKnight)는 다음과 같이 선포해 왔다 "이머징 운동은 새로운 교회론 형태의 시도이다."[34] 이러한 새로운 교회론의 기초는 무엇인가? 이머징 교회의 리더십 관점의 핵심에서 리더십에 대한 "계급적"(hierarchical) 접근 방식은 심각한 결함이며, 모더니즘에 대한 교회의 굴복 잔재이다.

> 어떤 조직구조들이 오늘날의 교회 리더들과 구성원들에게 현대성을 가져다 주었는가? 20세기 동안 이미 계급적이고 합리화된 교회는 더욱이 비인간화(dehumanization)와 능력박탈(disempowerment)을 초래한 헨리 포드의 생산성 극대화를 위한 계급적 조립라인 구조를 모방하였다. 20세기가 넘어가면서, 맥도날드화된 사회의 특성들이 교회의 최신 형태 내부를 지배했다.[35]

---

[34] Scot McKnight, "Five Streams of the Emerging Church", *Christianity Today* February 2007:37.
[35] Eddie Gibbs and Ryan K. Bolger, *Emerging Churches: Creating Christian Community in Postmodern Cultures*(Grand Rapids: Baker, 2005), 20-21.

그 이머징 운동의 주된 염려는 리더십에 있어서 권위의 개념과 그들의 권력에 있다. "모던" 리더십에 대한 이러한 비판은, 하나님이 "자신의 경이로운 능력으로 모든 실제를 통솔하시는 계획적인 하나님(a wilful God)"이시라는 모던적 사고로부터 기인한다[36]. 다음과 같은 결론이 도출된다. "모던 교회들은 이러한 모던적 하나님을 닮는다. 그들의 리더십은 힘과 지배력, 그리고 권위에 자발적인 순종에 기초를 둔다. 교회가 하나님의 나라를 닮아가기 위해서는 교회 권력의 현행 관념들이 과감하게 개조되어야 한다."[37] 이러한 관점에서 "모든 이전 권력 구조들은 관계 형성을 통해 만들어진다."[38] "계급형 지배"(Hierarchy)는 나쁜 단어로 보인다. "이머징 교회 리더들은 어떠한 리더십의 계급 지배적인 이해도 반대한다. 그것은 필연적으로 사람들과 독창력을 억압한다고 확신하기 때문이다."[39] 깁스(Gibbs)는 네트워크 개발의 새로운 모델의 필요를 언급하면서, 계급형 지배에 대항하는 네트워크를 제시한다.

> 확장된 관료적 계급구조에 의해 발전 복제된 조직 기구 보다는, 확장된 네트워크가 더욱 유기체 성장과 흡사하다. 이러한 관점에서 리더들은 정원사들처럼 심고, 가지 치고, 비료를 주며, 경작하고 추수하는 자가 되어야 한다. 리더는 **통제하는 자**가 아니라 **경작하는 자**이다.[40]

---

[36] Ibid., 192.
[37] Ibid.
[38] Ibid.
[39] Ibid., 194.
[40] Eddie Gibbs, *Leadership Next* (Downers Grove, IL: InterVarsity Press, 2005), 63.

이것은 무엇과 같은가?

하나님 나라를 닮은 어떤 것을 추구하는 이머징 교회들은 그들의 리더십 형성에 있어서 어떤 형태의 통제도 거부하고 회피한다. 새롭게 출현하는 교회들이 리더가 없는 그룹의 개념으로 경험한 대로 리더십은 더 촉매적인 역할로 전환하고 있다.[41]

이머징 교회 운동에서 대부분 교회 구조는 "모던"이라는 그들의 관점에 반응을 보여왔다. 그것은 "무미건조한" 교회 구조일 뿐 아니라 그들이 주가 부르시고, 은사를 주셔서 "리더없는" 그룹들의 호의 속에 그의 교회 리더로 봉사하도록 위임 받았다는 확신을 철회하기를 주저하기 때문이다.[42] 이머징 교회 운동에 관해 토의 할 때, "이머징 리더들"이라는 표현이 쉼 없이 사용된다는 사실을 언급하는 것은 매혹적이다. 어떻게 이러한 개인들이 리더들로서 인식될 수 있는가? 누가 그들을 그 운동에 대해 이야기하도록 권위를 주었는가? 그것은 그들이 가장 영향력을 가지고 있는 자들이기 때문일까? 어떤 사람의 말처럼, "만일 모든 사람이 리더라면, 아무도 리더가 아니다. 불행하게도 "영향력을 빼앗음"을 언급하기 위한 노력에 있어서, 권력과 권위의 기원은 영향력을 빼앗기는 위험에 처해있다. 공평함과 공정함에 있어서 권위의 개념은 이머징 교회 운동의 모든 사람에 의해 온전하게 자치권이 주어진 것이다.

---

41 Ibid.
42 롬 12:8

포스트모던 사회에 있어서도, 권위를 행사하지 않는 리더십은 없다. 이러한 권위는 리더의 위치나 직함으로부터 나오는 것이 아니라 성품, 능력, 존경과 일관성의 기초 위에 세워진 신뢰에서 나온다. 권위는 책임과 영향력이라는 쌍둥이 기둥 위에 세워진다. 리더들은 단순히 그들의 개인적 의지들을 강요하는 자들이 아니라 그들로부터 나온 의견을 대표하는 사람들이다.[43]

결론적으로, 이러한 묘사들은 리더십을 행사하는 것의 성경적 그림에 맞는지 논쟁의 여지가 있으며, 또한 권위의 근거에 있어서, 이 리더십이 어떻게 일어나는 지를 묘사하는 부분에서 분명 모자란 점이 많다. 리더의 권위는 사람으로부터 "나온다"거나 "일어난다"는 것이 아니고, 오직 하나님으로부터 오는 것이다. 권위는 주님으로부터 나오며, 리더들은 오로지 주님이라는 근거 위에서만 권위에 대한 확신을 가지고 행동할 수 있다.

이머징 교회 운동이 교회 안에 발견되는 근대적 계급형 지배주의를 깨뜨림으로써 하나님의 사람들의 "영향력을 빼앗음"을 시도하는 것은 속담에 나오는 대로 아기를 목욕물과 함께 쏟아버리는 것과 같다. 권위와 매 시대마다 지속되는 권위의 행사에 대한 성경적인 관점에 대해 냉대 하는 것은 대단히 위험한 일이다. 권위를 남용하는 것과, 반대로 올바른 권위의 행사를 무시하는 위험성은 모두 사실이다. "긍휼 없는 권위는 잔인한 권위주의로 인도된다. 권위 없는 긍휼은 사회적 혼돈을 야기시킨다."[44]

---

[43] Gibbs, *Leadership Next*, 66.
[44] Timothy S. Laniak, *Shepherds After My Own Heart*(Downers Grove, Il: InterVarsity, 2006), 247.

그러나 다행스럽게도 이 장은 하나님의 백성을 지도할 이들이 직면하고 있는 문화적 도전뿐만 아니라 양 떼를 돌보는 자로 그분에 의해 부름받은 자들에게 지워지는 성경적인 책임에 대해서도 다루었다. 이러한 기초에서 우리는 목자가 무슨 일을 하도록 부르심 받았는지 이제 깊이 생각해 볼 것이다.

| 생각해 볼 문제 |

1. 당신은 문화 안에서 권위에 대한 존경심이 사라져가는 현상에 대한 증거를 찾아볼 수 있는가?
2. 당신은 교회 안에서 권위에 대한 존경심이 사라져가는 현상에 대한 증거를 찾아볼 수 있는가?
3. 양 떼를 돌보는 상황에서 권위에 대한 정확한 이해를 하는 것이 왜 중요한가?
4. 당신 교회 교인이 그 권위에 관한 성경적인 원리들에 대한 명료한 이해를 하고 있다고 생각하는가?
5. 당신의 직분자들은 장로들로서 그들의 책임들에 대한 올바른 관점을 가지고 있는가?
6. 당신은 권위 연속체에 관한 "극단들"의 다른 예들을 생각할 수 있는가?

제 2 부

목자의 역할은 무엇인가?
사역의 종합 매트릭스

또 그의 종 다윗을 택하시되 양의 우리에서 취하시며…이에 그가 그들을 자기 마음의 완전함으로 기르고 그의 손의 능숙함으로 그들을 지도하였도다(시 78:70, 72).

교회 리더들은 목자여야 한다는 사실을 확실히 알게 되었다면 이들의 역할이 무엇인지 알아야 한다. "Shepherd"란 단어는 '목자'라는 명사와 '목양하다'이라는 동사의 두 의미를 가지고 있다. 이는 목자인 당신이 누구인지 뿐 아니라 무엇을 하는지를 의미한다. 본서에서는 이미 목양의 성경적 기초 부분에서 목자의 역할에 대해 암시한 바 있으나, 여기서 상세하게 다루도록 하겠다.

1. 거시 목양과 미시 목양에 관한 서론

성경은 하나님의 백성을 거듭 양에 비유한다. 양의 필요를 알아보는 데 쓰이는 카테고리는 하나님의 백성이 무엇을 필요로 하는지 알아볼 때 유용하게 쓰인다. 양과 백성의 필요가 유사하기 때문이다. 그러므로 우리는 목양의 성경적 비유를 확장해 목자 리더십의 역할에 대한 이해를 도우려 한다.

지금까지 목자 리더십이 성취해야 하는 성경적 역할을 요약하는 데 있어 다양한 접근이 있어 왔다. 예를 들면 도널드 맥네어(Donald MacNair)는 GOES(Guardian, Overseer, Example, Shepherd)라는 약자를 사용해 설명했다.[1] 티모시 라니악(Timothy Laniak)은 공급, 보호, 지도로 분류한다.[2] 우리는 본서의 목적에 맞게 '알아가기', '먹이기', '인도하기', '보호하기'라는 범주로 나누어 설명하겠다. 이것은 근본적으로 다른 접근이라기보다는 같은 강조점을 다른 식으로 담는 방식이라고 볼 수 있겠다. 목자의 기본 역할을 살펴볼 때 우리는 이러한 양에 초점을 맞춘 사역에 대한 기본적인 소개부터 시작해 이 4가지 역할이 우리의 가장 기본적인 필요를 충족시켜 준다는 것에 주목하겠다. 이후로는 각각 거시 목양과 미시 목양에 해당하는 목자의 역할을 보다 자세하게 그리겠다. 이제 이 거시-미시 구분을 살펴보자. 이 구분은 우리를 목자의 역할에 대해 명확한 시각을 갖도록 도와줄 것이다.

---

1 Donald Macnair, *The Practices of a Healing church*(Phillipsburg, NJ:P&R Publishing, 1999)
2 Timothy S. Laniak, *While Shepherds Watch Their Flocks: Rediscovering Biblical Leadership*(Mattews, NC: Shepherd Leader Publications, 2007)

2. 중요한 구분: 거시 목양과 미시 목양

나는 양 떼를 치는 데 있어 장로의 역할이 매우 중요함을 점점 깨달으면서 장로들이 공동, 집합 단위로 해야 하는 중요한 과업이 있다는 사실에 직면했다. 이에 반면 목자 사역의 기초는 개인적 돌봄과 양과의 상호작용이어야 한다. 거시 목양과 미시 목양이라는 용어는 지도자들에게 이 종합적, 상호보완적 책임을 깨닫고 식별하도록 하기 위해 만들어졌다.

이 구분의 근거는 바울이 에베소 장로들에게 감동적으로 고별인사를 하는 것에서 찾을 수 있다. 바울은 장로들에게 "유익한 것은 무엇이든지 공중 앞에서나 각 집에서나 거리낌이 없이 여러분에게 전하여 가르치고"(행 20:20)이라 말하며 자신이 어떻게 했는지를 상기시켰다. 바울의 사역은 공중 모임에서만이 아니라 가정과 같은 개인의 사적인 영역에서까지 이루어졌다. 그의 사역은 단체적이기만 했던 것이 아니라 개인적이기도 했던 것이다. 이 균형은 효과적인 목양을 위해 유지되어야 하고, 바로 이 거시 목양과 미시 목양의 구분에 의해 잘 드러난다.

거시 목양은 전 교회와 관련 있는 중요한 리더십 역할을 뜻한다. 이에는 양 떼를 전체적으로 '관리'해야 할 장로의 책임이 수반된다. 여기서의 핵심은 회중의 공동의 관심사를 다루는 것이다. 양 떼의 건강을 위해 장로들이 해야 하는 중요한 일 중에는 의사결정, 비전제시, 관리 등이 있다. 앞으로 보겠지만, 각각의 기본 목양 기능을 위해 이러한 거시 목양 부류에 속하는 역할을 먼저 해내야 한다. 예를 들어 양 떼를 '먹이는' 목양의 기능에는 교회의 포괄적인 양육과 설교 사역을 감독하는 장로의 거시 목양적 역할이 요구된다.

이와는 달리 미시 목양은 양 떼를 개인적으로 돌보는 장로의 사역을 지칭한다. 이는 자신이 맡은 특정한 양에 대한 감독을 포함한다. '먹이는' 예화로 돌아가서 미시 목양은 개인과 가정에게 말씀을 전달하는 장로의 사역을 의미한다. 미시적 초점은 양과의 관계를 발전시키는 것과 개인적 차원에서 목양을 하는 것이라 할 수 있다.

불행한 것은, 많은 사람이 장로가 단지 거시적, 전체적인 역할만 하는 것이라는 오해를 하고 있는 것이다. 장래 리더들을 위해 개설되는 많은 리더십 계발 수업은 분명히 거시적 역할로 치우쳐 있는 것이 사실이다. 이런 치우친 현상의 한 결과로, 장로들이 스스로를 '양을 사랑하는 자'가 아닌, '의사결정권자'로 인식하게 되었다. 물론 그렇다고 해서 이 두 역할이 서로 상충된다는 것은 아니다. 그러나 목자가 양 떼와 개인적인 연관이 없다면 양 떼의 건강에는 매우 심각한 위험이 생기게 된다. 목자가 미시적 차원에서 양들과 관계를 맺지 않는다면 어떻게 거시적 차원에서 올바로 역할을 감당할 수 있겠는가? 오히려 반대로 양 떼 안에서 행해진 미시 차원의 노력은 장로들을 거시적 차원에 있어 더 효과적으로 사역을 감당하게 하는 씨앗이 된다. 다음의 표는 목자의 사역에 있어서 미시-거시 구분과 관련한 다양한 요소를 생각해 보게끔 한다. 맨 윗줄 가로는 네 기본적인 목양 역할을 나타내고, 왼쪽에 수직으로 된 것은 각각 거시와 미시 범주이다. 장로 사역에 있어 이 모든 역할의 기초는 절대로 하나님의 말씀과 기도이다. 이 절에서는 먼저 기본 목양 역할을 확인하고 이를 자세히 알아보며, 더 나아가서는 표에 나와 있는 대로 거시-미시 구분에 대해 알아보겠다.

	알아가기	먹이기	인도하기	보호하기
가시 목양 (공적, 전체적 사역)				
비가시 목양 (개인적, 관계적 사역)				
말씀 사역				
기도				

THE SHEPHERD LEADER

5장

목자는 양을 안다

나는 선한 목자라 나는 내 양을 알고 양도 나를 아는 것이 아버지께서 나를 아시고 내가 아버지를 아는 것 같으니 나는 양을 위하여 목숨을 버리노라(요 10:14-15).

시편 저자는 목자와 양의 관계를 그리는 데 있어 좋은 목자가 어떻게 우리 가장 인간적인 기본 필요 4가지를 채워 줄 수 있는지를 보여 준다. 다윗이 기뻐하며 "여호와는 나의 목자시라"라고 말할 때, 그는 우리 인간이 관계적 존재임만을 말하지 않고, 우리와 하나님의 관계가 그 어떤 것보다도 가장 중요한 관계임을 인정하고 있다. 이 이유 때문에 우리가 하나님을 알기 시작하고, 하나님이 우리를 알게 되는 것이다.

인생의 관계역학은 간과되면 안 되는 것이다. 우리는 태어나는 순간부터 부모와의 관계 고리를 절대적으로 필요로 한다. 살아가면서 우리는 가족, 친구, 학교 친구, 직장 동료들과의 관계를 추구하고, 결국 대부분의 사람은 가장 친밀한 관계인 결혼을 갈망하게 된다. 일반적으로 외로움이나 고립의 상태는 누구도 원하지 않는다. 인생 전반을 통해 우리는 '안다'는 것과 '알려진다'는 것의 역학관계를 보다 잘 인식하게 된다. 어린 아이들은 우리 어른들이 그들을 아주 어릴 때부터 모임에 데려가겠다고 하면 '그 모임에 내가 아는 사람 중 누가 오는지'를 궁금해 한다.

모든 관계 중 가장 기본적이면서도 다른 관계를 맺는 데 있어 기초가 되는 것은 바로 우리와 주님의 관계이다. 하나님이 이스라엘 백성과 언약을 맺으셨을 때 이렇게 말씀하셨다.

> 너희를 내 백성으로 삼고 나는 너희의 하나님이 되리니 나는 애굽 사람의 무거운 짐 밑에서 너희를 빼낸 너희의 하나님 여호와인 줄 너희가 알지라(출 6:7).

같은 주제가 시편에서도 나타난다.

> 여호와가 우리 하나님이신 줄 너희는 알지어다 그는 우리를 지으신 이요 우리는 그의 것이니 그의 백성이요 그의 기르시는 양이로다(시 100:3).

이 관계를 은혜 가운데 주도하신 분은 바로 주님이시다. 그분은 우리를 그분께로 부르셔서 그분을 알게하시고 동행하게 하신다. 이에 모델이 되는 관계는 삼위일체 안의 영원한 사랑이다. 완전한 연합, 완전한 교제, 완전한 사랑이 거기에 있다. 하나님의 아들은 우리가 이해할 수 없는 겸손의 형체로 이 땅에 내려오셔서 주님과 우리 관계를 회복시키셨다. 이 주도적인 사랑은 필수적이다. 왜냐하면 오직 예수님 그분만이 하나님과 우리 관계 안의 최초의 장애물, 즉 죄를 해결하실 수 있었기 때문이다. 예수님의 십자가에서의 죽으심은 우리 죄를 속죄했고, 예수님 그분의 일하심을 믿는 모든 자와 하나님 사이의 관계를 회복시키셨다. 예수님은 목자와 양이 서로에 대해 아는 것이 무엇인지 보여주시며 이를 통해 예수님과 그분 자녀 관계가 어때야 하는지 알려주고 계시는 것이다.

> 나는 선한 목자라 나는 내 양을 알고 양도 나를 아는 것이 아버지께서 나를 아시고 내가 아버지를 아는 것 같으니 나는 양을 위하여 목숨을 버리노라 (요 10:14-15).

우리 목자께 이러한 관계로 불림을 받았다는 사실이 얼마나 경이로운가!

바로 이렇게 하나님과의 회복된 사랑의 관계가 다른 사람들, 특히 하나님의 양 떼에 속한 자들 간의 관계를 변화시킬 수 있다. 중간 목자의 역할을 담당하는 장로에게 있어 이 관계역학은 양을 효과적으로 돌보는 데 있어 필수적이다. 그러므로 목자의 책임을 설명하려면 먼저 양을 아는 것이 선행되어야 한다. 아래에서 볼 것은 양과의 개인적인 상호작용은 목양에 있어 본질적이라는 것이다. 먼저는 양을 아는 데 있어 거시적, 전체적 차원을 다루겠다.

1. 거시적 이해

양을 거시적, 전체적으로 안다는 것은 무엇을 의미하는가? 목자가 양을 적절히 보호해 주려면 목자는 먼저 그 양이 누구에게 속했는지 신원을 바로 알아야 한다. 예수님은 그분 자신을 좋은 목자로 밝히실 뿐 아니라 "나는 내 양을 알고 양도 나를 안다"(요 10:14)라고 말씀하셨다. 장로가 그리스도의 목자이며 신자는 그리스도의 양이라는 이 진리를 재확인할 때, 몇 가지 중요한 문제들이 떠오른다. 만약 장로가 예수님의 이름으로 양에게 권위를 행사하는 사람이라면, 어떤 특정 양(그리스도인)이 어떤 특정 목자(장로)에게 순종해야 하는가? 모든 양은 모든 장로에게 순종해야 하는 것인가?

신약에서의 증거는 특정 목자가 책임져야 하는 특정 양이 있다는 사실을 보여준다. 대부분의 경우에서 이 관계는 지역 교회의 형태로 표현된다. 본서에서 다뤘듯이 장로는 하나님이 주신 목양의 권위를 특정한 공간의 특정 그리스도인에게 행사한다. 이것이 거시적 차원에서 양을 이해하는 데 본질적인 요소이다. 내 양 떼 중에 누가 있는지를 알고 내가 책임져야 하는 양은 누구인지를 아는 것은 목양의 출발점이 된다.

목자와 양의 기초가 되는 이 상호관계의 중요성은 이미 초기 사도들의 사역에서 확립된 바 있다. 바울과 바나바가 "각 교회에서 장로들을 택하여 금식 기도하며 그들이 믿는 주께 그들을 위탁"(행 14:23) 한 것을 기억해보라. 이때 택함 받은 그들은 특정 교회의 특정 장로였다. 바울은 밀레도에서 사람을 에베소로 보내어 교회 장로들을 청했다(행 20:17). 그는 디도에게 각 성에 장로들을 세우도록 지시했다(딛 1:5). 야고보는 "그는 교회의 장로들을 청할 것이요 그들은 주의 이름으로 기름을 바르며 그를 위하여 기도할지니라"(약 5:14)고 하며 아픈 사람들을 돌보도록 권고했다. 이 글은 아픈 사람들과 이들을 돌보아 줄 장로 그룹 간의 관계를 가정한다. 그 아픈 사람들을 아는 사람도, 그들이 아는 사람도 바로 장로들이었던 것이다. 베드로는 장로들에게 양 떼를 돌보라는 권고를 할 때 이와 유사한 용어를 사용하는데 이는 "너희 중에 있는 하나님의 양 떼를 치되"(벧전 5:2)에서 드러난다.

양에 대한 거시적 이해를 하려면 장로들이 그들 자신이 주님 앞에서 어떤 양에 대해 책임이 있는지를 먼저 파악 할 수 있어야 한다. 장로들은 어떻게 목자로서 양의 정체성을 아는가? 양 떼에 '속한 자인지' 어떻게 파악하는가? 목자의 책임은 좋은 목자장을 알아보는 양들, 즉 그분의 목소리에 회개와 예수 그리스도의 복음에 대한 신앙으로 화답하는 자들을 파악하는 것이다. 존 파이퍼(John Piper)가 말했듯 "우리는 믿음으로 양이 되는 것이 아니다. 우리가 양이기 때문에 믿는 것이다."[1] 이 말은 장로 리더십이 복음의 부르심을 각 공동체로 확장해 나가는 의미를 지닌다. 예수님이 그분의 양을 위해 죽으셨고, 양은 이 복음의 부르심에 믿음과 회개로 화답하는 것을 믿을 때, 장로들은 그 복음의 부르심을 확장하는 일에 신자들을 부지런히 동원할 수 있다. 오직 예수님의 양만이 복음의 부르심에 화답할 것이다. 예수님은 자신을 믿지 않는 사람들에 대해 직접적으로 말씀하셨다.

> 너희가 내 양이 아니므로 믿지 아니하는도다 내 양은 내 음성을 들으며 나는 그들을 알며 그들은 나를 따르느니라(요 10:26-27).

---

[1] John Piper, *Future Grace*(Sisters, OR : Multnomah, 1995), 215.

복음을 공동체 내에서 증거할 때만이 우리는 하나님의 은혜 가운데 누가 그분의 양인지, 그래서 믿음으로 행동하는지 알게 될 것이다. 예수님은 하나님 나라의 도래를 당대를 넘어 모든 나라와 언어와 민족으로 확장시키셨다. 그는 제자들에게 이렇게 말씀하셨다.

> 또 이 우리에 들지 아니한 다른 양들이 내게 있어 내가 인도하여야 할 터이니 그들도 내 음성을 듣고 한 무리가 되어 한 목자에게 있으리라(요 10:16).

이 다른 양을 언급하시며 예수님은 구속역사가 유대 민족을 넘어 이방 나라에까지 뻗어 나가기를 기대하셨다. 인종이나 언어에 관계없이 그들도 부활하신 그리스도의 복음에 화합하며 나아올 것이다.

장로들은 지역 교회에서 예수 그리스도의 교회에 다니는 사람 중 참된 신자를 최대한 주의 깊게 분별할 수 있는 속성들을 확인할 책임이 있다. 참된 신자란 진정 좋은 목자장의 말씀을 '들었고' 믿음으로 반응한 사람을 말한다. 다른 말로는 특정 교회의 장로는 보이는 교회와 보이지 않는 교회의 상관관계를 확인할 수 있도록 가능한 모든 것을 해야 하는 것이다.

> 집단으로서의 장로들은 보이는 교회 문을 지킬 책임이 있다. 그들은 하늘나라의 열쇠를 묶고 풀 권세가 있다(마 16:19; 18:18). 또한 그들은 자신의 그리스도 안에서 믿음으로 중생했다는 신뢰할 만한 증거를 가지고 오는 자들에 대해, 예수님의

이름으로, 회개한 의로운 죄인이라는 공표를 할 의무가 있다.[2]

보이는 교회와 보이지 않는 교회의 상관성을 정확하게 말할 수는 없지만, 장로는 신청자의 신앙고백에 의거하여 최대한 주의 깊게 이에 대한 결론을 내릴 책임이 있다.

이 부분에서 이 결정을 내리는 장로의 권위 출처에 대해 반복하는 것은 매우 중요한데, 누가 양이고 누가 양이 아닌지를 결정할 '권리'가 있다고 할 수 있는가? 누구에게 어떤 사람이 교회 구성원이 될 자격이 있다고 결정할 권리가 있는가? 이는 앞 장에서 논의한 '권위' 문제로 연결되는데, 권위의 개념은 교회 리더십의 매우 중요한 측면과 관련되어야 한다. 이것은 예수님이 마태복음 16장에서 말씀하신 "천국 열쇠"와 직접적으로 연관되어 있다. 이 말은 베드로가 예수님의 정체성을 "그리스도시요 살아 계신 하나님의 아들"이라고 한 고백 바로 다음에 나오는 것이다.

> 예수께서 대답하여 이르시되 바요나 시몬아 네가 복이 있도다 이를 네게 알게 한 이는 혈육이 아니요 하늘에 계신 내 아버지시니라 또 내가 네게 이르노니 너는 베드로라 내가 이 반석 위에 내 교회를 세우리니 음부의 권세가 이기지 못하리라 내가 천국 열쇠를 네게 주리니 네가 땅에서 무엇이든지 매면 하늘에서도 매일 것이요 네가 땅에서 무엇이든지 풀면 하늘에서도 풀리리라 하시고(마 16:17-19).

---

2 Lawrence Eyres, *The Elders of the Church*(Nutley, NJ : Presbyterian and Reformed, 1975), 15.

그리스도의 양을 확인하는 문제에 있어 목자의 권위에 대한 구절들과 관련해 많은 질문이 제기된다. 위의 구절에서 "열쇠"는 무엇인가? 열쇠는 누가 가졌는가? 브루스(F. F. Bruce)에 의하면 열쇠는 권위에 대한 상징이다. "왕족 또는 귀족 시설의 열쇠는 관리인장 또는 집사장이 맡아 관리했다. 과거 그들은 열쇠를 어깨 위에 메고 다녔는데, 부여 받은 권위를 보여주는 뱃지와도 같은 역할을 했기 때문이었다."[3] 이 표현은 이사야에서 같은 의미로 쓰이고 있는 것을 볼 수 있다. 이사야에는 예루살렘 왕실에 대한 엘리아김의 권세를 설명하면서 다음과 같은 말씀이 기록되어 있다.

> 내가 또 다윗의 집의 열쇠를 그의 어깨에 두리니 그가 열면 닫을 자가 없겠고 닫으면 열 자가 없으리라(사 22:22).

신약에서 예수님은 뛰어난 열쇠지기로 동일시되는데 이는 "거룩하고 진실하사 다윗의 열쇠를 가지신 이 곧 열면 닫을 사람이 없고 닫으면 열 사람이 없는 그가 이르시되"(계 3:7)라는 말씀에서 볼 수 있다. 위의 두 말씀에서 열쇠는 명확히 열고 닫는 것과 관련되어 있음을 알 수 있다. 열쇠는 잠그는 것과 여는 것, 즉 접근과 관련이 있다. 예수님은 사도들에게 하나님 나라의 열쇠를 맡기시며 양 우리 문을 지키는 역할을 그들에게 주신다. 마태복음 16장에서 이것은 왕국 열쇠이고, 그 열쇠를 통해 천국 왕국에 들어갈 수 있느냐가 관건이다. 여기서 열쇠는 열고 닫는데 사용된다.

궁극적으로 천국을 여는 열쇠를 사용한다는 것은 예수 그리스도의

---

3   F. F. Bruce, *The Hard Sayings of Jesus*(Downers Grove, IL: InterVarsity, 1983), 144.

복음을 선포하는 것과 연관이 있다.

> 그러므로 이 말씀에 등장하는 열쇠의 권능은 복음을 전하는 것 이외의 무언가가 아니다. 또한 이는 사람과 관련하여 생각해 볼 때 권위적이기보다는 사역적이라 할 수 있다. 엄격히 말해서 그리스도는 이 권능을 사람에게 주신 것이 아니라 그분의 말씀에 주신 것이고, 바로 이 말씀으로 사역하라고 사람을 택한 것이다.[4]

칼빈은 이렇게 그들의 직무가 '양을 만드는 것'(이것은 오직 목자장만이 할 수 있다)이 아니라 양 떼에서 참 양이 확인되고, 인정받고, 공인되도록 복음을 전하는 것임을 주장한다. 또 이를 웨스터민스터 신앙고백서(The Westminster Confession of Faith)는 이렇게 표현한다.

> 천국 열쇠들은 기독교 리더들에게 맡겨져 있다. 리더들은 각각 죄 면제 여부를 결정할 수 있으며 뉘우치지 않는 사람들에게 말씀이나 질책을 통해 천국의 문을 닫을 수도 있다. 한편 복음 사역과 때에 따라서는 질책을 통해 죄를 짓고 뉘우친 이들에게 천국의 문을 열어 줄 수도 있다.

웨스트민스터 신앙고백서 역시 열쇠 가진 자의 왕국 문을 '닫을' 수 있는 권세에 대해 말하고 있다. 위에서 보여주듯이 이것은 두 가지 방

---

[4] John Calvin, *The Institutes of the Christian Religion*, ed. Ford Lewis Battles (Philadelphia: Westminster Press, 1960), 2:486.

식으로 이루어질 수 있다.

　첫째, 복음에 반응하지 않으면 반응하지 않은 그 개인에게 천국 문이 '닫히게' 되는 것이다. 만약 누군가가 목자의 음성을 '듣지' 않으면 그는 그리스도의 양이 아니고, 그러기에 양 떼에 속하지 않는 것이다.

　둘째, 열쇠 권위를 가진 자가 회개하지 않는 죄인을 질책해 '내쫓는' 것이다. 열쇠를 가진 권위를 행사하는 것은 묶거나 푸는 것으로 설명된다(마 16:19). 이 표현은 마태복음 18장 죄 지은 자에 대한 접근방식에서 볼 수 있듯 열쇠 권세 사용에 있어 매우 중요한 연결 고리를 제시한다. 첫 번째 단계는 상처를 준 자에게 개인적으로 찾아가는 것이다. 만약 이때 상대방이 회개를 결단하지 않으면 다른 사람을 데리고 함께 찾아간다. 만약 이것 역시 실패하면 이후 과정은 다음과 같다.

> 만일 그들의 말도 듣지 않거든 교회에 말하고 교회의 말도 듣지 않거든 이방인과 세리와 같이 여기라 진실로 너희에게 이르노니 무엇이든지 너희가 땅에서 매면 하늘에서도 매일 것이요 무엇이든지 땅에서 풀면 하늘에서도 풀리리라(마 18:17-18).

　이 말씀에서 핵심은 회개를 하지 않은 것에 대한 마땅한 결과로, 충성된 무리에서 제외시킬 권세이다. 이 구절에 대해 칼빈은 언약의 백성에 대한 영적 권위를 법원에서 교회로 옮길 것을 말하고 있다.

> 우리가 본 말씀은 우리가 전해야 할 일반 권위에 대한 가르침을 말하고 있는 것이 아니다. 이는 산헤드린의 권위가 이후로는 그리스도의 교회로 옮겨갈 것을 말하고 있는 것이다. 그 때까

지 유대인들에게는 자신들만의 고유한 기관이 있었으나, 이후 그리스도께서는 엄격한 제제를 가할 수 있는 자신의 교회를 세우셨다.[5]

신약에 나오는 열쇠의 권세는 가장 단순한 형태로 진정 그리스도의 양인 사람들을 가리고, 신앙을 고백하는 데 실패하는 자들 또는 교회 구성원으로 받아들여졌지만 진짜 성도가 아닌 것으로 판명된 자들을 제외시키는 데 사용된다.

열쇠가 무슨 열쇠인지 아는 것도 중요하지만, 누가 그 열쇠를 사용할 수 있는 지를 밝히는 것도 중요하다. 로마가톨릭은 전통적으로 그 열쇠의 권세가 베드로에게만 주어졌고, 이것을 계승할 수 있는 방법은 교황직을 통하는 것이라 주장한다. 그러나 성경적 증거를 보면 이 권세가 사도들 무리에 의해 사용될 수 있으며, 또한 계속하여 교회 권위들에 의해 행사될 수 있다는 것으로 드러난다. "사도들이 단체적으로 이 권세(열쇠)를 사용한 것은 사도행전 전체를 통해 드러난다. 모든 사도가 이 권세를 동등하게 사용했다(행 4:33). 누구 하나 우위에 있거나 감독자도 없었다."[6] 만약 열쇠의 권세가 사도들에게 주어지는 것이 당연하게 받아들여졌다면, 이에 더 나아가 세대를 이어 이후 교회 지도자들이 그 권세를 위임 받는 것이 정당화되어야 하는가? 이 열쇠 권위가 계속하여 존재 및 사용되어야 하는지에 대한 논쟁은 성경만이 아니라 상식에도 그 기반을 둘 수 있다.

인정되어야 할 것은 사도와 장로들 사이에 연속성 및 비연속성이

---

5 Ibid.
6 William Hendriksen, *New Testament Commentary: Matthew* (Grand Rapids: Baker, 1973), 650.

공존한다는 것과 양측은 베드로전서 5:1에 언급되고 있다는 것이다. 베드로는 장로들에게 스스로를 '그리스도의 고난의 증인'이라 묘사하며 자신의 사도로서의 자격조건을 상기시킨다. 베드로는 자신을 장로들과 동일시하여 '동역자 장로'라 칭하며 '양 떼를 치는' 역할로 부름받았다는 것을 강조했다. 여기서 그는 단지 기능적 연속성만이 아니라 그 기능을 감당하기 위한 권위를 인정한다. "그리스도의 말씀을 깊이 탐구하는 사람이라면 누구나 교회의 한시적인 규칙이 아니라, 영속적인 명시된 질서를 묘사하게 됨을 쉽게 인지할 수 있을 것이다."[7] 사도직의 기초적 기능은 이와 함께 사라져 갔지만, 좋은 목자장은 시간이 지남에도 양 떼를 지속적으로 돌보았다. 존 머레이(John Murray)는 이에 대해 꽤 명확하게 핵심을 정리했다.

> 사도직은 영원히 존재하지 않고, 또 신약성경에는 지역 성도들의 공회를 대체할 만한 다른 행정기관이 등장하지 않기 때문에, 우리는 이에 비추어 장로회(당회)가 그리스도 교회에서 유일한 행정기관이라는 결론을 내릴 수밖에 없다.[8]

목자의 가장 기본적인 임무는 양 떼를 알고 파악하는 것이다. 이것은 위에서 명시된 대로 열쇠를 '열고', '닫음'으로 열쇠의 권위를 행사하는 것이다. "이 열쇠는 사도이자 장로였던 베드로에게 주어졌으므로 이에 모든 사도들에게도 주어졌고, 이 사도들이 죽자 교회의 모든 일반 장로들에게 주어졌다."[9] 목자로서의 책임을 부여받은 장로들이 가

---

[7] Calvin, *Institutes*, 2:488.
[8] Murray, *Collected Writings* (Carlisle, PA: Banner of Truth, 1976), 2:342-43.
[9] Paul Settle, "Of Church Censures: The Power of the Keys", *Equip for Ministry* May/June

진 영속적인 권위는 바로 스스로 양이라 주장하는 자들의 문이신 예수 그리스도를 통과해 들어가는지 감독하는 것이다. 이 문을 통과하는 자들은 구성원으로서 성례 참여를 포함한 특권을 누린다.

예수님이 교회와 교회에 소속된 교인에게 당부하신 내용은 성경에 잘 나와 있다. 성경은 교회 구성원들이 가져야 할 자격이나 품성에 대해서도 말하고 있다.

> 성경은 예수 그리스도가 주인 되신 교회 구성원들이 가져야 할 자격 및 품성에 대해 명시하고 있다. 성도를 교회 구성원으로 받아들이거나 받아들이기를 거부하는 절차에 있어서 하나님의 법칙에 따르는 것을 가장 우선시하고 있다.[10]

세례를 받거나 주의 만찬에 참여한다는 것은 예수님의 새 언약이라는 은혜의 사인이나 봉인을 받은 것과도 같다. 목자 장로들의 인정을 받고 세례 예식이나 만찬에 참여하는 것은 그들이 공동체에 양 떼로서 소속되었다는 것을 의미한다.

이는 교인에게 교회에 대한 공식적인 소속감을 심어주는 결정적인 영향을 끼친다. 개개인의 믿음의 고백을 기반으로 해서, 예수님의 몸 되신 교회의 일원으로 인정받을 뿐 아니라, 하나님이 주신 권위를 행사하는 목자 장로들은 그들의 돌봄과 다스림 아래서 믿음의 고백을 한 그를 지역 교회 공동체 일원으로 받아들이게 된다.

1997: 16.
10 James Bannerman, *The Church of Christ*(1869;repr.,Carlisle,PA: Banner of Truth,1974), 2:291.

우주적인 혹은 무형의 교회(어느 교파에 소속된 교회이던 상관없이 세계에 흩어져 있는 모든 신자들) 소속이 되었다고 고백하는 것만으로는 부족하다. 또한 우리는 우리 자신을 지역 교회 또는 보이는 교회의 일원으로 헌신해야 한다…신약은 진정으로 구원을 받은 사람들 중 지역 교회에 속하지 않았던 사람은 없다고 넌지시 알려주고 있다.[11]

에드문드 클라우니(Edmund Clowney)는 지역 교회에 교인으로 등록된 교인 명부의 중요성에 대한 자신의 의견을 강력하게 피력하고 있다.

민수기에는 수많은 사람의 이름이 적혀있다. 하늘의 백성으로 인정되는 것과 관련해서 하나님이 얼마나 신경 쓰고 계시는지 엿볼 수 있는 대목이다. 이 땅에 살면서 어떤 사람들을 교인로 받아들여야 하는지에 대해서 하나님의 생명책은 본보기를 보여주고 있다(출 32:32-33; 말 3:16) 예언서 시편에서는 시온에 대하여 이방인들의 이름이 기록될 것에 대해 예언하고 있다 (시 87:4-6). 바울은 빌립보 교회에서 그리스도 몸의 일부로 인정받은 유오디아, 순두게 및 글레멘드의 이름이 생명책에 쓰일 것이라고 말하고 있다(빌 4:2-3). 맛디아는 열두 사도 중 유다의 배반과 죽음으로 비어 있는 자리를 채우기 위해 사도로 선출된다. 이로써 열한 사도의 수에 가입하게 된다. 교회에 등록자수는 사도의 수에 더해졌다. 이를 통해 총 교인수를 기록했던 것

---

11 Wayne A. Mack and David Swavely, *Life in the Father's House*(Phillipsburg,NJ: P&R Publishing,1996), 20.

이다(행 1:26; 2:41; 4:4).[12]

새로운 교인의 믿음의 고백을 장로들 앞에서 확인받는 것은 단순히 명부에 기록하기 위해서만은 아니다. 새로 인정받은 교인을 독려하기 위함이며 교회 명부에 기재함으로써 그의 믿음의 고백을 확증하기 위한 것이다.

어떤 특정한 교회의 개개인의 교인을 잘 알아가는 것을 통해 그 교회의 장로들은 거시적인 측면에서 그들이 사실대로 아뢰어야 할 하나님이 맡기신 양들에 대해 알아갈 수 있게 된다(히 13:17). 교회에 소속감을 갖는 것은 매우 중요하다. 소속되어있음으로써 신약에서 이야기하고 있는 바와 같이 장로들의 감독 아래 있게 되는 것이다. 따라서 교인 명부는 성경에서도 인정하고 있는 합당한 것이다.[13]

포스트모던 사회에 살아가고 있는 현대인들은 그 어떠한 단체에 소속되는 것을 즐겨 하지 않고 꺼려함으로 인해 이머징 교회 운동을 하는 교회들이 교회 멤버십의 개념조차도 폐기해 버리는 결과를 초래했다. 이것은 교회 멤버로서 서약한 명확한 헌신에 대한 포기인 것이다. 웨이드 클락 루프(Wade Clark Roof)는 미국 사회의 대다수를 구성하는 베이비부머 세대들에 대해 광범위한 연구를 진행했다. 이는 연구에서 발췌한 내용의 일부이다.

> 일반적으로 종교뿐 아니라 어떠한 형태로든 사회에 소속되는 것을 두려워하고 항상 의심스러운 태도로 임하는 베이비부머

---

12 Edmund P. Clowney, *The Church*(Downers Grove, IL: InterVarsity, 1995), 104.
13 John Frame, *Evangelical Reunion*(Grand Rapids: Baker, 1991), 100.

세대들에게 헌신이라는 것은 하나의 큰 문제이다. 그렇다고 헌신하는 것에 대해 완전히 거부하는 것은 아니다. 베이비부머 세대들 중 중산층에 해당하는 이들의 고도의 개인주의와 지나친 자기 의존적 성향이 그러한 결과를 낳은 것이다. 그들은 기존에 사회 구성단위를 이루었던 가족, 교회, 지역 사회 보다는 중요한 사회 구성 단위로서 자기 자신에 더 집중하기 때문에 내성적인 성향을 보인다. 자신을 위해 무엇을 할지 또는 자신의 에너지를 어디에 쏟아 부을지 항상 고민하면서 말이다.[14]

공식적인 교회 멤버십의 타당성을 말할 때 장로들의 책임감과 양들이 지고 가는 책임감 사이의 기본적이고 상호적인 관계에 대해서 논하는 경우가 거의 없다. 책임감이 결여되고 불안한 상태에서 흩어진다고 말하는 것은 아니지만, 교인 명부 및 장로들의 감독이 없는 경우 행정상의 혼돈이 발생된다. 또한 교인 명부가 없다면 목자는 하나님이 지명하고 부르신 교인이 누구인지 확실히 알 수가 없다.

따라서 교인 명부는 가능한 한 정확해야 한다. 그래서 교인이 영적으로 건강한지 길을 잃지는 않았는지 정확히 알고 모든 교인을 돌보아 줄 수 있게 된다. 안타깝게도 교인 명부의 중요성에 대해 잘 인지하고 있는 사람들은 별로 없다. 많은 경우에 어떤 교회에서는 여러 해 동안 교인 명부를 업데이트하지 않는 경우도 있다고 한다. 가장 기본적인 수준에서 거시적으로 양을 안다는 것은 교인 명부를 통해서 양 떼를 명확히 아는 것이다. 언젠가는 주님 앞에서 그 양 떼에 대해 직고하게 될 것이다.

---

14   Wade Clark Roof, *A Generation of Seekers* (New York: Harper Collins, 1993), 184-85.

또한 거시적인 측면에서 양 떼를 알아간다는 것은 전체적으로 독특한 특성을 잘 이해하는 것과 같이 더욱 주관적인 것들을 포함한다. 누군가 당신 교회에 대해 물으면 가장 먼저 무엇이 떠오르는가? 교회가 시골, 교외지역 및 도심 중 어디에 위치하고 있는가? 지역 사회가 단일 문화권 혹은 다문화권인가? 지역 공동체 교회인가 아니면 지방(regional) 교회 인가? 이 밖에도 다양한 질문에 대한 답을 하다 보면 교인 전체에 대해 이미 알고 있는 것과 그들을 가장 잘 나타낼 수 있는 표현이 무엇인지 명확해 질 것이다.

2. 미시적으로 알아가기

교인 전체에 대해 목자가 알아가는 것을 거시적으로 알아가기라 한다면 미시적으로 알아가기란 양 하나 하나를 개인적인 수준에서 알아가는 것을 의미한다. 성경을 비롯해서 교회에서 사용하는 교재에서는 장로들의 역할과 특정 공동체에 대한 책임감에 대해서 이야기하고 있다. 더 나아가 베드로는 교회 공동체 내 몇몇 장로들이 특정 양에 대해 책임을 다하는 것에 대해 설명하고 있다. 베드로는 장로들이 그들에게 맡겨진 양들에게 으스대지 않을 것을 강력히 권면하고 있다. "맡겨진" 이라고 번역된 이 단어는 장로들의 역할에 대해 정확하게 설명하고 있다. 클레로스(kleros)의 어원은 70인역에서 살펴볼 수 있다. 클레로스가 70인역의 민수기와 사사기에서 자주 사용되었음을 알 수 있다. 새로운 공동체에서 소위 '부동산'은 이들을 돌보는 감독의 관리 아래 있는 사람들 그 자체이다."¹⁵ 이러한 어원적 배경을 바탕으로 클레로스는 신약에서 등장한다.

> 고대 그리스에서 클레로스는 시민 기관(civic authority)이 시민들에게 부여한 땅이었다. 이 과정은 제비 뽑기에 의해 이행 되었다. 따라서 이 용어는 그 당시 이방인들에게도 익숙했다. 반면에 유대인들은 베드로전서 1:4에서 이미 사용된 바 있는 클레로노미아(*kleronomia*: 기업, inheritance)와 클레로스(*kleros*)가 유사한 단어이므로 단어의 뜻을 보다 더 명확히 파악할 수 있었을 것이다. 클레로이(*kleroi*, 클레로스의 복수-역주) 또는 목회적 돌봄의 영역들은 그리스도인들이 관여한 영적인 클레로노미아(*kleronomia*)의 몇 부분들이다. 단어 '성직자'(clergy)가 바로 여기서 나왔다.¹⁶

이밖에도 클레로스의 의미를 확인 할 수 있는 사례들이 있다. 키스트메이커(Kistemaker)는 클레로스가 "교인에 할당된 양"¹⁷이라고 말하고 있다. 『안트-긴그리치 사전』(*A Greek-English Lexicon of the New Testament and Other Early Christian Literature*)은 클레로이(*kleroi*)를 교인 전체를 지칭하는 것이라고 정의한다. 각각 장로 또는 목자에게 배정된 회중의 부분적인 여러 집합체들처럼 말이다.¹⁸

---

15 Timothy S. Laniak, *Shepherds After My Own Heart*(Downers Grove, IL: InterVarsity, 2006), 234.
16 Edward G. Selwyn, *The First Epistle of Peter*(Grand Rapids: Baker, 1981), 231.
17 Simon Kistemaker, *Peter and Jude*(Grand Rapids: Baker, 1987), 193.
18 William Arndt and F. Wilbur Ginrich, *A Greek-English Lexicon of the New Testament and Other Early Christian Literature*(Chicago: University of Chicago Press, 1952), 436.

양을 돌보는데 따른 실제적인 적용은 다음 장에서 다루게 될 것이다. 중요한 것은 특정 장로들이 특정한 장소에서 특정한 교인에 대해 지도자로서의 권위를 행사할 수 있다는 데에 있다. 특정 환경 및 대상이 주어짐으로써 진정한 양 돌봄이 시작되는 것이다. 모든 교인은 적어도 한 명의 장로와 개인적인 관계를 통해 양육을 받아야 한다. 진정한 양은 "목자에 속해있다는 것을 알기 마련이다. 목자는 배정된 양에게 이름을 붙이고 알아가고 매일 그 숫자를 센다."[19] 이와 마찬가지로 장로들 또한 교인의 이름을 아는 것에 그치는 것이 아니라 개인적인 관계를 통해 그들의 삶에 대해 더 알아가는 노력을 쏟아야 한다. 데이비드 딕슨(David Dickson)은 양을 알아가는 것이 진정 어떤 것인지, 즉 장로와 그에게 붙여진 양 떼 사이에 있어야 하는 관계를 설명하면서, 양들을 알아가는데 핵심이 무엇인지를 짚어준다.

> 목자는 자신에 맡겨진 교인의 나이, 삶의 과거 이력, 직업, 습관, 사고방식 등 모든 것에 대해서 잘 알고 있어야 한다. 교인과 그들 자녀들과 친밀한 관계를 맺으며 언제든지 의지할 수 있는 친구 같은 관계가 되어야 한다. 그래서 함께 울고 웃어줄 수 있는 마음이 따뜻한 친구이자 신뢰할 수 있는 상담가가 되어주어야 한다.[20]

이러한 관계는 모든 목양 기능을 발휘할 수 있는 바로 그 기초가 되는 것이다. 티모시 켈러(Timothy Keller)는 바울의 에베소서에서의 사역

19　Timothy S. Laniak, *While Shepherds Watch Their Flocks*, 101.
20　David Dickson, *The Elder and His Work*(repr., Dallas: Presbyterian Heritage Publications, 1990), 15.

을 언급하면서, 사도행전 20장에 나타난 개인적인 사역의 요소들을 강조하고 있다.

1. 감독(행 20:28): 목자는 교인의 성품, 상황, 필요에 대해 알고, 친밀하고 친숙해지고자 노력한다. 교인도 이러한 목자들의 노력에 대해 인지하고 있을 필요가 있다.

2. 실제적인 관심(행 20:31): 교인을 직접 방문함으로써 사랑의 마음을 표한다. 방문 혹은 만남 중 목자는 교인에게 자신이 느끼는 바를 솔직히 전달할 줄 알아야 한다. 때에 따라서는 눈물을 보이게 될 수도 있다. 중요한 것은 교인과 함께 시간을 보냄으로써 얼마나 마음을 쓰고 있는지 보이는 것이다. 밤낮으로 교인과 만나면서 선한 목자의 사랑을 표현하고 또 전하는 것이다.

3. 진단(행 20:20): 바울은 이미 많은 혜택을 누리는 사람들 중심의 사역을 매우 조심스러워했다. 그는 말씀을 듣는 자들의 부족한 부분 및 필요에 맞춰 자신의 사역을 진행시켰다. 이와 마찬가지로 목자들은 감찰, 돌봄, 진단에 국한시키지 않아야 한다. 또한 목자는 양들의 영적 상태와 필요, 더 나아가 각자의 부족한 점이 무엇인지 꾸준히 살펴보아야 한다.[21]

거시적 그리고 미시적 관점이 만나는 지점은 회중들에 대한 복음 사역과 밀접하게 연결되어 있다. 장로들은 양들과 그 자녀들이 예수

---

21 Timothy J. Keller, unpublished class notes. Used with permission.

그리스도에 대한 믿음 안에 잘 살고 있는지 알 정도로 가깝게 지내야 한다. 과연 장로들은 선한 목자의 목소리를 듣고 그의 부름에 반응을 하고 있는가? 리처드 백스터(Richard Baxter)는 선한 목자의 목소리를 듣고 부르심에 반응하는 것을 회중을 알아가는 데 가장 중요한 책임으로 보고 있다.

> 가장 우선시해야 할 것은 바로 비신자들을 개종시키는 사역이다. 그 다음은 전력을 다해 개종한 교인을 알아가야 한다. 아! 개종을 하지 않은 사람들의 경우 너무 고통스러운 나머지 결국 하나님을 믿고 있는 사람들에게 도와달라고 외치게 될 것이다.[22]

이때 양과 개인적인 친분을 쌓아가는 것이 매우 중요하다. 당신이 목자라면 어느 양에 대한 책임을 갖고 있는지 알고 있는가? 그 양이 그리고 그 자녀들이 예수 그리스도를 믿는 믿음 안에 장성하고 있는지 알 정도로 가깝게 지내고 있는가?

1) 미시적 수준에서 알아갈 때 필요한 접근 방법

앞에서 봤듯이 미시적 수준에서 알아갈 때 목자와 양 간에 개인적인 친분이 필요하다. 양은 목자를 알고 목자도 양을 알아야 한다. 목자와 양이 친분을 쌓고 서로 알아가는 과정에서 당신이 할 수 있는 것은 무엇인가? 목자가 양을 치는 과정에서 가장 기본적인 것은 바로 신뢰

---

22 Richard Baxter, *The Reformed Pastor*(1656; repr., Carlisle, PA: Banner of Truth, 1997), 94.

를 기반으로 돌보는 것이다. 교인의 지속적인 참여를 유도하기 위해서는 정기적인 모임을 꾸준히 갖는 헌신적인 노력이 필요하다. 이러한 만남은 장로가 그저 양의 반응에 대처하는데 그치는 것이 아니라 얼마나 적극적이고 헌신적으로 대하려 하는지 보여준다. 이는 매우 중요한 고려 대상이다. 우리는 종종 교인에게 다음과 같은 질문들을 던지곤 한다. 예를 들어 "언제 목자로부터 사적인 연락을 받는가?" 교인은 큰 맥락에서 두 종류의 답변을 한다. 첫째는 교인이 경제적인 필요를 느낄 때나 경제적인 위기에 닥쳤을 때이다. 둘째는 교인이 무엇을 잘못했을 때이다. 이렇게 주요 사안들을 장로와 성도가 가끔씩 만나 나누는 것도 좋다. 하지만 장로와 성도가 정기적인 모임을 통해서 나눌 수 있다면 훨씬 좋지 않을까? 상호신뢰와 존중이 지속적으로 이루어지고 있는 상태에서 민감한 사안에 대해서 나눔을 할 수 있다면 훨씬 더 잘 이루어 질 것이다. 목자가 양을 이끄는데 실패하는 경우를 보면 목자가 그저 양의 행동에 반응하기 때문일 때가 허다하다. 부모가 아이를 훈계하려 할 때만 아이에게 관심을 준다면 결과는 그다지 만족스럽지 않을 것이다. 사랑, 관심, 교훈은 부모가 아이를 효율적으로 가르칠 때 필요하다. 이는 교회에서도 마찬가지다. 장로가 사랑을 가지고 적극적으로 성도를 돌볼 때 그의 그릇된 모습에서 올바른 길로 이끌어 갈 확률이 높아질 것이다.

목자가 적극적이지 않을 경우 발생하는 또 다른 문제는 영적으로 건강한 양마저 제대로 돌보지 못하게 된다는 것이다. 양이 힘들어 할 때만 연락을 한다면 건강한 양은 대체 언제 목자로부터 도움과 격려를 받게 된다는 말인가? 그리스도를 좇아 살아가며 교회 사역에 헌신하는 교인도 목자로부터 관심을 받아야 하는 것 아닐까? 불행히도 그렇지 않은 교회가 너무 많다.

2) 심방의 장단점

그렇다면 목자는 교인과 어떤 방법을 통해 주기적인 연락을 주고받아야 하는 것일까? 앞서 거론된 바 있듯이, 리처드 백스터는 교인을 문답식으로 가르치려는 목적으로 주기적인 방문을 해야 한다고 말하고 있다. 교회에서 목자가 양을 다루려 할 때 대부분의 경우 심방을 선택한다. 이 방법의 이점은 교인의 집에서 교인 혹은 그 가족과의 일대일 만남에만 집중할 수 있다는 것이다. 이 방법을 통해 상당히 많은 것을 얻게 된다.

하지만 심방의 단점은 장점을 능가할 정도로 많다.

첫째, 심방은 자주 이루어지지 않는다. 예를 들어 보자. 심방이라는 방법을 택하는 목자의 경우 1년에 한번 정도 개개인을 또는 각 성도의 가정을 방문해야지 하고 마음을 먹는다. 일반적으로 1-2시간에 걸쳐 진행하는 1년에 한번 하는 심방이 서로에 대한 신뢰를 쌓고 알아가는 데 필요한 지속적인 의사소통의 기반이 과연 될 수 있을까? 양의 영적인 상태를 잘 구분 할 줄 아는 목자라면 짧은 시간 안에 양의 상태가 안 좋은 경우 빠르게 파악할 수 있을지 모르겠다. 하지만 이와 비슷하게 성도 또한 한두 시간 동안 레몬과자와 커피를 즐기면서 자신의 삶에서 아무런 부정적인 일이 일어나지 않는 것처럼 하며 좋은 인상만을 남기려할 수도 있다. 만약 목자가 양의 상태를 잘 파악하지 못한 상태에서 그 다음 심방이 있기까지 1년이 흘러간다면 문제는 더 악화되어갈 수 있다. 혹은 비상사태가 발생할 때까지 문제를 묵혀두는 상황이 발생할 수도 있다. 그렇게 된다면 목자들은 겨우 반응하는 수준으로 대처하게 될 가능성이 높다. 백스터 자신 또한 1년에 한 번씩 심방을 갈 경우 부족한 점들에 대해 이야기하고 있다.

> 고작 1년에 한 번 성도와 이야기를 나눈다는 것은 정말 사소한 일에 불과하다. 그리고 성도들이 필요로 하는 것에 비해 피상적으로 이야기를 나누게 되는 경우가 많다. 우리가 성도들에게 쏟는 시간 보다 더 많은 열매 맺기를 희망한다. 만약 3달에 한 번씩 만나서 이야기하고 조금 더 충실하고 신중하게 만남을 이어나갈 수 있다면 훨씬 더 많은 열매를 맺을 수 있을 것이다.[23]

크리스천개혁교회(CRC)가 진행한 연구에 따르면 방황하고 있는 양을 바로잡기 위해서 1년에 한 번 또는 1년에 두 번 만나는 것은 턱없이 부족하다고 한다.

> 힘든 시기를 보내고 있는 성도에게 힘을 실어주기 위해서는 6-8주 내에 만나는 것이 가장 좋다. 실제로 이 기간 동안에 방황하고 있는 성도들은 교회가 관심 가져 주기를 기다리고 있다. 이러한 성도들은 때를 기다렸다가 자신들의 문제에 대해 술술 이야기해 나갈 것이다. 약 2달이라는 시간이 이미 지난 후라면 힘든 시간을 보내고 있는 성도들이 자신의 이야기를 잘 꺼내리라고 기대하기 어렵다.[24]

---

23   Ibid., 184.
24   Christian Reformed Church, *Building Bridges: The Art and Practice of Evangelistic*

일반적인 심방보다 자주 연락하는 방법이 더 필요한 것을 알 수 있다. 심방을 해야 하는 경우라면 자주 연락하면서 부족한 부분을 채워 나가야 할 것이다. 어느 해에 심방을 갔는데 가족 한 명이 그 자리에 함께 하지 못했을 때면 또 문제가 발생하는 것이다. 즉 다음 심방이 성사되기까지 2년 혹은 잘해 봤자 1년 반이라는 시간 동안 성도를 보지 못하게 되는 상황이 생길 수도 있다.

둘째, 심방에 절대적으로 의지하려 하기 전에 성공 확률을 잘 따져봐야 한다. 여러 교회에서 경험하고 또 사람들과 어울려본 결과 심방이 성공적인 경우는 매우 드물다. 목자들은 처음에 아주 적극적인 태도로 심방에 임한다. 그러나 시간이 지나면서 적극성도 떨어지고 일정도 꼬이면서 심방이 잘 성사되지 않는 경우가 허다하다. 안타깝게도 기대치에 못 미쳤을 경우 교인은 부정적인 영향을 받기 마련이다. 목자들이 심방을 올 것이라는 기대를 했지만 정작 이와 관련해서 전화 한 통 받지 못했다. 심방 계획은 했으나 실제적으로 이뤄지지 않은 경우 목자들은 죄책감에 시달리고 교인은 실망감을 떨치지 못하게 된다.

셋째, 현대 문화 속에서 심방이 쉽게 받아들여지지 않을 수도 있다. 백스터는 대부분의 사람들이 농사를 지으며 살고 있을 당시 심방 사역을 한 바 있다. 오전에 갈 채비를 마치고 하루에 14가정을 방문할 계획을 가진다. "매주 이틀 동안 부교역자와 나는 14가정과 개인적인 교리공부와 상담을 했다. 이는 백스터가 교구에 다가가는 것과 동시에 마을 전체 교인이 백스터에게 다가가는 것이기도 하다."[25] 백스터가 교인, 즉 마을 전체 교인이 다가오는 것이라고 표현한 것을 주목할 필요

Calling(Grand Rapids: Church Development Resources, 1988), 66.
25 *The Autobiography of Richard Baxter being the Reliquiae Baxterianae*, ed. J. M. Lloyd Thomas(London: J.M. Dent and Sons, 1925), 77-78.

가 있다. 백스터의 부교역자가 시골을 돌아다니고 있을 때 가족들은 백스터에게 언제든 찾아 올 수 있다. 매주 이틀 동안 14가정이 방문하게 되는 것이다! 오늘날 가정과 교회들은 만남 또는 방문의 유연성을 이해하지 못한다. 만일 방문이 이루어진다 하더라도 낮 동안의 방문은 일종의 선택이다. 그러나 질병이나 장애로 외출이 어려운 분들이나 혹은 나이 드신 분들의 댁에 가지 않는 이상 대부분의 교인을 낮에 방문한다는 것은 현실성이 떨어진다. 저녁 시간대의 심방은 더욱 성사되기 어렵다. 왜냐하면 교인과 목자 가족들 또한 바쁜 경우가 많기 때문이다.

3) 작은 제안: 전화 연락

모든 교인 집에 심방을 간다는 것은 현실적으로 어렵긴 하지만 심방 자체를 포기하는 것은 옳지 않다. 단, 목자와 교인 모두에게 현실적으로 알맞은 방법으로 보완하는 방향을 선택하는 것이 좋다. 전화 연락이 바로 그러한 예이다. 심방과 달리 전화로는 수시 연락이 가능해진다. 한 목자에게 적당한 수의 교인이 맡겨져 있다고 볼 때 교회 내 모든 교인은 적어도 한 달에 한번 목자로부터 안부 전화를 받게 되는 것이다. 어떠한 이유에서 전화 연락이 이뤄지지 않았다 하더라도 다음 연락이 이뤄질 때까지 교인이 기다려야 하는 기간은 2달 미만이다. 전화 연락을 영업사원이나 정치인들이 자신들의 목적을 달성하기 위해 하는 것으로 치부하지 말라. 자신의 안녕에 관심이 있어서 누군가가 취한 전화 연락의 영향력을 과소평가하지 말라.

다음의 예를 같이 살펴보자. 차분한 시간을 즐기고 있던 어느 날 저녁 전화가 울렸다. 전화를 받은 아내는 내게 걸려온 전화라고 알려줬다. 전화를 받아보니 치과의사 선생님이었다. 그날 오후 정기 검진을 받으러 갔었는데 진료 이후 치아 상태가 괜찮은지 묻는 안부 전화였다. 나는 괜찮다고 의사 선생님께 말씀 드렸다. 전화를 끊은 후 누구에게서 온 전화인지 아내에게 맞춰보라고 했다. 아내가 모른다고 해서 치과 진료 이후 상태가 괜찮은지 묻는 의사의 안부 전화였다고 말해줬다. 그저 나의 상태가 어떤지 묻기 위해 전화를 했다는 것에 끊임없이 감동했다. 누군가의 안부가 궁금하거나 도움을 요청하기 위해 전화한 상대방의 의도를 충분히 이해했다면 그 전화 연락의 영향력을 과소평가하지 말라.

전화 영업과 안부 전화의 차이는 교인의 이익을 위해 이루어진다는 데 있다. 안부 전화에 선한 의도가 있고 양을 향한 진정한 마음이 담겨 있다는 것을 교인이 인지하는 것이 매우 중요하다. 저녁쯤 전화를 했다면, "해리, 좋은 저녁이에요. 저는 빌입니다. 매달 정기적으로 하는 안부 전화입니다"라며 인사말을 건넬 것이다. 교인은 전화의 의도를 즉시 알아차릴 것이다. 일주일 전쯤 연락해서 어느 날 통화하는 것이 가장 좋은지 물어 보는 것도 좋을 듯하다. 교인이 집에 없어서 음성 메시지를 남겨야 할 때면 전화의 의도를 친절히 설명하며 집에 들어오면 다시 전화해 줄 것을 부탁하라. 그러나 반드시 교인이 전화 할 때까지 기다릴 필요는 없다. 여건이 된다면 목자가 다시 전화하는 것도 좋다.

담당하고 있던 양들 중 한 가정이 먼 곳으로 이사를 했다(반드시 기억해야 할 것이 있다. 교인이 먼 곳으로 이사 간다고 해서 목자의 책임이 끝나는 것이 아니다. 새롭게 이사 간 지역 근처 교회 담당 목자가 그 교인을 맡기로 결정되기 전까지 책임은 지속되는 것이다). 그들이 이사 갔지만 연락은 지속적으로 취했다. 그러나 직접 통화하지 못하고 계속해서 음성 메시지를 남기면서 마음이 지쳐갔다. 혹시나 하는 마음에 음성 메시지를 남겼다. 몇 달이 지난 후 그들이 우리 마을을 방문 했을 때 교회로 찾아왔었다. 나는 그들을 매우 반겼고 그들은 여러 차례 전화를 받지 못한 것에 대한 미안함을 표했다. 놀라운 것은 음성 메시지를 통해 내 목소리를 듣고 크나큰 위로를 받았다는데 있다. 또한 지역 교회에 소속되어야겠다는 마음도 생기더라는 것이다.

어떤 식으로 전화를 해야 할지 모르겠다면 간단히 교인의 안부나 기도 제목이 궁금하다는 이야기로 시작하라. 앞으로 다루게 될 테지만 교인은 목자의 이런 전화를 기다리고 있을 것이다. 처음에는 다소 싫은 내색을 하거나 의심스러운 눈초리를 가질 수도 있겠으나 인내하라! 이것이 바로 양에 대한 목자의 책임이다. 교인의 기도 제목을 적기 위해 전화 걸기 전 준비해두어라. 가족 전체의 목자라면 한 사람 한 사람 안부를 물어야 한다. 상황에 따라서는 대화가 끝난 뒤 전화 상 기도를 해줘야 할지도 모른다. 그래도 기도 제목을 잘 적어 두었다가 한 달 내내 기도해주어라. 이는 다음 달 전화 했을 때 대화를 훨씬 용이하게 해줄 것이다. 지난 달 기도 제목을 물어보면서 말이다. 양은 목자가 지난 달 기도 제목을 기억했다는 사실뿐 아니라 기도해줬다는 사실로 인해 힘을 얻게 될 것이다.

기도 외에 다른 조치를 취해야 할 경우가 생길 수도 있다. 중요한 것은 신실한 목자라면 양의 필요에 재빠르게 반응한다는 사실이다. 양이 멍이 들어있거나 상처 입은 상태이거나 혹은 방황하고 있다면 목자의 도움이 필요하다는 것을 암시한다. 불행히도 많은 교회 목자는 양이 상처받고 있다는 사실조차 모른다. 또는 상황이 악화되기 전에 발 빠르게 움직이지 않는 경우도 많다. 상황에 따라 다르겠지만, 성도들의 상황에 알맞게 반응하기 위해서는 부교역자들의 도움을 구해야 할 필요도 있을 것이다. 어떠한 경우에든 성도의 상황을 자주 체크하며 필요에 따라 도움을 주어야 할 것이다. 개인적인 연락 후 상황에 맞는 맞춤 사역이 필요하다면 양육팀 집사에게 알려라. 양육팀에 상호보완적인 집사를 투입시키는 것에 대한 이야기는 다음 장에서 다룰 것이다.

목자가 양의 상태에 대해 얼마나 잘 알고 있는지가 안부 전화를 어떻게 하느냐를 결정할 것이다. 양이 건강하다면 기도 제목을 묻거나 격려하는 차원에서 전화를 하라. 또한 성실하게 교회 사역에 임해줘서 고맙다고 말하라. 우리는 "매일 서로를 격려해야" 한다(히 3:13). 목자가 양을 세워줌으로써 훌륭한 본을 보여주는 것이다. 물론, 목자들은 양들의 CEO(최고의 격려자!)들인 것이다. 선데이 크리스챤들(주일 예배만 출석하는 성도-역주)에게 목자가 전화로 격려함으로써 교회 소속감을 불어넣어 줄 수도 있다. 이들이 교회에 처음 왔을 때 느꼈던 소속감과 다짐했던 헌신을 유지하도록 도와줘야 한다.

우선적 도전은 방황하고 있는 양들을 접촉하는 것이다. 교인 명부에 올라와 있는 모든 양에 대해 책임을 져야 한다는 사실을 기억하라. 가장 처음으로 취한 연락은 교인의 상태를 알아보기 위함이다. 이와 더불어 목자는 기도 제목을 물어야 한다. 예전에 몇 년 동안 교회에 오지 않으면서 방황했던 교인에게 처음으로 걸었던 전화가 생각난다. 전화의 목적을 전하고 기도 제목을 물었다. 통화하는 내내 어색한 기운을 떨칠 수 없었고 대화는 빨리 끝났다. 기도 제목 또한 말해주지 않았다. 그 다음 달도 비슷했다. 그러나 안부 전화를 시도한 지 세 번째 달이 되는 날 아들이 어려운 상황에 처해있다며 기도해달라고 했다. 그러니 여러분도 포기하지 않길 바란다! 누군가 이렇게 말한 적이 있다. "사랑을 막을 자 없다." 양을 돌보는 목자의 마음가짐이 이래야 한다고 생각한다. 선한 목자의 사랑은 목자인 당신을 통해 뻗어 나가야 한다. 양이 그 사랑을 되돌려주지 않더라도 말이다.

양 떼를 대하는데 있어 적극적으로 접근할 경우 이점이 있다. 즉 의사소통이 원활하기 때문에 양에게 전달되어야 하는 다른 부분의 일들도 자연스럽게 흘러갈 수 있다는 것이다. 예를 들어 교회 모임이나 교회 재정상 도움의 손길이 필요할 때 등이 있다. 그러나 이러한 이점은 항상 발생하는 것이 아니다. 예외적으로 발생하곤 한다. 매달의 안부 전화를 통해서 사역, 프로그램에 대한 교인의 질문에 답하고 그들이 갖고 있는 우려 사항들을 해소해주면 될 것이다.

안부 전화의 가장 큰 이점은 자주 할 수 있다는 것이다. 따라서 목자와 양의 관계에 서로 존중과 신뢰를 쌓아가는 데 필수적인 소통의 창을 마련할 수 있게 된다. 다음은 성도에게 안부 전화 사역을 하는 장로들이 있는 교회의 보고서 내용이다.

1. 교회에서 장로들이 안부 전화를 하도록 장려하고 있다. 안부 전화를 시도했다는 이유만으로 고맙다고 생각하는 교인이 많기 때문이다.

2. 다수의 길 잃은 양 또는 방황하는 양들의 상태를 보다 더 이해할 수 있게 됐다(길 잃은 양이 안부 전화를 받은 바로 그 다음 주 주일예배를 드렸다고 한다. 이것은 결코 우연이 아니다).

3. 교인이 어려움에 봉착한 것을 보고 막중한 책임감을 느끼고 하나님을 더 의지하게 됐다고 한다. 또한 자신들에게 주어진 사명에 대한 중요성도 느끼게 되었다고 한다.

4. 장로들이 수많은 교인의 기도 제목을 당회로 갖고 올 수 있게 되었다.

5. 교회 정책, 프로그램, 앞으로 나아가야 할 방향 등에 대한 결정을 할 때 장로들이 더욱 더 상황에 맞는 결정을 할 수 있게 되었다. 이는 장로들이 교인의 실제적인 필요에 더욱 잘 파악하고 있었기 때문에 가능했던 것이다.

수시로 혹은 정기적으로 취하는 연락의 이점은 의사소통 통로가 구축된다는 점이다. 이를 통해 교인 모두가 알아야 할 중요한 사항을 쉽게 공지할 수 있게 된다. 그러나 이와 마찬가지로 중요한 것은 목자가 양에 대해 더 많은 것을 알아가고 집중 돌봄을 필요로 하는 문제가 발생했을 때 쉽게 연락할 수 있느냐 하는 데 있다. 정기적이고 적극적인 방법으로 연락하는 것은 목자가 교인의 상황에 따른 대책을 사전에 강구할 수 있도록 도와준다. 기억해야 할 것은 정성을 다해 하는 연락을 의미하는 것이라는 점이다.

주일 아침에 복도에서 지나가다가 주고받는 짤막한 인사는 해당되지 않는다. 교인에 대한 목자의 진정한 마음은 매달 헌신적인 안부 전화를 통해 표현하라. 매달 정기적인 안부 전화를 통한 대화는 또 다른

비공식적인 교제로서 양육으로 이어질 수 있는 것이다.[26]

요약하자면, 세부적인 차원에서 교인 전체를 알아가는 데는 수시로 연락을 주고받는 것이 매우 중요하다. 그래야만 목자와 교인 간 신뢰 형성이 가능해지기 때문이다. 심방으로는 양을 진정으로 알아가기 매우 부족한 경우가 많다. 그러나 실제적인 심방계획과 더불어 매달 전화를 통한 접촉을 보완해 간다면 더욱 유익하고 실제적인 목양이 될 것이다.

4) 대형 교회의 경우는 어떻게 해야 하는가?

대형 교회 목자들의 경우 어떻게 해야 하는지 많이 궁금했을 것이다. 물론 대형 교회의 경우 교인 명부를 정리하는 과정에서 많은 어려움에 맞닥뜨리게 될 것이다. 수백 또는 수천 명이 되는 교인의 상태를 검토하는 것은 매우 힘든 작업이다. 그러나 교인 수가 많다고 해서 양을 돌봐야 하는 목자들의 역할이 달라지는 것은 아니다. 이는 앞서 언급한 것으로서 아주 기본적인 성경 원리에 해당한다. 교회 크기와 상관없이 모든 교인에게 관심을 가지고 돌보는데 필요한 계획을 짜는 것은 그야말로 큰 도전이다. 결론부터 말하자면 대형 교회 목자들의 경우 이 과정에서 도움을 필요로 할 것이라는 점이다.

비활동적인 직분자가 있다면 교인 연락 사역에 동참할 수 있도록 조치를 취하라. 오늘날 많은 교회에 활동적인 직분자만큼이나 비활동적인 직분자들이 많다.[27] 양육팀원이 부족하다면 비활동적인 직분자들

---

[26] 안부 전화를 한 후 이메일을 통해서 안부를 물을 수도 있다. 그렇지만 목자가 전화해서 실제 목소리를 들려주고 또 양들의 목소리를 직접 들으면서 안부를 물을 때 효과가 더 크다.
[27] 본서 제7장 참조.

을 활용하면 될 것이다.

필라델피아에 소재한 제10장로교회의 양육 사역을 예로 들어보자. 교회 장로들은 지역을 기반으로 해 교인을 교회의 멤버로 받아들인다. 제10장로교회에서는 이 밖에도 다른 동료애(fellowship)나 친밀감(affinity connection)을 활용하기도 한다. 특정 지역에 사는 교인은 그 지역 담당 구역장들과 함께 그 구역에 속하게 된다. 제10장로교회의 교인 수는 1,400명에 달한다. 제10장로교회는 제한된 수의 장로들과 대규모 교인 간 연락을 잘 유지하는 교회로 잘 알려져 있다. 매달 모든 교인과 연락을 하기 위해서 일련의 도움이 필요하다고 느낀 제10장로교회는 장로가 아닌 사람들을 활용하는 방안을 택했다. 이들을 "제10장로교회 공동체 보조자"(Tenth Community Asistants, TCAs)라고 부른다. 매리언 클락(Marion Clark) 목사는 TCAs의 역할에 대해 다음과 같이 설명한다.

① 맡겨진 교인에게 매달 연락하기
② 교구 담당 장로들에게 적어도 한 달에 한 번 보고하기
③ 맡겨진 교인이 교회에 잘 붙어 있을 수 있도록 도와주기[28]

TCAs의 궁극적인 역할은 교인에 대해서 목자가 돌봄의 역할을 잘 감당할 수 있도록 도움을 제공하는 것이다. 교인의 수가 많을 때 TCAs처럼 창조적인 방법을 동원하면 될 것이다. 제10장로교회 교인을 이끌어가는 데 목자가 얼마나 헌신적인지는 클락 목사의 다음 이야기를 살펴보면 될 것이다.

28　Marion Clark, *Tenth Community Assistants: It's About Relationships*. Internal document of Tenth Presbyterian Church.

목자는 모든 양을 돌볼 책임이 있다. 모든 교인은 그리스도 몸 된 지체이므로 그 자체로 충분한 가치 있는 사람들이다. 또한 이에 걸맞게 대우를 받을 권리가 있다. 이 모든 것이 제10장로교회에서 일어날 것이란 확신이 내게 있다. 교인 누구도 목자의 관심 밖에 있다고 느끼지 않길 바란다. 단 한 사람도 말이다. 적어도 목자가 안부를 묻지 않았기 때문에 발생하는 일이 아니길 바란다. 내년 이맘쯤 모든 교인이 "나에 대해 잘 알고 나를 잘 돌보는 장로가 있다"고 자랑스럽게 말하고 다니길 바란다. 또한 "나의 필요를 알아주는 목자가 있다", "교회 사역에 이만큼 참여하고 있어", 혹은 "교회에 잘 적응하는 법을 장로가 알려줬어. 이제 마음의 결단만 하면 되는 걸."이라고 자신 있게 말하는 성도들이 많이 나오게 될 것이다.[29]

위와 같은 목표를 달성하기까지 제10장로교회는 다양한 방법을 시도했음을 주목할 필요가 있다. 그러는 중에도 포기하지 않고 리더로서 하나님이 주신 책임을 다하는데 열심을 다했다.

당신도 교인에 대해 열정적인 마음을 품었는가? 만약 그렇다면, 교인 모두와 신뢰를 기반으로 한 밀접한 관계를 구축해 나갈 수 있는 방법을 찾을 수 있을 것이다. 뜻이 있는 곳에 길이 있다!

29　Ibid.

| 생각해 볼 문제 |

교회 직분자들과 목양 매트릭스를 함께 살펴보고 양들을 알아가는 것과 관련된 다음의 질문들에 답하라. 당신의 교회는 미시적 차원에서 알아가는 것과 거시적 차원에서 알아가는 것 중 어느 것을 더 잘 하고 있는가?

1. 미시적 차원에서 알아가기

1) 당신에게 맡겨진 교인에 대해 잘 알고 있는가? 지속적으로 연락하면서 교인에게 새로운 일이 일어나고 있는 것을 알고 있는가? 또한 교인 명부 업데이트는 꾸준히 하고 있는가?
2) 교회에 교인 명부가 없다면, 하나님이 자신에게 맡겨주신 교인이 누구인지 알 방법이 있는가? 리더와 교인 간 상호적으로 헌신할 수 있는 구조가 자리 잡힐 수 있도록 하는 것이 좋을 듯하다.

2. 거시적 차원에서 알아가기

1) 교인 또한 목자에 대해 잘 알고 있는가? 당신은 교인이 쉽게 접근할 수 있는 리더인가?
2) 교인과 개인적인 관계를 맺기 위해서 어떤 노력을 했는가?

	알아가기	먹이기	인도하기	보호하기
거시 목양 (공적, 전체적 사역)	• 정확한 교인 역할 분배 • 교인 전체의 강점, 약점, 기질 및 기회 알아가기			
미시 목양 (개인적, 관계적 사역)	• 양에 대해 개인적으로 알아가기 • 각 양을 담당하게 된 목자가 누구인지 확인하기 • 주기적인 연락을 어떻게 할지 전략 확립	기도		
		말씀 사역		

6장

목자는 양을 먹인다

좋은 꼴을 먹이고 그 우리를 이스라엘 높은 산에 두리니 그것들이 그 곳에 있는 좋은 우리에 누워 있으며 이스라엘 산에서 살진 꼴을 먹으리라 내가 친히 내 양의 목자가 되어 그것들을 누워 있게 할지라 주 여호와의 말씀이니라(겔 34:14-15).

"내게 부족함이 없으리로다"(시 23:1)는 표현은, 선한 목자로 인해 만족감을 느끼는 양이 감탄하며 할 수 있는 말이다. 또한 주님의 공동체에 속한 교인이 받고 있는 관심과 돌봄이 매우 포괄적임을 내포한다. 다윗은 양을 돌보는 데 있어 필수적인 요소들에 대해 이야기하고 있다. "그가 나를 푸른 풀밭에 누이시며 쉴 만한 물 가로 인도하시는도다"(시 23:2). 양과 시간을 보내며 건설적인 관계를 맺기 위해 노력했던 한 작가는 "양과 성공적인 관계를 맺기 위해서는 푸른 풀밭은 매우 필수적이다"[1]라고 얘기한다.

또한 목자가 해야 할 또 다른 일을 양에게 공급하는 것이다. 우리는 살면서 '충분히' 갖고 사는 것에 대해 관심이 많다. 우리는 "집을 구입하고 자녀를 대학에 보내고 퇴직하고도 넉넉한 삶을 영위할 수 있을 정도로 재정적인 상황이 좋은가?"라고 끊임없이 확인하고 싶어한다. 우리는 아침에 눈을 뜨자마자 혹은 점심 그리고 저녁에 또한 영양 공급을 받기 원한다.

목자는 무엇으로 양을 먹이는가? 예수님은 다음과 같이 상기시켜 주고 계신다.

> 사람이 떡으로만 살 것이 아니요 하나님의 입으로부터 나오는 모든 말씀으로 살 것이라(마 4:4).

"예수님의 중간 목자인 장로들은 양들을 말씀이 있는 푸른 풀밭으로 이끌며 영적인 음식을 먹여야 한다."[2] 하나님의 말씀은 하나님을 믿는 사람들의 영을 강건하게 한다. 이 말씀을 통해 사람들이 진정한 만족을 느끼게 되는 것이다. 이것이 바로 광야에서 사탄이 유혹해 올 때 예수님이 하셨던 말씀이다. 사탄은 40일간의 금식을 마치신 예수님의 연약한 부분을 꿰뚫고 있었다. 하나님의 백성이 광야에서 헤매는 동안에도 그들의 필요를 알고 공급해주셨던 것처럼 예수님도 아버지께서 필요를 채워주실 것을 알고 계셨다. 그 아버지는 인간의 가장 기본적인 필요를 채우시는 분이신 것이다.

---

1 Phillip Keller, *A Shepherd Looks at Psalm 23* (Grand Rapids: Zondervan, 1970), 45.
2 Simon Kistemaker, *Peter and John* (Grand Rapids: Baker, 1987), 194.

하나님의 진리가 이뤄지는 데 필요한 부분을 채우는 것은 하나님 백성의 건강과 성장에 매우 중요하다. "하나님 안에 있는 공동체에게 있어서 교리는 영적인 음식과도 같다."[3] 목자인 장로는 영적인 음식을 잘 공급해줘야 한다. 베드로의 회복와 관련해서(요 21장) 예수님은 간단한 단어(*boskein*)를 사용하여 양을 먹이는 것에 대해 설명하고 계신다. 특히 베드로가 두세 번에 걸쳐서 충성심을 고백할 때 말씀하신다. 트렌치(Trench)는 보스케인(*boskein*)이라는 단어의 사용과 관련해서 다음과 같이 이야기 한다.

> 양을 먹이는데 있어서 가장 중요한 것은 영적인 음식이다. 여기에 다른 규칙이나 교리가 덧붙여진다 하더라도 이 사실은 변하지 않는다. 다른 그 어떠한 것도 영적인 음식을 대체할 수 없다.[4]

에스겔의 때에 하나님은 목자가 양을 먹이지 않은 것에 대해서 이스라엘 목자들을 꾸짖으셨다.

> 인자야 너는 이스라엘 목자들에게 예언하라 그들 곧 목자들에게 예언하여 이르기를 주 여호와께서 이같이 말씀하시되 자기만 먹는 이스라엘 목자들은 화 있을진저 목자들이 양 떼를 먹이는 것이 마땅하지 아니하냐 너희가 살진 양을 잡아 그 기름을 먹으며 그 털을 입되 양 떼는 먹이지 아니하는도다(겔 34:2-3).

---

3 John Calvin, *Commentaries*, trans. John Owen(Grand Rapids: Baker, 1984), 22:144.
4 Richard C. Trench, *Synonyms of the New Testament*(London: Kegan, Paul, Trench, Trubner, and Company, 1894), 86.

모든 목자에게 있어서 가장 기본적인 책임은 양을 잘 먹이는 것이다. 그러기 위해서 목자가 해야 하는 일은 무엇일까? 양을 먹이는 데 있어 필수적인 요소들을 거시-미시적 차원에서 구분해서 보면, 목자가 해야 할 책임의 범위에 대해서 알 수 있을 것이다.

1. 거시적인 차원에서 먹이기

거시적 차원에서 먹이는 것은 공적인 말씀 사역을 감독해야 하는 리더들의 책임이다. 이는 설교단에서 설교하는 것뿐 아니라 소규모 그룹 사역을 비롯해 성경 공부 시간을 통한 말씀 사역도 포함한다. 목자들은 공적인 말씀 사역이 무오하고 영감받은 성경의 귀중한 보화라는 사실을 교인에게 확신시켜야 할 책임이 있다.

하나님의 말씀은 양들에게 영양분을 공급하고 격려해 주는 영적 양식이다. 교회 목자들은 말씀 사역을 통해 양들에게 몸에 좋고 균형 잡힌 영적인 식단을 제공해야 한다는 것을 확신해야 한다. 지혜로운 목자는 양을 먹일 때 예수님이 하신 것처럼 오직 성경(*Sola Scriptura*)에 절대적으로 의지할 것이다. 오직 말씀을 통해서만 양이 제대로 공급받을 수 있고, 영적인 공격을 가하는 사탄에 대항할 수 있기 때문이다. 많은 목자의 말씀이 본질에서 벗어나 있기 때문에 영양실조에 걸린 양들이 상당히 있다. 영적으로 메마르고 믿음이 약해지는 것이다.

목자는 말씀 사역을 할 때 성경 전체(*Scriptura tota*)를 가르쳐야 한다. 이러한 균형 잡힌 식단은 성경에 대한 체계적인 접근을 할 때 가능해진다. 성경 전체를 기반으로 해서 한 구절 한 구절 체계적으로 설교해

나갈 때 다음과 같이 다양한 목적을 달성할 수 있게 된다.

1. 성경 메시지의 핵심을 정확히 알게 된다. "일반 문학, 정치적 연설, 종교에 관한 책, 심지어는 자신의 의견의 일부분을 따와서 설명하는 것이 아니다. 설교 본문은 오직 하나님의 말씀에 근거해야 한다."[5] 교인은 정치, 환경, 경제 등에 대해서는 각 분야 전문가들로부터 쉽게 들을 수 있다. 양은 성령의 감동받은 하나님 말씀을 통해 영적인 음식을 공급 받아야 한다.

2. 목자는 성경에 내재된 하나님의 의도를 잘 파악할 수 있게 해야 한다. 하나님은 우리에게 말씀을 통하여 그의 마음 속의 목적을 계시하신다. 그러므로 성실한 성경 해석자는 말씀 사역에 있어서 자신의 기분이나 생각을 도입하기 보다 하나님의 목적을 추구해야 할 것이다.

3. 말씀은 성령님의 감동으로 기록한 책으로서 성경 전체가 하나를 이루는 것임을 잊지 않게 해준다.

> 과학을 가르치는 어느 누구도 원리에서 동떨어진 방법으로 접근하려 하지 않는다는 점을 강조하고 싶다. 기하학이나 기계학을 가르치는 전문가가 저자가 선정한 몇 개의 격언에 대해서만 이야기한다면 사람들은 어떻게 생각할까?[6]

---

[5] John Stott, *Between Two Worlds: The Art of Preaching in the Twentieth Century* (Grand Rapids, Eerdmans, 1982), 126.
[6] R. L. Dabney, *R.L. Dabney on Preaching* (Carlisle, PA: Banner of Truth, 1979), 79.

성경의 모든 본문은 저자이신 하나님에 의해 상호연관되어 있다. 효율적인 목자라면 성경 전체의 맥락에서 이해하려 하고 성경에서 본문이 가지는 의미를 반드시 염두에 둔다.

4. 목자가 자신이 좋아하는 이야기만 하는 것을 방지할 수 있게 된다. 우리 모두는 인간이기 때문에 성경 본문이나 교리에 있어서도 자신이 관심 있는 분야나 선호하는 부분이 있기 마련이다. 본문의 내용과 상관없이 설교 마지막 부분에 "세례에 관한 이야기를 해보도록 하겠습니다"라고 말하는 목사에 대한 이야기를 들어봤을 것이다. 본문을 체계적으로 접근한다면 교인에게 균형 잡힌 영의 양식을 제공할 수 있을 것이며 특정 분야만 선호하지 않게 도와줄 것이다.

5. 다소 어렵고 애매모호하거나 성경에 있는 도전적인 진리에 대해 목자가 설교할 수밖에 없게 만든다. 목자 대부분이 설교 하는 것을 즐겨 하지만 의견이 분분한 주제나 교인이 듣기 꺼려하는 주제를 다루기 싫어하는 목자들도 있다. 예를 들어보자. 목자들 대부분 에베소서 5장에서 다루고 있는 가족의 질서에 대해서 설교하고픈 열정을 갖고 있지만 에베소서 1장에서 바울이 다루고 있는 예정설과 하나님의 주권에 대해서 설교하는 것을 꺼려한다. 그러나 어렵게 느껴지는 진리라 하더라도 교인에게 지혜롭게 전달할 수 있어야 한다. 교인은 목자들이 공급하는 우유와 고기에 대해 감사해 할 것이다.

6. 강해설교는 목자와 교인 모두 성경을 공부하는 학생으로 돌아가도록 격려하게 될 것이다. 설교자가 성경을 깊게 연구하여 가르칠 때, 교인은 성경 본문을 자세히 살펴 삶에 적용하는 방법에 대해 배우게 될 것이다. 댑니(Dabney)는 "목회적 가르침의 중요한 목적은 교인이 스스로 성경을 읽을 수 있도록 가르쳐 주고, 설교자는 교인에게 말씀의 실천에 있어서 말씀의 의미에 합당한 방법을 제시해 주어야 한다"[7]라고 말하고 있다. 퍼거슨(Ferguson)은 "목자도 성경을 공부하는 학생으로서, 하나님의 사람이자 설교자로서 가장 효과적으로 성장할 수 있는 방법은 주로 강해 설교 방법이다"[8]라고 말하고 있다. 매주 이러한 성경 해석에 헌신하는 사람들은 양 떼를 먹이기 위해 말씀을 준비하는 과정에서 얻는 개인적인 은혜에 대해 아주 잘 알 것이다.

7. 강해 설교는 우리에게 설교하는데 용기와 담대함을 준다. 왜냐하면 우리들의 잘못된 견해를 전하는 것이 아니라 하나님의 말씀을 전하기 때문이다. 오로지 성경을 기반으로 담대히 진리를 선포하고 죄를 밝히고 죄인에게 다가가야 한다. 하나님의 언약은 우리들의 지혜가 아니라 하나님의 말씀과 연관되어 있다.

> 이는 하늘이 땅보다 높음 같이 내 길은 너희 생각보다 높으며 내 생각은 너희의 생각보다 높음이니라 이는 비와 눈이 하늘로부터 내려서 그리로 되돌아가지 아니하고 땅을 적셔서 소출이

---

[7] Ibid., 81.
[8] Sinclair Ferguson, "Exegesis", in *The Preacher and Preaching*, ed. Samuel T. Logan Jr.(Phillipsburg, NJ: Presbyterian and Reformed, 1986), 195.

나게 하며 싹이 나게 하여 파종하는 자에게는 종자를 주며 먹는 자에게는 양식을 줌과 같이 내 입에서 나가는 말도 이와 같이 헛되이 내게로 되돌아오지 아니하고 나의 기뻐하는 뜻을 이루며 내가 보낸 일에 형통함이니라(사 55:9-11).

이 말씀은 목자들에게 큰 위로를 준다. 때에 따라서 양들이 소화하기 힘든 말씀에 대해 목자가 설교해야 하는 경우가 종종 있기 때문이다.

8. 청자에게 자신감을 부여한다. 인간의 개인적인 의견이 아니라 하나님의 말씀을 듣는다는 사실에서 나오는 자신감이다. 이는 교인 전체에게 긍정적인 영향을 줄 것이다. 이번 주 설교에 이어질 다음의 내용을 듣고 싶어서 다음 주에 또 오고 싶어 할 것이다. 크리스웰(W. A. Criswell)은 달라스에 제1침례교회를 설립했다. 주일 아침에 창세기 한 장을, 주일 저녁에 그 다음 장을 강해했다. 성경 전체를 강의하는데 수년이 걸렸지만 주일 아침과 저녁 시간을 이용해서 교인에게 성경을 가르쳤다.

9. 설교 준비에 큰 도움이 된다. 성경을 어떤 식으로 설교할 것인지에 대한 계획을 세우면 다음 설교에 무엇에 대해 얘기할지 망설이지 않아도 된다. 사실 토요일 이른 저녁 교인을 집으로 돌려보내고 주일 아침 설교를 준비하기 위해 그의 서재로 갔던 스펄전(Spurgeon)만큼 용기 있는 자들이 많지 않다.

10. 성경의 한 부분에 대해 오래 생각할 수 있게 된다. 말씀 설교에 대해 진지한 태도로 임할 경우 성경 전체를 설교하기까지 상당히 오랜 시간이 걸릴 것이다.

이상 거시적인 차원에서 교인을 먹이는 방법 중 하나인 강해설교의 이점에 대해 알아보았다. 신실한 목사라면 균형 잡힌 영적인 식단을 제공하기 위해 목자들과 의논할 것이다. 양들이 필요로 한다고 생각하는 것이 무엇인지 목자들에게 물어보는 것도 좋을 듯하다. 사실 이 질문은 다소 민감할 수 있다. 가끔 보면 강단에 대해 독점의식을 갖고 있는 설교자들도 있다. 그러나 만약 장로들이 진정한 목자들이고 교인의 필요를 잘 안다면 목사(설교자)는 장로들의 조언을 간절히 구해야 한다. 물론 교인의 필요를 충족시키는데 따른 최종적인 권한은 설교자에게 남겨둘지라도 말이다.

거시적인 차원에서 교인을 먹이는 것과 관련해서, 특히 교회 교육 사역에 있어서 목자들은 효율적이고 체계적이어야 한다. 가끔 보면 주일 학교나 연관 사역의 내용을 살펴봤을 때 합리적이지 못한 경우가 있다. 지혜로운 목자는 양들이 진정으로 필요로 하는 부분을 채워주기 위한 중요한 사역을 감독할 것이다. 이는 교회 소그룹 양육 사역에도 해당되는 부분이다. 소그룹 리더들은 잘 훈련된 사람들이어야 하며 교재를 선택하는 과정에서 자신들의 목자의 지도에 잘 순종해야 할 것이다.

2. 미시적인 차원에서 먹이기

또한 목자들은 하나님의 사람들 중에서 말씀의 개인적인 사역을 위해 잘 갖추어진 사람이어야 한다. 이는 소그룹 말씀 사역에서 개인적인 제자 훈련에 이르기까지 다양한 것들을 포함할 수 있다. 목자는 양을 강건하게 하고 차분케 하고 치유하는데 말씀 적용을 잘 할 수 있도록 하나님께 지혜를 구해야 한다. 바울은 감독자가 되고픈 자들은 맡겨진 양들을 가르칠 줄 알아야 한다고 말하고 있다(딤전 3:2). 이러한 말씀 사역은 대중 또는 개인적인 차원에서 진행하는 것 모두를 포함한다. 목자들은 일련의 훈련을 받고 성경에서 양들이 궁금해 하는 점들을 해소할 수 있게 도와줘야 할 것이다.

또한 복음을 잘 이해하지 못했거나 받아들이지 않은 양들에게도 복음을 제시할 수도 있어야 한다.

1) 미시적 차원에서 양을 먹이는데 필요한 접근법

미시적 차원에서 양을 먹이는 것은 양들에게 개인적으로 말씀 양육하는 목자의 책임을 의미한다. 그렇다면 이를 위해 어떻게 해야 할까?

리처드 백스터(Richard Baxter)의 접근법은 교리 문답을 골자로 한다. 이는 백스터 자신을 포함해서 수많은 교인에게 도움을 가져다주었다고 한다. 간단히 말해 성경 진리에 대해 체계적으로 접근하는 방법이라고 보면 된다. 교리 문답 덕분에 백스터는 보다 더 계획적으로 준비할 수 있었고 그리스도인의 삶에서 아주 기본이 되는 요소들에 대해 교인과 얘기 할 수 있었다.

교인에게 가능한 예수 그리스도에 대한 모든 것을 가르쳐 줘야 한다. 그들을 천국으로 잘 인도하면, 거기에서 충분한 지식도 얻게 될 것이다. 인간은 위대하면서 널리 인정되고 있는 종교의 진리에 의지해서 산다. 이 진리는 인간의 죄를 파괴하고 사람의 마음을 하나님께 올려드리는데 쓰일 위대한 도구이다.[9]

다시 말해, 목자들은 그리스도를 믿는 사람들이라면 가지고 있어야 할 가치관에 대해 양들이 이해할 수 있도록 해야 한다. 양들이 성경을 체계적으로 접근할 수 있게 할 것인지(교리 문답 혹은 그와 유사한 방법을 통해) 아니면 그들의 질문이나 관심 사항을 다룰 것인지는 양육리더들이 정해야 할 것이다. 백스터는 목자들이 상대하게 될 양들을 다음 4가지로 분류했다.

1. **어리고 약한 양들**: "교회를 다니게 된 지 오래되었으나 능숙하지 않거나 약한 양"[10]을 포함한다. 백스터에 따르면 불행히도 하나님을 믿는 사람들 가운데 약자들이 가장 많다고 한다. 양을 진정으로 사랑하는 목자는 하나님의 방법으로 양을 세우고 믿음이 성장할 수 있게 격려해야 한다.

2. **특정 죄 때문에 고민하는 자들**: 성도들 중에 삶에서 지은 특정한 죄 때문에 마음에 어려움을 갖고 살아가는 사람들이 있다. 교만, 욕망, 게으름 외에도 빠지기 쉬운 죄들을 지었을 수 있다. 진정

---

9 Richard Baxter, *Reformed Pastor*(1656 ; repr., Carlisle, PA : Banner of Truth, 1997), 113.
10 Ibid., 97.

으로 양을 돌보고자 하는 목자라면 양이 죄와의 씨름을 터놓고 공유할 수 있도록 환경을 조성하며 기도, 말씀, 개인적인 지원 등을 아낌없이 해주려 할 것이다.

3. **실족한 성도들**: 남들이 알면 부끄러울 수 있는 죄를 지었거나 열정과 성실함, 심지어는 하나님과의 첫 사랑이 식은 자들이다. 이들은 조심스러운 주목을 필요로 한다. 또한 교회 훈련의 목양적 사역이 필요하다. 양들 뿐만 아니라 예수 그리스도의 영광을 위해서라도 이들에게 도움의 손길을 내밀어야 한다. 우리는 종종 이들의 처지를 무시하곤 한다. 이들 역시 죄 의식 때문에 다른 믿음의 성도들과 어울리는 것을 피한다. 그러나 진정한 목자는 길 잃은 양을 찾고 그들이 회개하고 회복할 수 있게 도와줘야 한다. 결코 쉬운 사역이 아니다. 사실 매우 가슴 아픈 일이다. 백스터는 상한 영혼을 회복하는 데 많은 역량이 필요하다고 말한다.

4. **심령이 강한 자들**: 예수 그리스도와 동행하고 잘 섬기는 이들이다. 그러나 이들 또한 많은 교회에서 방치되는 경향이 있다. 일반적으로 삐걱거리는 바퀴에만 기름칠하기 때문이다. 그러나 이들이 그리스도 안에서 꾸준히 성장하기 위해서는 목자들의 격려가 필요하다. 그들의 삶에서 하나님의 일하심을 눈여겨보고 교회에서 성실히 섬기는 모습에 감사의 표시를 해주면 되는 것이다.

2) 간단한 제안 : 가장들에게 집중

성경은 가족에도 중간 목자가 있다고 말한다. 예수 그리스도의 이름 안에서 가족 구성원들을 이끌어갈 책임이 있는 가장을 일컫는다. 만약 아버지들이 가정에서 맡은 양육을 잘해줄 수 있을때, 우리 교회에 미칠 유익들을 상상해 보라. 백스터도 이와 비슷한 생각을 가지고 있는 듯하다. "가정의 질서가 바로 잡히고 각 사람에게 맡겨진 임무가 잘 이행되고 있는지 특별히 살펴야 한다"[11]고 말하고 있다. 이를 위해서 각 가정의 가장들과 협력하는 것이 확실한 첫 단추일 듯하다.

> 가장이 가족들과 기도하고 성경을 읽는지 확인해보라. 가족들이 지은 죄가 있다면 그들의 죄를 마음에 담아두지 말고 관대해 지려고 노력하라. 기회가 된다면 가장과 기도하고 가장으로 어떻게 사는 것이 좋은지에 대한 모범을 보여줘라. 앞으로 맡겨진 사명에 충실히 다하겠다는 다짐을 받아내는 것도 좋을 듯하다.[12]

가장으로 하여금 가족과 기도하고 말씀 읽도록 하는 것보다 말씀 사역 및 양육 사역 확장을 효과적으로 끌어낼 수 있는 방법이 있을까? 백스터는 목자들이 가장들에게 모범을 보여줘야 한다고 얘기하고 있다. 효과적인 양육에 필요한 몇 가지 팁을 목자만 알고 있다면 영적인 공급을 제대로 받을 수 있는 가정이 몇이나 될까?

---

11 Ibid., 100.
12 Ibid., 100-101.

가장이 맡겨진 역할을 잘 감당한다면 목자들의 부담을 덜 수 있을 뿐 아니라 양육을 보다 더 성공적으로 해낼 수 있을 것이다. 장군이 장교들로 역할을 제대로 하게 한다면 군인들을 다루는 것이 덜 버겁게 느껴질 것이다. 모든 짐을 장군 혼자 짊어지는 것보다 말이다. 이와 비슷한 맥락에서 볼 때 성도들의 가족 내 개혁이 일어날 때 비로소 전반적인 개혁을 볼 수 있게 될 것이다.[13]

이렇게 함으로써 교인의 말씀 사역을 확장하게 되는 것이다. 또한 이것은 가장들이 하나님이 주신 책임을 다할 수 있게 도와주는 것이다. 아마 가장들을 세우는 것과 관련해서 최선을 다하지 못한 목자들이 많을 것이다. 이에 대해 회개하는 것 자체가 발전된 모습이며 좋은 시작을 의미한다.

요약하자면 각 리더들은 미시적 차원에서 양을 먹이기 위해 어떤 접근법을 사용할지 결정해야 한다. 특정 헌신적인 가이드라인 또는 교리 문답을 제공하는 선제적인 방법을 택할 것인가 아니면 교인의 필요가 발생함에 따라 그에 맞춰 말씀을 공급하는 사후대응 전략을 취할 것인가. 어떤 방법을 선택하든 목자가 교인과 개인적인 관계를 맺으려 노력하는 것 자체로도 하나님 말씀의 통로가 되는 것이다. 이는 예수 그리스도 안에서 성장하고 발전하기를 원하는 교인의 필요를 충족시켜 줄 것이다.

개인적인 시간을 할애해서 말씀을 전하는 것이 과연 생산적일까 하고 의구심이 든다면 다음의 질문을 해보라. "성도로서 당신이 스스로 느끼기에 가장 많이 성장했다고 느꼈던 때는 언제인가?" 많은 사람에

---

13 Ibid., 102.

게 이 질문은 제자훈련 관계 안에서 그들의 삶에 개인적으로 투자한 사람들을 떠오르게 한다. 그들은 우리가 말씀을 이해하고 이해한 말씀을 삶에 적용할 수 있게 도와주었다. 또 하나의 질문을 던져 보라. "당신이 타인의 영적인 성장에 가장 큰 영향을 끼쳤던 때는 언제인가?" 이 질문을 받으면 새가족에게 도움을 주었던 때나 어려움에 처해있는 사람을 직접 만나 성경적 해결책을 제시해 주려 노력했던 때를 떠올릴 것이다. 세상에는 변하지 않는 것들이 있다. 양이 영양 공급을 제대로 받게 하기 위해서는 노력이 필요하다. 분명한 사실은 그러한 노력이 있을 때 비로소 양들이 지속적인 영적 성장을 누리게 된다는 것이다.

| 생각해 볼 문제 |

교회 리더들과 목양 매트릭스를 함께 살펴보고 양들을 먹이는 것과 관련된 다음의 질문들에 답해보라. 우리 교회는 미시적 먹이기와 거시적 먹이기 중 어느 것을 더 잘 하고 있는가?

1. 거시적 차원에서 먹이기

1) 설교를 통해서 양들은 균형 잡힌 공급을 받고 있는가?
2) 양들이 필요로 하는 균형 잡힌 영적인 식사를 제공하기 위해 기독교 관련 교육 프로그램이나 소그룹을 편성하는 것에 대해 생각해 보았는가?

2. 미시적 차원에서 먹이기

1) 양들과의 연락을 시도하는 과정에서 어떤 방법을 통해 말씀을 전할 것인가?
2) 성경 공부나 교리 문답 등 선제적인 접근 방법을 택할 것인가, 아니면 교인의 필요가 발생함에 따라 그에 맞춰 말씀을 공급하는 사후대응 전략을 취할 것인가?
3) 목자인 당신은 각 가정의 아버지들이 가족 구성원들의 영적인 공급을 하도록 하기 위해 무엇을 하고 있는가?

	알아가기	먹이기	인도하기	보호하기
거시 목양 (공적, 전체적 사역)	• 정확한 교인 역할 분배 • 교인 전체의 강점, 약점, 기질 및 기회 알아가기	• 말씀 설교 • 기독교 관련 교육 프로그램 • 성례식		
미시 목양 (개인적, 관계적 사역)	• 양에 대해 개인적으로 알아가기 • 각 양을 담당하게 된 목자가 누구인지 확인하기 • 주기적인 연락을 어떻게 할지 전부 회람	• 제자 훈련 • 멘토링 • 소그룹 인도		
기도				
말씀 사역				

6장. 목자는 양을 먹인다

THE SHEPHERD LEADER

7장

목자는 양을 인도한다

그가 자기 백성은 양 같이 인도하여 내시고 광야에서 양 떼 같이 지도하셨도다(시 78:52).

양들을 인도하는 것은 목자의 가장 중요한 의무이다.

그가…쉴 만한 물가로 인도하시는도다 내 영혼을 소생시키시고 자기 이름을 위하여 의의 길로 인도하시는도다(시 23:2-3).

시편 기자는 사람의 기본적인 필요(삶의 방향과 목적의 필요)를 다시 한 번 말하고 있다. 사람들은 항상 "다음은 무엇인가"를 알기 원한다. 대학은 어디를 갈까? 어디에서 살까? 나는 어떤 일을 해야만 할까? 등 말이다.

구속사 속에서 하나님은 자신의 백성을 이끄실 때 그분의 신실하심을 보여주셨다. 하나님의 백성을 이집트로부터 이끌어내셨으며, 기나긴 광야생활 동안 낮에는 구름 기둥, 밤에는 불 기둥을 허락하셨다. 광야생활이 끝난 후 그들을 약속의 땅으로 인도하셨다. 선한 목자이신 예수님은 이 땅에 오셔서 이렇게 선포하셨다.

> 나는 길이요 진리요 생명이니 나로 말미암지 않고는 아버지께로 올 자가 없느니라 (요 14:6).

하나님을 향한 믿음을 가지고 있을 때 우리는 그분을 목자로 모시게 되며 더 나아가 말씀에 따라 살아야 한다는 부름을 받게 된다.

> 내 양은 내 음성을 들으며 나는 그들을 알며 그들은 나를 따르느니라 내가 그들에게 영생을 주노니 영원히 멸망하지 아니할 것이요 또 그들을 내 손에서 빼앗을 자가 없느니라 (요 10:27-28).

믿는 자로서, 우리는 주 안에서 삶의 목적을 찾아야 하며, 하나님은 우리를 그의 길로 인도하실 것이라 약속하셨다는 것을 기억해야 한다.

대부분의 장로들은 그들의 의무에 대해 생각할 때 인도하심을 떠올릴 것이다. 이러한 리더십의 특징은 리더들의 이익보다는 무리(양들)의 평안함을 추구한다는 것이다. 베드로는 "맡은 자들에게 주장하는 자세를 하지 말고 양 떼의 본이 되라"(벧전 5:3) 는 말씀을 통해 좋은 리더십에 관해 말하고 있다.

이스라엘을 여행했던 사람들에 대한 한 예화를 살펴보자. 현지에서 여행하던 사람들이 양 떼와 목자들을 목격했을 때 여행 가이드는 목자는 항상 앞장서서 양 떼를 이끈다는 설명을 해주었다. 가이드는 목자들은 절대 양들을 뒤에서 "이끌지 않는다"라고 덧붙였다. 얼마 지나지 않아 여행객들은 양들을 뒤따라 걷고 있는 사람을 발견하고 서둘러 가이드에게 물어봤다. 가이드가 그 사람과 이야기를 나누기 위해 차를 세우고 버스에서 내렸다. 버스에 다시 올라탄 가이드는 멋쩍은 표정으로 "그는 목자가 아니라, 도축업자입니다"라고 여행객들에게 설명했다.

양들을 이끄는 목자는 하나님의 사랑에 힘입어 양들이 평안을 느낄 수 있도록 해야 한다. 목자 리더십은 리더들의 이익 보다는 성도들을 이롭게 하기 위한 것임을 성도들에게 잘 알려줘야 한다. 리더들이 거시적인 차원의 계획을 추진할 때도, 양들과의 미시적인 상호관계를 고려해야 한다.

1. 거시적 인도

대부분의 장로들이 거시적 인도를 우선시 하는 경우가 많다. 정말로 교회 전체적으로 관련된 사안들에 결정을 내리는 것은 목자들에게 중요한 일이다. 여기에는 비전, 임무, 목적, 교회 정책을 세우는 것 등이 포함된다. 성경은 교회의 전반적인 목적에 대하여 분명히 서술하고 있다. 앞서 언급한 문제들은 성도들의 삶에 위협적일 수 있다. 하나님은 우리가 누구인지에 대해서 그리고 무엇을 해야 하는 지도 말씀해 주셨다. 대부분의 교회 강령은 성경에 명시된 근본에 대해 다음과 같이 언급하고 있다.

① 예배: 교회는 하나님과 그분이 행하신 일들을 찬양하기 위해 모이는 것.
② 교육: 성경 진리를 이해하고 적용함으로써 사람들이 성장할 수 있도록 이끄는 것.
③ 교제: 하나님의 한 몸 된 지체로서 각 사람에 대해 이해하려 노력하고 각자에게 주어진 은사를 통하여 서로 더욱 사랑할 수 있도록 이끄는 것.
④ 복음 전도: 하나님의 나라가 이 땅 가운데 이루어지도록 해야 함은 당연하고 예수님의 복음을 이웃에게 전할 수 있는 성도들이 될 수 있게 준비시키고 이끄는 것.

에드문드 클라우니(Edmund Clowney)가 제공한 요약본을 통해 또 다른 유용한 방법을 찾아 볼 수 있다. "교회는 하나님을 세 가지 측면에서 섬기도록 부름받았다. 예배를 통해 직접적으로 하나님을 섬기라. 양육으로 성도를 섬기라. 증인으로서 세상을 섬기라."[1] 교회들에서 각기 다른 용어를 사용하고 있을 수도 있다. 그러나 앞서 언급한 세 가지는 일반적이며 특히 성경적 목적을 이루고자 하는 성도들이 많은 경우 더욱 그러하다.

거시적 인도에서 각 그룹 장로들이 겪는 어려움은 성경적 목적을 특정한 시기에 특정 공동체 또는 성도들 가운데 이루어지도록 하는 중에 발생하곤 한다. 특정 환경에서 성공한 사례가 많이 있다. 그러나 성

---

1 Edmund P. Clowney, *The Church*(Downers Grove, IL: Inter Varsity,1995), 117.

공 전략을 선택하여 지금 당장 이행한다고 해서 비슷한 결과가 나올 것이라 생각하면 오산이다. 불행히도 많은 교회에서 이런 방식으로 사역을 하고 있다. 일리노이주 사우스 배링턴에 위치한 윌로우크릭커뮤니티교회의 폭발적인 성장을 기억하는 사람들이 많다. 윌로우크릭커뮤니티교회의 성장 모델을 배우기 위해 많은 교회가 컨퍼런스에 참석했지만, 자신들의 교회에 적용했을 때 비슷한 성공을 이루지 못하자 실망한 교역자들이 많았다. 그 과정 중에서 함께 사역하기 위해 부름 받은 공동체와 소속된 성도들을 고려하지 않았던 것이다. 이러한 성공 모델들을 통해 새로운 그리고 가치 있는 아이디어를 얻을 수는 있다. 그러나 현명한 리더라면 교회가 직면해 있는 상황들을 고려할 것이다.

리더들은 교회의 성경적 목적을 이룰 때 균형 잡힌 시각으로 접근해야 한다. 그럼에도 특정 부분이 더 부각될 수 있다는 점을 염두에 두어야 한다. 이 때문에 목회자를 비롯한 다양한 사람들의 은사가 필요한 것이다. 예컨대, 뛰어난 설교자는 대학가 교회에서 교육 및 가르침 사역에 강점을 가지고 있는 반면, 다른 교회의 경우 목회자나 성도들의 은사를 동원해서 선교나 전도에 힘쓰도록 할 수도 있다. 각각의 교회들이 서로 다른 영역에서 강점을 갖고 있는 것이다. 중요한 것은 어느 교회이던 성경적인 목적을 세우려면 리더들이 자신에게 주어진 몫을 잘 감당해야 한다는 점이다.

이러한 것들은 교회의 근본적인 역할들이기 때문에, 교회 조직을 잘 세워나가는 것이 바람직하다. 어떻게 하면 교회를 건강하고 안정적으로 성장시킬 수 있는지에 대해 많은 목자가 알고 싶어한다. 많은 교회가 일종의 위원회(예배 위원회, 전도 위원회 등)를 만들어 사역의 기본 요소를 다지는데 힘쓴다. 이러한 위원회들은 장로들에 의해 세워지며 교회에 거시적 리더십을 제공하듯이 지도와 조언도 제공한다. 대규모 몇몇 교회들에서는 위원회 간사를 고용해서 위원회 운영을 효율적으로 하기도 한다(음악, 교육, 전도 등). 고용된 간사들은 교회 목자들과 긴밀한 관계를 유지하며 협력한다.

또 다른 방법은 "사역 센터"의 형태로 운영하는 것으로써 도날드 맥나이어(Donald MacNair)가 제안했고 지지하고 있다.[2] 이 방법에 따르면 장로들이 양들을 관리하고 각종 사역에서 맡은 바를 다하지만 의장직을 수행하지는 않는다. 목자의 부담을 덜어주는 것과 동시에 목자가 아닌 교인에게 은사를 사용할 기회를 주기 위함이다. 장로들이 위원회를 이끌고 있지 않더라도 온 교인이 자신의 은사를 적절한 곳에 사용함으로써 예수님의 몸 된 교회가 맡은 사명을 잘 이뤄내야 하는 것이다. 결과적으로, 적절한 리더십을 통해 다음 성경 구절에 나와 있는 목적을 달성해야 한다.

> 이는 성도를 온전하게 하여 봉사의 일을 하게하며 그리스도의
> 몸을 세우려 하심이라(엡 4:12).

교회 리더는 교회의 성경적 사명이 잘 이뤄지고 있는지, 어떤 것이 장점이고 어떤 것이 단점인지를 평가하는 시간을 반드시 가져야 한다. 이때 성도들의 의견에 경청하는 것이 매우 유익하다. 목자들은 교회의 강점들을 최대한 활용할 뿐 아니라 약점이 발견되었을 때는 대책을 강구해야 한다. 이는 고통스러운 과정일 수 있다. 그러나 사람이 건강을

---

[2] Eonald MacNair, *The practices of a Healthy Church*(Phillipsburg, NJ: P&R Publishing,1999), 171-89.

위해 건강검진을 받듯 교회 또한 영적인 건강을 위해 이 중요한 과정을 거쳐야 한다. 이를 즐길 사람은 아무도 없겠지만, 환자의 건강과 행복을 위해서라면 반드시 해야 한다.

2. 미시적 인도

베드로는 "양 떼의 본이 되라"(벧전 5:3)라고 목자들에게 이야기한다. 목자들의 가장 중요한 역할에 대해 언급하고 있는 것이다. 실패할 경우 다른 부분에서도 문제가 발생할 수 있다. 바울이 "내가 그리스도를 본받는 자가 된 것 같이 너희는 나를 본받는 자가 되라"(고전 11:1)라고 한 것 같이 목자가 예수님과 비슷한 성품을 가지려고 노력할 때 비로소 양 떼의 본이 되기 시작하는 것이다. 과연 어떤 사람들이 교회 목자가 될 자격이 있다고 할 수 있을까? 바울은 디모데에게 경건에 힘쓸 것을 강조하고 있다.

> 그러므로 감독은 책망할 것이 없으며 한 아내의 남편이 되며 절제하며 신중하며 단정하며 나그네를 대접하며 가르치기를 잘하며 술을 즐기지 아니하며 구타하지 아니하며 오직 관용하며 다투지 아니하며 돈을 사랑하지 아니하며 자기 집을 잘 다스려 자녀들로 모든 공손함으로 복종하게 하는 자라야 할지며(사람이 자기 집을 다스릴 줄 알지 못하면 어찌 하나님의 교회를 돌보리요) 새로 입교한 자도 말지니 교만하여져서 마귀를 정죄하는 그 정죄에 빠질까 함이요 또한 외인에게서도 선한 증거를 얻은 자라

야 할지니 비방과 마귀의 올무에 빠질까 염려하라(딤전 3:2-7).

이 모든 것이 사역과 관련되어 있을까? "가르치기를 잘하며" 만이 사역 기술과 연관되어 있다.[3] 다른 조건들은 경건한 성품의 중요성을 나타내고 있다. 리더의 가장 중요한 자산은 하나님의 은혜를 통해 온전해지는 것이다. 바울이 에베소 교회 장로들에게 보낸 편지에서 이렇게 말했다.

> 자기를 위하여 또는 온 양 떼를 위하여 삼가라 성령이 그들 가운데 여러분을 감독자로 삼고 하나님이 자기 피로 사신 교회를 보살피게 하셨느니라(행 20:28).

리더는 스스로 경건함을 지키고 보호할 때 양들을 제대로 보호할 수 있다는 확신을 갖고 있었기 때문에 바울이 그런 말을 했던 것이다.

목자는 양들을 개인적인 차원에서 이끌어줘야 한다. 양들은 성품이 뛰어나고 삶의 모습에서 지혜가 묻어 나오는 사람과 그렇지 않은 사람 중 누구에게서 조언을 구해야 할까? 답은 간단명료하다. 양들은 지혜롭고 성품이 뛰어난 목자를 찾을 것이다. 그렇기 때문에 목자들은 주님을 의지하며 경건한 삶을 살기 위해 노력해야 할 것이다.

미시적 인도를 잘 하기 위해서 목자들은 양들에 대해 잘 알고 있어야 한다. 삶에서 문제가 발생했을 때 양은 자신을 잘 알고 있는 목자를 찾아가게 될 것이기 때문이다. 양들은 어느 목자를 찾아야 하는지 알고 있어야 한다. 그뿐 아니라 목자에게서 받은 조언들이 꼭 필요하며

---

[3] 디도서에도 장로의 자격에 관한 유사한 내용이 기록되어 있다.

말씀에 기초한 것이라는 확신을 갖고 있어야 한다.

또 목자들은 교회 사역과 예배 참여를 열심히 하여 성도들의 본보기가 되어야 한다. 이러한 사역을 이행하는 과정에서 성도들에게 리더십을 발휘해야 하는 경우가 많다.

1) 미시적 인도의 중심

우리가 앞서 본 바와 같이, 많은 목자는 결정을 내리고, 비전을 세우며, 사역 계획을 짜는 것 등 거시적 책임에 초점을 맞춘다. 그러나 우리는 양들의 평안을 위해 미시적 인도와 리더십의 경건한 본을 보이는 삶에 더 집중해야 한다.

예를 들면, 백스터는 『참 목자상』(The Reformed Pastor)에서 사도행전 20:28의 앞부분인 "자기를 위하여…삼가라"와 말씀의 뒷부분인 "…또는 온 양 떼를 위하여…"에 대해 설명한다. 영향력 있는 목자가 되기 위해서 목자 스스로 경건한 삶을 살고 인격의 성숙함에 힘써야 한다. 결론적으로, 만약 양들이 목자들 스스로 선한 목자 예수님을 따르기 위해 노력하는 모습을 볼 수 없다면, 왜(무슨 이유로) 양들이 예수님을 따라야 한다고 말할 수 있겠는가?

아래 그림은 목자들의 사역과 개인적인 삶에서 나타나는 여러 영역을 보여주고 있다.

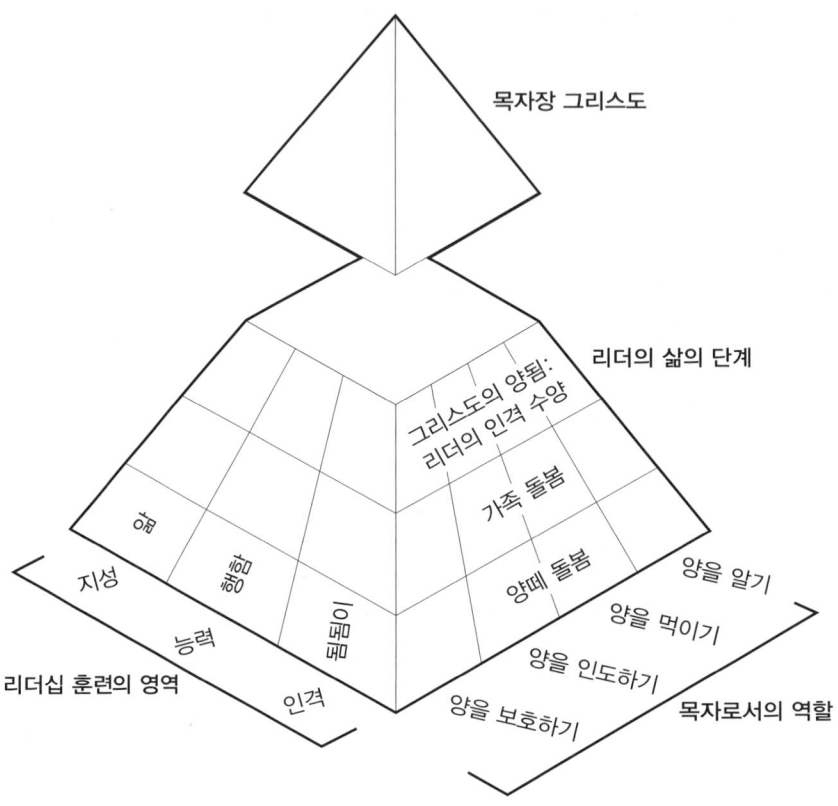

그림을 보면 목자들의 삶은 선한 목자장되신 예수님의 다스림 아래 있어야 함을 알 수 있다. 우리에게 친숙한 목자의 역할들은 피라미드의 오른편에 적혀있다(양을 알아가기, 먹이기, 인도하기, 보호하기). 피라미드 수직 상에는 '리더의 삶의 단계'가 그려져 있다. 목자가 삶에서 솔선수범해야 하는 영역들이 포함되어 있다.

2) 그리스도와의 관계에서 솔선수범하기

선한 목자장의 주권 아래에서 목자는 양이고, 예수님을 따르는 자임을 기억해야 한다. 이 영역에서는 리더의 개인적인 영적 형성과 성장에 대해 다룬다. 리더가 예수님을 인격적으로 알고 이를 토대로 성장한다는 사실은 양들에게는 매우 중요하다. 목자가 하나님을 어떻게 만났는지 양들에게 이야기해 줄 수 있다면 양의 성장에 큰 도움이 될 것이다. 리더는 또한 말씀을 읽어 공급받는 것에 열심을 다해야 한다. 당신은 말씀에서 얻을 수 있는 신령한 젖을 사모하는 리더인가, 아니면 말씀을 공급 받기 위해 노력하기를 이미 오래 전에 포기한 리더인가? 말씀이 당신 삶에 가져다주는 은혜를 기대하고 있는가? 수분이 증발한 곡물의 상태와 같지는 않은가? 매일의 삶을 하나님이 이끄시고 큰 결정을 해야 할 때 하나님이 지혜를 주신다는 사실을 당신이 맡은 양들은 알고 있는가? 리더는 말씀의 권면에 따라 살기를 힘쓰고, 잘못된 교리와 죄로부터 하나님이 보호하신다는 사실을 믿고 하나님을 의지하는 삶을 살아야 한다. 이는 양들에게 좋은 본보기가 될 것이다. 또한 하나님이 당신의 삶에서 허락하신 권위들에 순종하는 삶을 살아야 한다.

슬프게도 이러한 기본기를 충실히 하지 않고 살아가는 사람들이 상당히 많다. 그리스도인으로서 기본적으로 지켜야 하는 부분이 있고 그렇게 살 때 우리가 성숙하고 하나님과의 관계를 튼튼하게 다져갈 수 있는데도 말이다. 목자가 기본기에 충실한 모습을 볼 때 양들은 따라 하려 할 것이다. 만약 리더가 너무 바빠서 기초 다지는 것을 소홀히 한다면, 그는 양들에게 좋은 본이 될 수 없다. 영의 양식을 취하지 못할 정도라면 당신은 지나치게 바쁜 삶을 살고 있는 것이다.

3) 가정생활에서 솔선수범하기

피라미드의 다음 단계에는 리더의 가정생활이 표기되어 있다. 성경은 교회 리더에게 가장 기본적인 공동체는 가족이라고 말하고 있다. 바울은 리더는 "자기 집을 잘 다스려 자녀들로 모든 공손함으로 복종하게 하는 자라야 할지며"(딤전 3:4)라고 말하였다. 이 말씀은 리더가 반드시 완벽한 아버지나 남편이어야 한다는 뜻인가? 그렇지 않다. 이 말씀은 가정에서 권위가 없고 책임을 다하지 못하는 자는 교회 리더 자질이 없다는 점을 얘기하고 있다. 목자들은 가정생활에서도 모범을 보여야 한다.

앞서 언급한 부분을 목자 피라미드의 맥락에서 본다면, 리더는 교회에서 하나님의 양들을 이끄는 목자이기 전에 가정에 있는 어린 양들에게 좋은 목자가 되어야 한다는 것이다. 리더는 그의 가정이 예수 그리스도 안에서 구원의 확신을 가지고 하나님을 아는 믿음이 세워지도록 전력을 다해야 한다. 바울이 디도에게 쓴 편지에서 목자가 반드시 "믿는 자녀"(딛 1:6)를 둔 자여야 한다고 말하고 있다. 그렇다고 복음을 모르는 자녀를 둔 자는 목자 자격이 없다고 말하는 것은 아니다. 자녀는 그리스도에게 속해 있지 않을 수도 있다. 또한 바울이 목자 자녀가 탕자면 안 된다고 하는 것도 아니다. 이러한 예외적인 경우가 있을 수 있지만 규칙은 아니다. 목자 부부가 말씀 안에서 자녀들을 양육하고 솔선수범하여 그리스도를 믿는데도 자녀는 부모처럼 살고 있지 않을 수도 있다는 것이다. 반면에 목자 자녀들 중 **한 사람도** 그리스도를 믿지 않는다면 문제가 될 수 있겠다.

목자가 가족들을 잘 이끌고 교회에서는 다른 이들에게 좋은 본이 될 수 있는 한 가지 방법은 목자 가족들이 가정 예배를 드림으로써 하나님의 말씀으로 양육을 받는 것이다. 목자는 또한 교회의 도움을 받아 가족 구성원들이 성장할 수 있는 방법이 있을지 생각해보아야 한다. 성경적 원리에 따라 가정을 공의의 길로 이끌어야 한다는 것을 명심해야 한다. 또한 목자에게는 해로운 영향과 사탄의 간계로부터 가정을 지켜야 하는 중대한 책임이 있다. 가르침과 경고만이 아니라 경건한 훈련을 함으로써 가족들을 보호할 수 있다. 바울은 "자기 집을 잘 다스려 자녀들로 모든 공손함으로 복종하게 하는" 목자(딤전 3:4)와 "방탕하다는 비난을 받거나 불순종하는 일이 없는" 목자(딛 1:6)에 대해 이야기하고 있다. 목자의 자녀들은 목자의 권위에 순종해야 하며, 목자는 자녀들과 좋은 관계를 가져야 한다.

목자는 또한 아내를 사랑하는 모습에 있어 본이 되어야 한다. 하나님은 아내를 "그리스도께서 교회를 사랑하시고 그 교회를 위하여 자신을 주심 같이 하라"(엡 5:25)고 하심으로써, 상당히 높은 수준의 요구를 하고 계신다. 상위 수준의 이타적인 섬김과 섬김의 리더십의 핵심을 다루고 있는 것이다. 이러한 말씀에 따라 목자 아내는 자신이 사랑과 존귀함을 받고 있음을 느끼고 있어야 한다. 목자 결혼 생활이 파경으로 치닫는다면 성도들뿐만 아니라 지역 사회에 좋은 본보기가 되지 않을 것이다.

요약하면 목자 삶의 우선순위에 가정이 있어야 한다. 가족의 삶이 바로 세워져 있지 않다면, 훌륭한 교회 리더로 발전할 수 없음을 기억하라. 자녀들과 함께하는 시간을 보내라. 이는 목자의 기본적인 책무이다. 행여나 아이들과 시간을 보내는 대신 다른 일을 해야 하는 상황이 발생한다 해도 타협하지 말라. 그렇지 않다면 양을 치는 목자로서의 자격을 스스로 잃는 것과 마찬가지다.

4) 교회 사역에서 솔선수범하기

목자는 솔선수범하여 하나님과 동행하면서 가정을 이끌어야 한다. 그 다음은 교회 사역이다. 교회 사역을 할 때도 목자는 양들에게 모범이 되어야 한다. 예배드리고 사역을 할 때도 최선을 다하는 모습을 보여야 한다. 목자 스스로가 그리스도의 몸 된 교회의 일부이므로 받은 은사를 사역을 위해 사용해야 한다. "모든 사람이 내가 헌신하듯 사역에 임한다면, 교회는 건강할 수밖에 없지 않겠는가?" 이 질문을 스스로에게 해보라.

목자는 또한 교회 사역에 필요한 재정을 채울 수는 있어야 한다(이러한 이야기를 들어본 교인이 거의 없을 것이다). 목자들은 그렇게 하고 또 그것을 공공연하게 드러내야 한다. 그러나 모범이 되되 자랑은 하지 말라! 다시 한 번 스스로에게 다음의 질문을 해보라. "모든 사람이 내가 교회 재정을 채우기 위해 힘쓰는 것처럼 한다면, 교회 재정은 탄탄할 수밖에 없지 않겠는가?" 당신이 스스로 실천하고 있지 못하는 부분에 대해서 어떻게 다른 이에게 권면할 수 있겠는가?

피라미드 왼쪽 하단에는 목자의 지속적인 성장에 필요한 지식, 능력, 인격이 표기되어 있다. 안타깝게도 경건한 인격이나 실제적인 능력보다 지식에 강조를 두는 경우가 많다. 목자들은 리더의 삶에서 주요 영역으로 꼽히는 부분뿐 아니라 지속적인 성장에 필요한 영역에서도 좋은 본보기가 될 수 있다. 그리하여 어떤 사람이 신실한 목자인지에 대한 전체적인 그림을 그릴 수 있게 될 것이다.

| 생각해 볼 문제 |

교회 리더들과 목양 매트릭스를 살펴보고 양 떼를 인도하는 것과 관련된 다음의 질문들에 대답해보라.

우리 교회는 거시적 인도와 미시적 인도 중 어느 것을 더 잘 하고 있는가?

1. 거시적 인도

1) 당신의 교회는 당신이 섬기는 사역에 대해 당신의 이해를 정확하게 반영하고 있는 강령(mission statement)을 가지고 있는가?
2) 당신의 교회 사역들은 교회의 성경적 목적의 균형들을 가지고 있는가? 어떠한 부분이 가장 큰 강점인가? 또한 약점이고 관심을 필요로 하는 부분은 어떠한 부분인가?

2. 미시적 인도

1) 당신은 "내가 그리스도를 본받는 자가 된 것 같이 너희는 나를 본받는 자가 되라"(고전 11:1)라고 말할 수 있도록, 디모데전서 1:3과 디도서 1장에 명시된 리더로서의 성품의 조건들을 보이고 있는가?
2) 당신의 양들은 그들이 어려움이나 유혹을 직면했을 때 그것들에 대한 조언과 지도를 받기 위해 당신을 만나러 오는 것을 편하게 생각하는가?

	알아가기	먹이기	인도하기	보호하기
거시 목양 (공적, 전체적 사역)	• 정확한 교인 역할 분배 • 교인 전체의 강점, 약점, 기질 및 기회 알아가기	• 말씀 설교 • 기독교 관련 교육 프로그램 • 성례식	• 비전 제시 • 사명 및 목적 제시 • 사역상 필요한 의사 결정 참여 • 위원회에서 리더십 발휘	
미시 목양 (개인적, 관계적 사역)	• 양에 대해 개인적으로 알아가기 • 각 양을 담당하게 된 목자가 누구인지 확인하기 • 주기적인 연락을 어떻게 할지 전략 확립	• 제자 훈련 • 멘토링 • 소그룹 인도	• 솔선수범 보이기 (경건생활, 가정생활, 교회에 대한 책무) • 상담	
기도				
말씀 사역				

THE SHEPHERD
LEADER

8장

목자는 양을 보호한다

여러분은 자기를 위하여 또는 온 양 떼를 위하여 삼가라 성경이 그들 가운데 여러분을 감독자로 삼고 하나님이 자기 피로 사신 교회를 보살피게 하셨느니라 내가 떠난 후에 사나운 이리가 여러분에게 들어와서 그 양 떼를 아끼지 아니하며 (행 20:28-29).

목자의 또 다른 역할은 보호하는 것으로써 이는 인간의 기본적인 필요이다. 차나 비행기로 어디를 갈 때도 준수해야 할 사항들과 지켜야 할 안전 규칙들이 있다. 의약품이나 가전제품 등에도 안전을 위해 마련해 놓은 세부 지시 사항들이 있다.

예수님은 따르던 무리들에게 완전한 안전과 보호의 근원이 되어 주셨다. 시편 기자는 다음과 같이 고백하면서 우리에게 확신을 심어주고 있다.

> 내가 사망의 음침한 골짜기로 다닐지라도 해를 두려워하지 않을 것은 주께서 나와 함께 하심이라 주의 지팡이와 막대기가 나를 안위하시나이다 주께서 내 원수의 목전에서 내게 상을 차려 주시고 기름을 내 머리에 부으셨으니 내 잔이 넘치나이다(시 23:4-5).

하나님은 죄에 대한 심판이라는 그 어떠한 것보다 무섭게 다가오는 위험으로부터 우리를 보호하신다. 예수님은 양들에게 생명을 주기 위해 이 땅에 오셨다. 그리하여 죄에 대한 심판과 영원한 사망으로부터 우리를 구해주셨다. 예수님은 다음과 같은 말씀을 통해 약속해 주고 계신다.

> 내가 그들에게 영생을 주노니 영원히 멸망하지 아니할 것이요 또 그들을 내 손에서 빼앗을 자가 없으리라 그들을 주신 내 아버지는 만물보다 크시매 아무도 아버지 손에서 빼앗을 수 없느니라(요 10:28-29).

그리스도의 중간 목자는 양을 보호하기 위해 부름받았다. 양은 실제로 매우 연약하기 때문에 보호하기 어려운 점이 있다. 한 쪽 턱에만 이빨이 있어서 적을 아무리 세게 물어도 살짝 꼬집는 정도로 밖에 느껴지지 않는다. 그래서 양에게는 강력한 보호자가 필요하다. 목자는 양이 연약하다는 점뿐 아니라 양의 안전을 위협하는 이리의 존재에 대해서도 잘 인지할 필요가 있다.

1. 거시적 차원에서의 보호

양들은 매우 연약하기 때문에 쉽게 위험에 빠질 수 있다. 몇 년 전 AP 통신이 보도한 사건은 이를 잘 나타내고 있다. 터키 악삼에서 한 마리의 양이 절벽 가까이에서 방황하다 떨어졌다. 그 이후 한 마리 두 마리 양들이 뒤따라 죽었고 결과적으로 총 1,500마리의 양들이 절벽에서 떨어졌다. 다음은 AP 통신의 보도 자료이다.

> 악삼 신문은 450마리의 양들이 하나의 하얀 시체 더미를 만들어냈다고 전했다. 이후에 떨어진 양들은 목숨을 건졌다. 시체가 더미처럼 쌓이면서 일종의 쿠션 역할을 한 것으로 보인다. 초목에서 양을 기르던 26가정 중 한 명인 네제트 바이한은 '우리가 할 수 있는 것은 아무것도 없었다. 모든 양이 그렇게 우리 손을 떠났다'고 말했다.[1]

에스겔 34장에서 백성이 이스라엘 목자들에 대해 불평한 내용과 요한복음 10장에서 중점적으로 다룬 내용은 가짜 목자들이 어려움에 처한 양들을 두고 도망쳤다는 것이다. 이와는 다르게 다윗은 자신의 목숨을 걸고 자신의 양들을 곰과 사자로부터 보호했다. 이렇듯 선한 목자는 마지막 때 하나님의 심판의 날로부터 자신의 양들을 보호하기 위해 자신의 생명까지 내놓는다.

거시적인 차원에서의 보호는 모든 대중을 상대로 보내는 경고 메

---

[1] Associated Press, "450 Turkish Sheep Leap to Their Deaths", http://foxnews.com/printer_friendly_story/0,3566,161949,00.html(accessed 31 October 2009).

시지로 하나님 말씀을 기반으로 한다. 바울은 에베소서 목자들에게 다음과 같이 이야기하고 있다.

> 내가 떠난 후에 사나운 이리가 여러분에게 들어와서 그 양 떼를 아끼지 아니하며 또한 여러분 중에서도 제자들을 끌어 자기를 따르게 하려고 어그러진 말을 하는 사람들이 일어날 줄을 내가 아노라(행 20:29-30).

자신의 이익만을 위해서 하나님의 사람들을 이용하려는 사람들이 반드시 있기 마련이다. 그들의 작업 방식은 말씀의 진리를 왜곡하는 것이다. 바울의 말은 예수님이 제자들에게 한 경고를 상기시켜준다. 예수님은 제자들에게 이렇게 말씀하셨다.

> 거짓 선지자들을 삼가라 양의 옷을 입고 너희에게 나아오나 속에는 노략질하는 이리라(마 7:15).

목자는 양들이 제대로 먹고 있는지 살펴야 한다. 또한 양들이 이리의 먹이가 되지 않기 위해 경계해야 한다. 바울이 계속해서 경고성 메시지를 전하는 것이 전혀 놀랄 일이 아니다.

> 그러므로 여러분이 일깨어 내가 삼 년이나 밤낮 쉬지 않고 눈물로 각 사람을 훈계하던 것을 기억하라(행 20:31).

브루스(F. F. Bruce)는 "경계하다"(be on the alert: *gregorueo*)는 문구는 목회

자가 사용할 법한 용어인 것이 확실하며 목자가 양 떼를 지키기 위해서 양에 대한 애정을 많이 갖고 양을 위험한 상황으로부터 보호하기 위해 용기가 있어야 한다고 말하고 있다.[2]

거시적 차원에서 양들을 효율적으로 보호하기 위해서는 양들을 위협하는 '문화적 이리'가 무엇인지 잘 알아야 한다. 문화적 이리에는 물질주의, 관능미, 다원주의, 상대주의 및 이들로부터 생겨나는 수많은 부가적인 죄들이 포함된다. 파괴적인 가치들이 만연한 문화 속에서 살아가는 양들은 이러한 가치관들의 위험성에 대해 깨우침 받아야 하고 이에 맞서 싸울 준비가 되어있어야 한다. 닉스 베셀 농장 헤어 부인은 폭풍이 지나간 후에는 이웃집 로우커스트 나무에서 떨어진 잔가지와 나뭇잎을 반드시 잘 치워야 한다고 말했다. 헤어 부인의 양들은 이웃집 로우커스트 나무 잔가지와 나뭇잎을 먹기 위해 달려든다. 맛있기 때문이다. 문제는 나무의 독성 때문에 양이 병들거나 죽을 수도 있다는 것이다. 기독교 교인에게 위험한 요소들을 살펴보면 보기 좋을 뿐 아니라 맛도 좋은 경우가 많다. 거시적 차원에서 양들을 보호하는 것은 "교회에 말할 때까지"(마 18:17) 양들을 훈육하는 것을 포함한다. 이는 사실 교회 리더들이 종종 놓치는 부분이다.

2. 미시적 차원에서 보호하기

목자들은 양들을 감독하라는 사명을 받았다. 목자들은 양들이 교리나 삶의 순수함에서 멀어지지 않도록 해야 한다. 이를 효율적으로

---

[2] F. F. Bruce, *Commentary on the Book of Acts* (Grand Rapids: Eerdmans, 1970), 417n61.

이행하기 위해서는 목자가 양에 대해 많은 것을 알고 있어야 한다.

> 우리는 개개인의 됨됨이뿐 아니라 모든 이들의 상태를 더 잘 알기 위해 노력해야 한다. 교인이 빠지기 쉬운 죄목이 무엇인지, 방관하기 쉬운 책무가 무엇인지, 빠지기 쉬운 유혹이 무엇인지 등, 기질이나 질병에 대해 잘 모른다면 우리는 제대로 된 의사가 될 수 없다.[3]

필요에 따라 경고를 하고 양들이 방황할 때 뒤쫓아 가는 것이 필수적이다. 마태복음에 양을 사랑하는 목자는 헤매는 양에게 어떤 태도를 취하는지 아주 잘 보여주고 있다.

> 너희 생각에는 어떠하냐 만일 어떤 사람이 양 백 마리가 있는데 그 중의 하나가 길을 잃었으면 그 아흔아홉 마리를 산에 두고 가서 길 잃은 양을 찾지 않겠느냐 진실로 너희에게 이르노니 만일 찾으면 길을 잃지 아니한 아흔아홉 마리보다 이것을 더 기뻐하리라 (마 18:12-13).

방황하는 양을 발견했다고 해서 문제가 해결되는 것은 아니다. 방황하는 양을 발견했다면 그에 필요한 조치를 취해야 한다. 길 잃은 양이 스스로 생존할 가능성은 매우 낮다. 그렇기 때문에 목자는 길을 잃지 않은 양은 그대로 두고서라도 방황하는 양을 찾으러 떠나는 것이다. 주님은 방황하는 양들을 제대로 찾아오지 못한 이스라엘 목자들을

---

3 Richard Baxter, *Reformed Pastor* (1656 ; repr., Carlisle, PA : Banner of Truth, 1997), 91.

꾸짖으셨다는 사실을 기억하라.

> 너희가 그 연약한 자를 강하게 아니하며 병든 자를 고치지 아니하며 상한 자를 싸매주지 아니하며 쫓기는 자를 돌아오게 하지 아니하며 잃어버린 자를 찾지 아니하고 다만 포악으로 그것들을 다스렸도다 목자가 없으므로 그것들이 흩어지고 흩어져서 모든 들짐승의 밥이 되었도다 내 양 떼가 모든 산과 높은 멧부리에 마다 유리되었고 내 양 떼가 온 지면에 흩어졌으되 찾고 찾는 자가 없었도다(겔 34:4-6).

1) 언약의 맥락에서 바라본 미시적 보호의 긴급성

방황하는 양에게 좋지 않은 큰 일이 일어날 수 있다. 장로들이 그리스도의 양을 확인하고 교인으로 받아들이는 과정을 통해 그리스도의 양 떼로 인정하게 되는 것을 앞서 확인한 바 있다. 그뿐 아니라 이는 언약의 공동체의 일원으로 받아들이는 것이기도 하다. 이는 하나님의 은혜로 가능한 것이다. 교인으로 인정되는 순간부터 교회의 여러 가지 행사에 참여할 수 있는 혜택을 누리게 된다. 더불어 교인으로서 지켜야 하는 약속이나 책임들에 대해 알아가게 된다. 새롭게 인정된 교인의 경우 고백한 믿음과 주님에 대한 헌신을 기반으로 신약에 나와 있는 명령을 따르려고 노력한다. 따라서 양 떼를 돌보는 목자들은 교인명부를 정확하게 하는 것 이상의 역할을 하고 있는 것이다. 목자들은 양들이 약속의 책무로부터 벗어난 삶을 살지 않도록 이끌어야 하며 혹시 방황하는 양이 있지는 않은지 수시로 확인해야 한다.

성경에는 초기에 약속의 공동체 일원이었으나 이후에는 약속을 어기는 사람들에 대한 이야기가 많이 나와 있다. 이들은 열매를 맺지 못했다. 성경이 기록될 당시 하나님과 은혜로운 언약의 관계를 맺었으나 위태로운 상황에 빠진 사람들이 많았다. 왜냐하면 약속의 주님에 대한 충성심을 저버리고 순종하기를 거부했기 때문이다. 성경에 처음으로 등장하는 가족을 살펴보자.

가인은 축복의 길을 걸으라는 하나님의 권면에 저항한다.

> 네가 선을 행하면 어찌 낯을 들지 못하겠느냐 선을 행하지 아니하면 죄가 문에 엎드려 있느니라 죄가 너를 원하나 너는 죄를 다스릴지니라(창 4:7).

가인은 자신이 원하는 길을 택했고 그 결과 저주가 임한다. 약속의 가정인 아담 가정에서부터 '가인의 후예'가 뻗어나갔던 것이다. 그러나 셋의 탄생을 통해 하나님의 씨앗이 잘 보존되었다. 셋을 통해 장차 의인이라 칭함 받게 되는 노아가 나오게 되었다.

노아 한 사람의 믿음 덕분에 그의 가족이 물의 심판으로부터 구원을 받았다. 홍수가 끝난 지 얼마 되지 않은 시점에서 새로운 족보가 생겨났다. 그러나 언약으로 이룬 가정 또한 각 사람의 모습 때문에 서로 다른 인생을 살아간다. 가나안의 아버지 함이 그의 아버지의 하체를 보고 덮어드리기 보다 밖으로 나가서 자기 형제들에게 알려 저주를 받았다. 아브라함의 아들 이스마엘은 언약의 상징인 할례를 받았지만 진리로부터 거리를 둔 채 살아갔다.

> 그러나 성경이 무엇을 말하느냐 여종과 그 아들을 내쫓으라 여
> 종의 아들이 자유있는 여자의 아들과 더불어 유업을 얻지 못하
> 리라 하였느니라(갈 4:30).

야곱과 에서는 같은 부모를 두고 동일한 엄마의 뱃속에서 나와 동일한 약속의 말씀을 받았다. 그러나 하나님은 이렇게 말씀하신다.

> 기록된 바 내가 야곱은 사랑하고 에서는 미워하였다 하심과 같
> 으니라(롬 9:13).

예수님의 시대부터 오늘날에 이르기까지 구원의 역사를 살펴보면 약속의 공동체 안에서도 사람들의 모습이 갈리는 것을 알 수 있다. 예수님은 구약 언약의 공동체 리더들에 대해서도 언약을 지키는 사람들과 그렇지 않은 사람들 사이에 명확한 선을 그으셨는데 이는 가히 놀랍다.

> 유대인들이 에워싸고 이르되 당신이 언제까지나 우리 마음을
> 의혹하게 하려 하나이까 그리스도이면 밝히 말씀하소서 하니
> 예수께서 대답하시되 내가 너희에게 말하였으되 믿지 아니하
> 는도다 내가 내 아버지의 이름으로 행하는 일들이 나를 증거하
> 는 것이거늘 너희가 내 양이 아니므로 믿지 아니하는도다 내 양
> 은 내 음성을 들으며 나는 그들을 알며 그들은 나를 따르느니라
> (요 10:24-27).

예수님을 에워쌌던 유대인들은 구약 시대에 언약의 말씀을 받았던 사람들의 자손이었다. 그들은 모세와 다른 예언자들이 말해왔던 그분 바로 앞에 서 있었다. 그러나 이들은 예수님을 믿거나 따르려고 하지 않았다. 또한 예언자들과 예수님의 약속이 이뤄질 것이라는 말씀을 믿지 않았는데 그 결과 비난의 대상이 되었다. 양들의 문 되신 예수 그리스도 자체를 받아들이지 않았고 그 문에도 들어가지 못했다. 이렇듯 예수님의 때부터 오늘에 이르기까지 약속을 받은 공동체 안에서도 사람들이 갈리는 것을 볼 수 있다. 신실한 약속의 중요성을 잘 이해한다고 해서 예수님의 진정한 양들에 완전한 안전을 제공해야 한다는 사실이 사라지는 것이 아니다. 실제로 보면 모든 양들이 목자를 진정으로 따르지 않는다는 사실을 알게 된다. 목자들은 막대한 책임감을 가지고 양 떼를 돌봐야 한다.

> 이에 대해 성경은 다음과 같이 촉구하고 있다. 갈라디아서 5:21과 고린도전서 6:9에는 불의한 자가 하나님의 나라를 유업으로 받지 못한다는 말씀이 있다. 이 말씀이 주는 경고성 메시지에 대해 심각하게 생각하지 않는 기독교인이 꽤 많다.[4]

심지어는 목자들도 심각하게 생각하지 않는 경우도 많다. 상당수의 양들이 순수함을 잃고 성경에서 동떨어진 삶을 살고 있는 데도 말이다. 목자라면 양의 건강 상태에 대해 잘 알아야 한다. 또한 양들이 그리스도 안에서 믿음을 지켜나갈 수 있도록 돕고 신실하신 하나님의 약속을 신뢰할 수 있도록 도와줘야 한다. 과거에는 세례를 받고 신약의

---

4 John Piper, *FutureGrace*(Sisters,OR:Multnomah,1995), 249.

약속을 받아들였지만 지금은 교회와 하나님으로부터 멀어져 있는 사람들이 미국에만 해도 매우 많다. 이는 믿음의 공동체에서 방황하는 양들을 목자가 주의 깊게 돌보지 않았기 때문에 생긴 결과이다. 언젠가 주님께서 목자들에게 책임을 물으실 날이 올 것이다.

목자들은 양들이 주 안에 잘 속해 있는지 또 주님과 동행하고 있는지 항상 주시하고 있어야 한다. 성경에 나오는 '장로'의 동의어는 '감독자'(episkopos)이다. 이는 시각적인 단어로 장로라면 양들을 감독해야 한다는 의미를 내포하고 있다. 또한 양이 방황하기 시작할 때 이에 대해 잘 인지하고 있어야 한다는 것을 암시하기도 한다. 일반적으로 볼 때, 교인으로 등록하는 사람들은 예배에 빠지지 않고 교회 사역에도 잘 참여하겠다고 다짐한다. 그렇기 때문에 대부분의 목자들은 교인의 예배 출석률이 저조할 때를 방황의 시초라고 간주하곤 한다. 예배 출석률이야말로 목자가 양의 상태를 관찰할 때 참고할 수 있는 지표인 것이다. 이를 통해 양의 상태에 대해 빠르게 대처할 수 있게 된다.

따라서 미시적인 차원에서 양을 잘 보호하려면 마태복음에서 예수님이 하신 말씀을 실천하면 된다. 이 말씀에는 방황하는 양을 되찾기 위해 필요한 조치들이 나와 있다.

> 네 형제가 죄를 범하거든 가서 너와 그 사람과만 상대하여 권고하라 만일 들으면 네가 네 형제를 얻은 것이요 만일 듣지 않거든 한 두 사람을 데리고 가서 두 세 증인의 입으로 말마다 확증하게 하라(마 18:15-16).

이 말씀은 믿음의 사람들이 어떻게 연결되어 있는지 보여준다. 또한 목자가 방황하는 양에게 어떤 방향을 제시하면 좋은지에 대해 이야기하고 있다. 목자는 양들이 언제 길을 잃기 시작했는지 바로 알아차릴 수 있을 만큼 양에 대해 잘 알고 있어야 한다. 특히 양들이 죄를 지었을 때 무엇이 잘못되었는지 사랑의 마음으로 지적해 줄 수 있어야 한다. 그리하여 주님의 뜻대로 양들을 다시금 푸른 초장으로 이끌어야 한다. 존 머레이(John Murray)의 글을 통해 양에 대한 목자들의 마음이 활활 타오르기 바란다.

> 만약 목자들이 이제 막 길을 잃기 시작한 양들에게 올바른 길로 가기를 부드러운 말로 권고하거나 책망해 준다면 양들은 다른 길로 새지 않고 죄의 유혹에 넘어가지 않을 것이다. 또한 교회에는 순수함과 평화가 유지될 것이다. 목자는 길 잃은 어린 양을 포착했을 때 양이 벼랑 끝에 다다르기 전에 나서서 도와줘야 한다.[5]

2) 미시적 차원에서 양 떼를 보호할 때 중요한 요소

이 후 닉스 베셀 농장을 다시 한 번 방문할 기회가 있었다. 당시 양치기에게 제일 중요한 도구가 무엇이냐고 헤어 부인께 여쭤봤었다. 당시 나는 막대기가 제일 필수적인 도구라고 생각했다. 막대기로 길 잃은 양을 부드럽게 다독여서 돌아오게 만들면 된다고 생각했기 때문이다.

---

5 John Murray, *Collected Writings* (Carlisle, PA: Banner of Truth, 1976), 1:266.

또는 약탈자를 물리칠 때 유용하게 쓰일 낚싯대라고 생각했다. 지난 수년 동안 내 수업을 듣는 학생 수백 명과 훈련을 위해 모인 교회 리더들에게 동일한 질문을 했었다. 그들은 양치기 개, 목자의 목소리, 또는 내가 생각했던 것처럼 막대기나 낚싯대라고 답했다. 그럴듯한 답변들이었다.

그러나 헤어 부인이 '울타리'라고 답했을 때 사실 매우 놀랐다. 양이 길 잃지 않도록 하는데 울타리가 유용했던 것이었다. 헤어 부인은 덧붙이기를 울타리가 없었다면 양이 혼자 떨어져 나갔을 것이라고 했다. 목자인 당신은 양이 방황하는 즉시 알아차릴 수 있을 정도로 양과 가까운가? 혹은 양의 방황을 알 수 있도록 도와줄 만한 체계를 갖추고 있는가? 교회 안에 소위 '울타리'가 존재하는가? 교회 내에서 일어나는 만성적인 문제와 이를 해결하기 위한 간단한 방법도 살펴보도록 하자.

3) 양이 방황할 조짐을 보인다면 뒷문을 닫아서 여지를 없애라

미시적인 차원에서 양을 잘 보호할 때의 큰 이점은 뒷문을 닫아서 방황할 가능성을 아예 차단하는 것이다. 교인은 소위 '뒷문'을 통해 아무도 모르게 교회를 빠져나간다. 오늘날 많은 교회는 사람들을 끌어 모으고 새로 온 교인을 맞이하는 일에는 능숙하다. 그러나 쉽게 맞이하는 만큼 교인을 잃는 경우가 허다하다. 연초와 연말 출석률이 별반 다르지 않다는 것은 매우 놀랄 일이다. 이런 현상은 왜 일어나는 것일까? "새로운 교인이 40명 정도였던 것 같은데 왜 연초와 연말 출석 교인 수는 같을까?"라는 질문을 많이 듣는다. 사실 답은 매우 간단하다. 새로운 교인이 교회 앞문으로 들어오는 동안 기존 교인은 남들 모르게 뒷문을 통해 빠져나가기 때문이다. 그러고는 다른 교회에 나가기 시작하면서 그 교회의 성장을 돕는다. 이러한 현상은 교회들 사이에서 큰 규모로 발생하기도 한다. 대형 교회는 갈수록 더 많은 사람들로 넘치는 반면 미국 교회의 전반적인 성장은 정체기에 접어들고 있는 것이 이를 반증한다.

> 정확히 말하자면 교인의 교회 이동으로 인한 성장은 하나님 나라의 수적인 성장에 아무런 도움이 되지 않는다. 이 맥락에서의 '성장'이라는 단어 자체가 모순이며 오해의 소지가 크다. 전체 교인의 수는 결과적으로 변하지 않기 때문이다. 새로운 개종자나 세례받은 교인이 있는 것도 아니며 비기독교인이 하나님에 대한 지식을 쌓아가는 것도 아니다. 구원의 결실도 없다.[6]

실제로 지역 사회 소규모 교회들 덕분에 대형 교회들이 성장하는 것이다. 이를 월마트 효과라고 부르고자 한다. 작은 마을에 월마트가 들어서면 무슨 일이 생기는가? 다양한 제품들을 저렴한 가격에 구입하고 월마트 안에서 모든 것을 해결할 수 있기에 수많은 구멍가게들이 문을 닫게 될 것이다. 비슷한 이유로 대형 교회들 때문에 소규모 교회들이 어려움에 부딪힌다. 왜냐하면 대형 교회는 가족 구성원 모두에게 필요할 법한 교회 사역들을 전부 제공하기 때문이다.

때로 그 값은 지나치게 싸다. 십일조를 더 내진 않지만, 작은 교회를 잘 운영하기 위해서는 여러 교인이 교회 사역에 동참해야 하는 반

---

[6] William Chadwick, *Stealing Sheep: The Church's Hidden Problems with Transfer Growth* (Downers Grove, IL: Inter Varsity Press, 2001), 30.

면 대형 교회에서는 소규모 교회에서만큼 교인이 헌신적이지 않아도 된다. 진정한 믿음의 고백을 하고 교인으로 등록하는 사람이 과연 몇 이나 될 거라고 생각하는가? 여타 교회에서 옮겨오는 교인은 몇 명일 까? 이러한 질문들은 매우 중요하다.

양은 이 교회에서 저 교회로 떠돌아다닌다. 이를 '교회 떠돌아다니기'(church hopping)라고도 부른다. 교회를 선택하기에 앞서 지극히 소비자의 관점을 보이는 사람들이 상당히 많다. 이들은 "내가 이 교회를 잘 섬기고 이곳에서 믿음이 잘 성장할 수 있을까?"라는 질문보다 "이 교회가 과연 내 필요를 충족시킬 수 있을까?"라는 질문을 던진다. 새로운 교인을 받는 위치에 있는 교회라면 기뻐하며 하나님의 은혜로 받아들일 것이며 이들이 교회 성장에 일조했다고 평가할 것이다. 그러나 기존 교인을 떠나보내는 입장이라면 냉소적인 반응을 보일 것이다. 더 나아가 다른 교회한테 교인을 빼앗겼다는 피해의식을 갖게 될 것이다.

교회를 떠나는 사람들에게 왜 그러한 결심을 했는지에 대해 물어보면 이들은 '영적인 공급을 받지 못해서'라는 답변을 하는 경우가 많다. 더 자세히 들여다보면 말씀에 만족하지 못해서 떠나는 교인은 없다는 것을 알게 될 것이다. 포괄적이고 진정한 관계를 기반으로 한 양육이 없어서 떠나는 양들이 많다는 얘기다. 대형 교회 설교에 매료되었던 교인 상당수는 교회 내에서 자신들의 존재가 점차 알려지지만 진정한 양육의 기회가 많지 않다는 것을 깨닫는다. 이들은 환상이 깨지는 것을 경험하게 된다.

목자가 잘 돌봐주는 양은 방황하지 않는다. 목자가 양들을 잘 돌아보고 먹이고, 이끌고 보호하며 양에 대해 알아 가려는 것에 대해 양이 안다면 더 푸른 초장을 쫓아 헤매지 않을 것이다. 월마트가 꾸준히 성장할 수 있는 이유는 가격도 저렴하지만 고객 서비스도 뛰어나기 때문이다. 고객들은 월마트에서 환영받고 매장 안내도 받으며 궁금한 사항들에 대해 물어볼 수도 있다. 효율적인 양육 사역은 교회 리더와 교인을 잘 연결시켜준다. 그럼으로써 지속적인 돌봄을 제공한다. 지속적인 돌봄과 연락을 통해 양들의 문제에 귀 기울이고 양들이 뒷문으로 빠져나가도록 유도할 수 있는 사건들을 잘 다루게 된다.

> 다른 양들과 관계가 틀어졌을 때 방황하는 양들이 특히 많다. 다른 양들과 사이가 안 좋아졌을 때 본인이 편하고 쉬운 방법으로 교회 이전을 하곤 한다. 이로 인해 다른 교회 교인의 숫자가 늘어나는 현상이 발생하는 것이다. 이들은 복잡한 문제를 정면 돌파해서 해결하기보다 회피하려고 한다. 그러나 안타까운 것은 겉으로는 문제가 해결되는 듯해 보여도 교회는 해를 입는다는 사실이다.[7]

목자와 양이 제대로 된 관계를 성립할 수 있다면 목자들이 중재자(peacemaker) 역할을 함으로써 불편한 관계에 있는 양들을 화해시킬 것이다. 이에 따라 뒷문으로 빠져나가는 양이 서서히 사라질 것이다. 또한 양들은 목자와 자연스럽게 소통하면서 교회 외부적으로 발생한 사건들에 대해 건설적인 토론을 할 수도 있게 된다. 교회 리더들과의 직접적인 또는 개인적인 교제를 통해 그러한 사건들을 해결하고 궁극적으로는 양들의 삶에 긍정적인 영향을 가져다 줘야 한다.

『출구에서의 인터뷰』(*Exit Interviews*)라는 책에서 저자 윌리엄 헨드릭

---

[7] Ibid., 123.

스(William Hendricks)는 수차례의 인터뷰를 통해 사람들이 교회를 바꾸는 이유에 대해 분석한다. 누구도 교인이 교회의 어떤 점에 대해 불만을 가지고 있는지 몰랐다는 것이 주된 이유였다.

> 양들이 교회를 떠나려 할 때 그 이유에 대해 궁금해 하거나 물어보는 사람이 있었는지 매번 질문했지만 대부분의 경우 그런 적이 없다고 답했다. 양들의 이야기에 귀 기울이려고 노력한 사람은 사실상 내가 처음이라고 말한 사람들이 꽤 있었다. 교회를 떠나려고 마음먹은 양과 대화를 시도한 사람이 있었다면 다른 결과가 나오지 않았을까 궁금해졌다.[8]

제대로 된 양육 계획이 있다면 당신의 양은 자신이 갖고 있는 문제점에 대해 이야기 할 누군가가 있었어야 하는 것이 정상이다. 다른 교회로 옮겨야겠다는 마음을 품기 전에 말이다. 이는 사건이 발생한 이후보다 사전에 접근했을 때 가능하다.

양과 지속적인 연락을 했을 때 가장 좋은 점은 양들의 취약한 점, 현재 당면하고 있는 도전과 이겨내야 하는 유혹들에 대해 안다는 것이다. 목자가 양의 상태를 잘 분별하고 그에 알맞은 방향을 제시하고 격려해줘야 할 것이다. 또한 직면한 과제들을 잘 극복할 수 있도록 도와야 한다.

---

8 William Hendricks, *Exit Interviews: Revealing Stories of Why People Are Leaving the Church*(Chicago: Moody Press, 1993), 281.

4) 간단한 방법: 교회 출석률 관찰하기

양의 방황은 교회 출석률의 변화추이를 통해 살펴볼 수 있다. 양의 방황을 포착하는 즉시 조치를 취할 때 효과를 볼 수 있다는 것을 확인했다.

당신은 교회 출석률이 변할 때 이를 즉시 알아차릴 수 있는 리더인가? 양 떼를 잘 거느리기 위해서 리더는 양들의 교회 출석률이 어떤지 주시하고 있어야 한다. 다음은 흔히 접할 수 있는 사례이다.

크레이그와 아만다 던커 부부의 셋째이자 막내 줄리는 대학 등록금을 마련하기 위해 여름 단기 아르바이트를 했다. 여름 동안 줄리는 친구들과 함께 집으로 들어와 살았다. 던커 부부는 막내인 줄리까지 대학에 보낸 후 찾아온 여유를 즐기기 위해 여행을 가는 등 대부분의 여름을 타지에서 보냈다. 여름 내내 교회를 갈 수 있는 상황이 아니었다. 9월 학기가 시작되면서 줄리는 학교로 돌아갔고 던커 부부는 일상으로 돌아왔다. 그러나 주일 아침에 일어나 교회 가는 것이 점점 힘들어졌고 심지어 몇 주 동안은 교회 가는 것에 대한 이야기조차 하지 않게 되었다. 아만다는 '이상하게 들릴지 모르겠지만 교회를 단 한 번도 그리워하지 않았어요. 그동안 너무 바쁘게 살아서 이제는 주일에 자유로운 시간이 필요하다고 생각했어요.'라고 말했다. 크레이그는 목사나 다른 교인이 안부 전화라도 해줬어야 했는데 하지 않았다는 불평을 늘어놓았다. '지금까지 수년 동안 교회에서 봉사를 많이 해서 주일 예배 빠지면 사람들이 챙겨줄 줄 알았는데 착각이었어요. 전화 한 통도 없고.' 부부의 마음속에 교회의 무심함에 대한 분노가 싹트기 시작했다. 그 후로 3개월이 지났고 던커 부부는 교회를 가지 않아도 아무런 죄책감을 느끼지 않은 채 살아가고 있다.[9]

이쯤 되면 교인이 어떤 생각의 절차를 밟아 가는지 짐작할 수 있을 것이다. 몇 주 동안 교회를 빠진 교인은 "우리가 예배를 드리지 않았다는 사실을 누가 알기나 할까?"라고 생각한다. 더 많은 시간이 흐른 후 "교회에서 날 생각해주는 사람이 있기나 할까?"라는 생각을 하기 마련이다.

앞서 사례에서 교인이 6-8주 동안 예배에 나가지 않았는데 아무도 찾지 않았기 때문에 교회로 다시 돌아오도록 하는 것이 훨씬 어려워짐을 확인했다. 물론 던커 부부의 분노가 싹트기 전에 누군가가 전화를 했어야 하는 것은 당연하다.

저조한 출석률을 통해 방황하는 양들이 있는지 확인할 수 있는 것이 사실이라면 목자는 양들의 출석률의 변화를 반드시 알고 있어야 한다. 이를 위해 필요한 제도를 만들어야 할 것이다. 신약에서 나오는 '장로'의 동의어 중 하나는 '감독자'라는 것을 잊지 말라. 대부분의 목자들이 교인의 출석 추이를 파악하지 않고 있기 때문에 빠른 조치를 취하지 못하는 것이다. 교인이 교회에 잘 나오지 않고 있다는 것을 확인했을 때는 이미 늦은 감이 있다. 교회는 교인이 예배에 잘 나오도록 해야 하는데 제대로 하고 있는 교회가 적다. 미시적인 차원에서 양들을 보

---

9 Christian Reformed Church, *Building Bridges: The Art and Practice of Evangelistic Calling* (Grand Rapids: Church Development Resources, 1988), 66.

호하기 위해 간단하게 취할 수 있는 전략이 예배에 잘 나오도록 챙기는 일이다. 이것이 바로 헤어 부인이 언급했던 '울타리'인 것이다.

교회 출석률을 관찰하는 방법에는 여러 가지가 있다. 일부 교회에서는 좌석(벤치형)에 교인 카드를 배치하여 출석을 확인하기도 한다. 교인 및 첫 방문자들이 카드에 요구된 사항들을 정해진 시간 동안 기재한 후 제출하도록 한다. 교인이 성실히 입력한 사항들이 담당 목자들에게 잘 전달된다면 효율적으로 출석을 확인할 수 있게 된다. 또 다른 방법은 주일 교회 게시판에 교인 카드를 배치해 놓는 것이다. 교인이 기재해야 할 사항들을 좌석에 비치해 놓은 카드와 유사하다. 때에 따라 질문들이 다를 수도 있겠지만 카드 배치의 목적은 방문자들이 등록할 수 있도록 돕고 교인의 출석 패턴을 알아보는 데 있다.

두 가지 방법의 단점은 교인이 매주 똑같은 일을 반복해야 한다는 것이다. 벤치형 좌석에 마련된 출석 카드 또는 게시판에 마련된 카드를 매주 작성하고 제출해야 하는 것이다. 일부 교인은 여러 가지 이유로 인해 카드를 작성하지 않거나 작성은 했지만 제출하지 않기도 한다. 또는 예배 중에 카드 작성 및 제출을 부정적으로 바라보는 사람들도 있다. 추가로 우려되는 점은 기입된 정보를 즉시 처리하지 않거나 제대로 하지 않을 때도 있다는 것이다. 이럴 경우 시간과 에너지 낭비가 될 수도 있다. '교인 등록'이라는 방법을 택했을 경우 여러 방해 요소들을 극복해 나갈 수 있다. 교인이 카드 작성의 목적을 알고 정보처리 과정이 잘 확립되어 있다면 말이다. 더 나아가 데이터를 시의적절한 때에 목자들에게 넘겨주는 것도 중요하다.

어떤 교회는 각 교인에게 편지함을 배정해주고 주보를 넣어준다. 주일 예배에 참석했던 교인은 편지함에 있는 주보를 챙겨 가야 한다.

그렇지 않은 경우 예배 결석으로 간주되며 주보는 교인 가정으로 보내진다. 이러한 제도의 단점은 교인이 예배를 참석하고도 주보 챙기는 것을 잊을 수 있다는 것이다.

다른 교회에서는 헌금을 통해 출석 여부를 확인하기도 한다. 어느 교회 목사는 "교인이 매달 일정한 액수의 헌금을 냈다는 것은 예배 참석을 꾸준히 했다는 것을 의미 한다"고 말한다. 하지만 한 달에 한 번만 예배에 나와서 십일조를 내는 교인이 있을 수도 있는 것이다. 따라서 이 방법도 문제가 있다. '눈동자' 제도(the eyeball system)야말로 교인의 사생활을 침해하지 않으면서도 교인의 출석여부를 확인할 수 있는 신뢰가 가는 방법이다.

교회 사무실 게시판에 교인 명단을 마련하여 목자들이 자신이 맡은 양의 이름 및 기타사항들을 잘 알아볼 수 있도록 하는 것이다. 목사와 양육그룹 리더들이 매주 출석확인을 하면 된다. 크로스로드교회에는 1, 2부 예배를 통틀어 250명이 넘게 오지만 출석 체크는 몇 분이면 끝난다.

이 과정 중에 출석 확인이 되지 않는 교인은 거의 없다. 예배가 다양한 시간대에 이뤄지고 예배에 여러 번 참석하는 목자가 있는 경우 출석을 이중으로 확인할 수 있어서 용이하다. 이중 확인을 통해 출석 확인이 되지 않는 교인이 없도록 한다.

어떤 방법으로 얻은 정보이든 간에 잘 활용하는 것이 중요하다. 또한 양들의 출석 추이를 손쉽게 파악하기 위해 담당목자들에게 데이터를 빠르게 넘겨야 한다. 우리 교회의 경우 이러한 데이터를 게시판에 공지한다. 그리고 매월 당회 때 총정리하여 보고한다.[10]

---

10 부록 A "Shepherd's View" 표를 참조. www.theshepherdleader.com에서 다운로드 가능.

효율적인 양육을 위해 목자는 출석 패턴의 변화를 즉시 알아차릴 수 있어야 한다. 특히 잠적하거나 활동량이 줄어드는 교인에 대해서 말이다. 이러한 방법의 효율성에 대해 의구심이 든다면 다음의 질문을 스스로에게 던져 보라. '이 방법보다 더 나은 것이 과연 있을 수 있겠는가?'하고 말이다.

마태복음 18장에는 선한 목자란 어떤 사람인가에 대해 언급하고 있다. 선한 목자는 양 100마리 중 한 마리만 사라져도 이를 알아차릴 수 있는 리더이다. 따라서 목자는 교인의 출석여부를 기록함으로써 보다 더 나은 양육을 제공할 수 있을 것이다.

3. 결론

이번 장을 통해 목자들의 기본적인 역할과 양육에 있어서 거시적 및 미시적 접근 방법을 명확하게 구분하는 것의 중요성에 대해 살펴보았다. 거시적 양육은 양들의 전반적인 상태를 살피는 것을 말한다. 많은 양육팀이 이미 잘 하고 있는 분야다. 그러나 앞서 살펴보았듯이 미시적 수준에서 양육이 잘 되고 있을 때 거시적 차원에서도 잘 된다. 양육 사역의 효율성은 미시적 차원에서 결정된다고 해도 과언이 아니다. 양들과 개인적인 친분이 없는데 그들의 영적인 필요를 어찌 알 수 있겠는가? 개개인의 재능과 달란트를 모르는데 거시적인 차원에서 양들을 어찌 이끌 수 있겠는가? 양들이 직면한 도전, 고난, 유혹들을 모르는데 교회를 어찌 효율적으로 운영할 수 있겠는가?

마지막으로 중요한 것은 양육 사역의 근간은 성경과 기도에 있다는 점이다. 목자들은 성경에서 언급한 권위를 가지고 양육 사역을 하는 것이다. 또한 양들을 먹이고 이끌고 보호하는데 따른 필요를 성경에서 찾아야 한다. 따라서 목자들은 개인적인 시간이나 목자 모임에서[11] 교인을 위해 부지런히 기도하며 양들의 영혼을 하나님께 의탁해야 한다. 목자들은 하나님의 영광이 드러나도록 양육 사역의 효율성을 위해 끊임없이 기도해야 한다.

---

11 어떻게 하면 목자 모임에서 교인을 위한 기도를 잘 할 수 있는지에 관해 본서 제9장에서 다룰 예정이다.

| 생각해 볼 문제 |

    교회 리더들과 목양 매트릭스를 함께 살펴보고 양들을 보호하는 것과 관련된 다음의 질문들에 답해보라. 우리 교회는 미시적 보호와 거시적 보호 중 어느 것을 더 잘 하고 있는가?

1. 미시적 보호

1) 양들이 문화적인 요소들 때문에 유혹을 받고 있는 경우 목자들은 말씀이나 다른 방법을 통해 잘 해결할 수 있도록 하는가?
2) 마태복음 18:15-20에서 언급하고 있듯이 목자들은 가르침의 역할을 다하고 있는가? 또한 교인은 양들의 순수함 및 화목함과 관련된 성경적인 원칙에 대해 알고 있는가?

2. 거시적 보호

1) 양들은 문제가 발생했을 때 목자를 찾아 갈 정도로 목자를 잘 알고 있는가?
2) 당신은 예배나 친목 활동에 빠지는 양들이 생길 경우 이를 단번에 알아차릴 수 있는가? 양들의 참여도를 높이기 위해 어떤 방법을 택하겠는가?

	알아가기	먹이기	인도하기	보호하기
거시 목양 (공적, 전체적 사역)	• 정확한 교인 역할 분배 • 교인 전체의 강점, 약점, 기질 및 기회 알아가기	• 말씀 설교 • 기독교 관련 교육 프로그램 • 성례식	• 비전 제시 • 사명 및 목적 제시 • 사역상 필요한 의사결정 참여 • 위원회에서 리더십 발휘	• 성경을 기반으로 가르침 보호 • 경고성 메시지 전달 • 문화적인 유혹에 대해 경고 • (마 18:17) • 방황하는 양을 구제
미시 목양 (개인적, 관계적 사역)	• 양에 대해 개인적으로 알아가기 • 각 양을 담당하게 된 목자가 누구인지 확인하기 • 주기적인 연락을 어떻게 할지 전략 확립	• 제자 훈련 • 멘토링 • 소그룹 인도	• 솔선수범 보이기 (경건생활, 가정생활, 교회에 대한 책무) • 상담	• 미시적 차원에서 일깨움 • (마태복음 18:15-16) • 방황하는 양을 구제
		기도		
		말씀 사역		

THE SHEPHERD LEADER

제 3 부
모든 것을 종합해서 보기

남은 세 장에서는 지금까지 알아본 개념들을 양육 사역에서 실천하는 데 몇 가지 중요한 문제들에 대해 다루고 있다. 9장에서는 양육 사역의 필수적인 일곱 가지 요소에 대해 설명하고 있다 10장에서는 지금까지 설명한 원칙들에 기반을 두어 어떤 식으로 양육 사역을 하면 좋을지에 대해 정리하고 있다. 11장에서는 효율적인 양육 사역을 위해 목자와 교인을 어떻게 준비시키면 좋은지에 대해 논의하고 있다.

THE SHEPHERD LEADER

9장

효과적인 목양을 위한
일곱 가지 필수요소

성경은 성도를 인도하는 중요성에 대해 언급하고 있다. 성도를 잘 인도하기 위해서는 효과적인 계획을 세워야 한다. 이 장에서는 효과적인 목양 계획의 일곱 가지 필수요소를 살펴보고자 한다.

이러한 요소들 중 하나라도 빠뜨리게 되면 전체 계획이 흐트러질 수 있다. 당신의 교회에 이미 제대로 된 계획을 갖추고 있다면 보다 더 나은 결과를 위해 다음의 항목들을 활용하라. 계획에 다음의 요소들이 있는지 확인해 보고 필요에 따라 실제적인 제안들을 만들어 볼 것을 권장한다.

미리 마련해 놓은 계획이 없다면 이번 기회를 통해 시작해 보는 것도 좋을 것 같다.

1. 효과적인 목양은 성경적이어야 한다

성경에 기초하지 않는 목양은 살아남을 수 없다. 앞서 제시한 구체적인 것들을 반복할 필요는 없으나 각 그룹의 목회자들은 목양의 본질을 성경에서 찾고 그에 따라 실천해야 하는 의무가 있다. 그렇다고 성경적 표현 그 자체에 완전히 의지하는 것은 무리가 있다.[1]

1. 하나님은 자신을 백성의 목자로, 그의 백성은 하나님이 돌봐야 하는 양 떼로 묘사하였다(창 48:15; 시 80:1; 95:6-7).
2. 하나님의 전체적인 돌봄은 그의 양 떼를 알고 먹이고 인도하고 보호하는 것이다(시 23편).
3. 모세 및 다윗과 같은 하나님 백성의 리더를 백성의 목자로 묘사하였다(시 77:20; 78:72).
4. 인간으로서의 목자는 가끔 넘어지기도 하고 신앙이 약해지기도 한다(겔 34:1-10; 렘 23장).
5. 예수님은 앞으로 오실 구세주에 관한 예언의 완성이다. 그의 양들은 궁극적인 하나님의 섭리, 삶의 방향성과 안전을 발견한다(겔 24:23-31; 요 10:1-10).
6. 예수님은 장로를 통해 성도들을 끊임없이 돌보신다(행 20:28; 벧전 5:1-2).
7. 수많은 장로는 특정한 곳에 있는 특정한 양을 돌보도록 부름 받았다(행 14:23; 딛 1:5; 약 5:14).
8. 성경에 나타나는 장로라는 용어에 여러 의미가 있지만, 장로는

---

1 자세한 성경의 원리는 본서 제1, 2장 참조.

특별히 부름을 받고 하나님 말씀 사역에 집중하도록 재능을 받은 사람들이 있다는 증거가 있다. 이런 장로들은 양들을 목양하는 책임을 지는 것이다(딤전 5:17; 엡 4:11).

9. 장로들은 양에 대해 알아가고 양을 먹이고 안내하고 보호하는 기능을 계속한다. 이러한 기능은 교회적 차원에서(거시적) 협력하여 수행하고, 목자 개인적인 차원에서(미시적) 수행해야 한다(행 20:20).

10. 목자들은 언젠가는 그들이 맡은 양들을 돌본 것에 대해 사실대로 아뢰기 위해 부름 받는다. 그러므로 양들은 자연스럽게 목자의 권위를 존경하게 될 것이다(벧전 5:4; 히 13:17).

■ **행동계획**

1. 1, 2장에서 언급한 성경 자료들을 연구하고 양들을 인도하는 중요성에 대한 확신이 생겼는가?
2. 위의 원리들에 대해 토론하라.

2. 효과적인 목양은 체계적이어야 한다

양을 인도하는 사명을 받은 장로들은 주어진 임무를 성취하기 위해 전략을 잘 세워야 한다.

이미 보았듯이 리처드 백스터(Richard Baxter)는 17세기 영국 목회자 후보생(Kidderminster)들을 양육한 것으로 유명하다. 그는 부교역자와 함께 매년 800가정을 방문하고 교리에 대해 가르치는 계획이 있었다. 놀라운 것은 일주일에 이틀을 제외하고 부교역자와 함께 매일 15-16가정을 만남으로써 계획을 실제로 이행했다는 사실이다.

당신은 성도들을 양육할 계획을 갖고 있는가? 얼마나 효과적인 계획이라고 생각하는가? 어떤 점을 개선하는 것이 좋을 것 같은가? 과거에 양육 계획을 이행해 보았는가? 계획을 실패했다면 왜 실패했나? 실패 때문에 과거에 낙심한 적이 있더라도 포기하지 않길 바란다.

당신이 결정한 계획이 어떠한 계획일지라도 현실적이어야 하며, 당신의 장로들이 기꺼이 하고자 할 뿐만 아니라 할 수 있는 계획이어야 한다. 예를 들면 당신이 모든 가정을 일 년에 두 번 방문하는 것을 계획한다면 그것이 당신 교회의 장로와 성도에게 현실적이냐는 것이 중요하다. 당신의 계획이 그 지역의 문화적 측면에서 현실적인지를 살펴볼 필요가 있다. 그 다음 뒤따르는 필수요소는 당신으로 하여금 성도들을 인도하는 구체적인 계획들을 발전시키도록 도와줄 것이다.

■ 행동계획

1. 당신은 적절한 목양 계획을 가지고 있는가? 그렇다면 당신의 목양을 평가하고 개선하기 위해 요소들을 활용하라.
2. 적절한 목양 계획이 없다면 그것을 개발하기 위해 일곱 가지 필수요소를 사용하라.

3. 효과적인 목양은 포괄적이어야 한다

계획이 포괄적이어야 한다는 것은 당신 교회의 모든 구성원을 포함하여야 한다는 것이다. 교인 명부에 올라있는 모든 사람이 그 계획에 포함되어야 한다. 분명히 이것은 당신의 교인 명부 작성에 있어 주의가 필요함을 나타낸다. 공식적 명부상 오래전에 떠났거나 최근에 빠져나간 사람들이 있을지 모른다.

어떤 경우든 명부상 개개의 양들은 한때는 그리스도 안에서 신앙고백을 근거로 양 떼의 한 구성원으로서 인정되었기 때문에 이러한 활동에서 보살핌이 있어야 한다. 주님께서 맡기신 양들을 언젠가는 다시 주님께 돌려드리며 그들에 대한 책임을 져야 한다는 것을 기억하라. 명부상에 있는 각 개개인의 상황을 분류하고, 분류를 할 수 없거나 소재파악이 되지 않는 일부 사람들은 명부에서 제외해도 좋다. 접촉이 가능한 사람들의 경우 교회로 다시 인도하거나 다른 목자가 보살피도록 인계해야 한다.

목양 계획이 시작부터 실패하는 이유는 대상이 포괄적이지 않다는 데 있다. 나는 여러 해 동안 많은 교회 지도자와 대화를 나눌 때 교회에 목양 계획이 있는지, 그리고 어떤 방식으로 해나가고 있는지 물었다. 많은 경우 성도들을 소그룹으로 묶어서 양육한다는 대답을 했다. 이러한 계획에는 말씀 사역이 있고 목회자가 성도를 개인적으로 알아 갈 수 있는 환경이 조성되었다는 점에서 훌륭한 것처럼 보인다.

그러나 소그룹을 통해 목양을 한다는 주장에 추가해서 중요한 질문을 할 수 있다. 당신 교회 구성원 중 얼마나 많은 사람이 소그룹에 속해 있는가? 모범적인 경우 60%까지 일 것이다. 다음의 합리적인 질문은

"소그룹에 속하지 않은 사람들은 어떻게 인도하는가?"이다. 이런 질문을 받는 경우 대부분 멍하니 쳐다만 보거나 '인도받기를 원하는 사람은 소그룹으로 오세요'라고 짧게 말하곤 한다. 엉뚱하게 부담을 지우고 있는 것이 아닌가? 양 떼를 인도하는 책임은 양이 아니라 목자에게 있다.

소그룹에 오지 않는 구성원들이야 말로 장로들이 중심되어 이뤄지는 목양 사역을 필요로 하는 사람들 아닌가? 여기서 요점은 소그룹을 통해 성도를 인도한다고 말하는 대부분의 교회는 포괄적이어야 한다는 테스트에서 실패하게 된다. 한 번은 웨스트코스트에 있는 한 대형 교회의 부목사에게 똑같은 질문을 하였다. 그의 대답은 "성인 친교그룹을 통해서"였다. 그때 나는 자연스럽게 "얼마나 많은 사람이 친교 소그룹에 속해 있느냐?"라고 추가로 질문하였다. 그의 대답은 모른다는 것이었다. 포괄적이어야 한다는 테스트는 다시 세분화된다. 소규모 친교그룹이나 더 큰 그룹은 목양에서 중요한 요소일지라도 모든 구성원이 포함되지 않는 한 포괄적 테스트를 충족시키지 못할 것이다.

1) 적용계획

효과적인 목양 계획을 시작하기 전에 당신이 어떤 양들을 책임져야 하는지 알아야 한다. 기본적으로 그리고 '거시적으로 알아가기'(macro-knowing)에서 논의했듯이 그들은 당신 교회의 명부상에 있는 양들이다.

당신은 교인 명부를 분류하기 위해 한데 모으는 것부터 시작해야 한다. 거의 모든 교회가 명부를 업데이트할 필요가 있다. 명부 작업을 위해 리더들의 토요일 아침 모임이나 특별한 모임을 따로 정하라.

개개인의 이름을 읽으면서 양들의 상황을 분류하라. 명부가 오랫

동안 방치되지 않았다면 지도층 가운데 누군가는 개인 정보를 꾸준히 기록해 왔을 것이다. 성도들 중에는 오랫동안 나오지 않았던 사람도 있지만 꽤 적극적으로 교회 활동을 했던 사람들도 있을 것이다. 혹은 예배를 가끔 참석했던 사람들이나 아예 이사를 갔거나 다른 교회로 옮긴 사람들이 있을 수도 있다. 각각의 경우 개인 정보를 꾸준히 기록하는데 이런 과정은 개인에 대한 예비 진단을 하는 데에 도움을 준다. 이제 성도들의 다양한 특성들을 살펴보도록 하자.

(1) 건강한 양

이런 종류의 양은 예배에 정규적으로 참석하고 다른 사람들을 어느 정도 보살피는 역할도 하는 성도를 말한다. 목자의 궁극적인 목표는 교인의 마음상태를 알아내고 이들이 정신적으로 힘을 낼 수 있게 하는 것이다. 예배 및 교회 사역 참여도를 통해 교인의 영적인 상태를 알아볼 수 있다. 중동지역에 있는 목자들의 주 관심사 중의 하나는 매일 저녁 양들이 우리에 돌아왔는가를 확인하는 것이다. 전통적으로 목자들은 매일 저녁 막대기 아래로 양들을 통과시키면서 양들이 다 있는지 확인한다.[2]

신자가 될 사람들은 교회 예배에 참석하고 사역에 동참한다는 성도로서의 약속 또는 맹세를 한다. 그들은 주님을 경배하기 위해 출석하는 것이다. 많은 교회는 새로운 신자에게 다음과 같은 질문에 분명히 대답함으로써 그런 약속을 확인하도록 요구한다. "최선을 다해 예배와 교회 일을 지원할 것을 약속하는가?"[3] 그러한 질문은 보통 새신자

---

[2] Timothy S. Laniak, *While Shepherds Watch Their Flocks: Rediscovering Biblical Leadership* (Matthews,NC:ShepherdLeaderPublications,2007), 157.
[3] 미국 장로교에서 교인으로 등록하려는 새가족에게 묻는 4번째 질문에 해당된다.

에게 예수 그리스도에 대한 믿음과 그리스도를 따르기로 한 약속을 확인하는 질문 다음에 뒤따른다.

달리 말하면 그들은 하나님의 부름을 듣고 응답한 것이며 하나님을 따르기로 작정한 것이다. 예배와 교회 일을 지원하기로 한 약속은 교회에 대하여 목자를 따르는 양의 중요하고도 가시적인 모습이며 이런 약속들은 성경에 확실한 기초를 두고 있다. 수천 년 동안 믿는 사람들은 주를 경배하기 위해 모였고 신약의 시대에서도 계속되고 있다.

> 서로 돌아보아 사랑과 선행을 격려하며 모이기를 폐하는 어떤 사람들의 습관과 같이 하지 말고 오직 권하여 그날이 가까움을 볼수록 더욱 그러하자(히 10:24-25).

이는 예배뿐만 아니라 다른 성도들과 함께하는 모든 모임을 의미한다. 당신이 리더들에게 "비적극적인 성도들은 어떤 모습을 보입니까?"라고 묻는다면 흔히 "교회에 오지 않는다" 또는 "가끔 출석한다"라고 답할 것이다. 깁스(Gibbs)는 정기적인 교회 출석을 교회 헌신의 가장 높은 수준으로 본다. 깁스에 의하면 이 부류는 한 달에 한 번 이상 예배에 참석하는 것을 필요로 한다.[4] 그러나 이 기준에 따르면 반 이상 결석하는 경우도 적극적인 성도로 간주된다. 적어도 반 이상 참석하는 성도를 건강한 부류의 성도로 간주하는 것이 더 적절한 것으로 여겨진다. 그러나 사실, 하나님의 섭리로 인해 방해받는 경우가 아니라면 한 달에 세 번도 예배를 드리지 않는 성도를 적극적이고 건강한 성도로

---

[4] Eddie Gibbs, *In Name Only: Tackling the Problem of Nominal Christianity* (Wheaton, IL: Victor Books,1994), 32.

생각하기 어렵다. 목회자에 대한 약속의 성경적 합리성은 쉽게 입증된다. 베드로는 신자들에게 다음을 상기시킨다.

> 각각 은사를 받은 대로 하나님의 여러 가지 은혜를 맡은 선한 청지기 같이 서로 봉사하라 만일 누가 말하려면 하나님의 말씀을 하는 것 같이 하고 누가 봉사하려면 하나님이 공급하시는 힘으로 하는 것 같이하라 이는 범사에 예수 그리스도로 말미암아 하나님이 영광을 받으시게 하려 함이니(벧전 4:10-11).

어느 특정 교회에 헌신하기로 했다면 이는 그 교회 리더들에게도 헌신적인 마음을 갖고 있다는 의미이기도 하다. 바울은 모든 믿는 사람이 사명에 따라 헌신해야 함을 강조하고 있다.

> 우리가 한 몸에 많은 지체를 가졌으나 모든 지체가 같은 기능을 가진 것이 아니니 이와 같이 우리 많은 사람이 그리스도 안에서 한 몸이 되어 서로 지체가 되었느니라 우리에게 주신 은혜대로 받은 은사가 각각 다르니(롬 12:4-6).

바울은 각 개인의 중요성을 강조하기 위해 인간 육체의 "부분"에 비유하여 "지체"라는 말을 사용하고 있다(고전 12:4-7). 어느 특정 교회에 헌신하기로 했다면 그 교회 리더들에게도 헌신적인 마음을 갖고 있다는 것이다. 이는 성경적인 맥락에서 보면 예수 그리스도라는 몸에 속함을 의미한다. 믿음의 사람들은 교회 구성원이면서 예수님의 몸이라고 비유되고 있는 교회에서 섬기는 지체가 돼야 한다. 정기적으로 참석하고 다양한 사역에 동참하겠다는 약속을 감독하거나 관찰하는 것은 양 떼를 진단하기 위한 적당한 출발점이다. 어떤 의미에서는 단지 성도들의 약속에 대한 책임을 지키는 것이다. 각 지도부 팀은 정기적인 출석과 다른 사람들에 대한 사역의 기준을 정할 필요가 있다. 적극적이고 건강한 신자는 하나님의 섭리로 방해받지 않는다면 일요일마다 출석해야 한다. 사역동참은 교회의 공식적인 사역조직에 국한하지 않으며, 할 수 있는 한 비공식적인 개인 사역까지 폭넓게 이루어져야 한다. 각 지도부 팀은 성도들에 대해 이러한 평가를 해야 한다. 어느 한 성도가 정기적인 출석자이며 사역에까지 관여한 것으로 분류될 수 있다면 적극적이고 건강한 양으로 분류될 수 있다.

장로들은 양들의 영적인 상태에 대해 더 깊게 관찰해야 한다. 이때 앞서 언급한 기준들을 통해 영적 건강에 대해 조기 진단을 할 수 있는데 이는 일부 교회들이 제시하는 기준(세 달에 한 번씩 성찬식에 참여하거나 재정적으로 후원하는 사람들을 적극적인 성도라고 여김)보다 훨씬 낫다.

(2) 연약한 양

건강한 양이 적극적으로 출석하고 사역에 참여하는 사람이라면 연약한 양은 정기적으로 출석은 하나 사역에는 관여하지 않는 사람이다. 양들이 건강해지려면 훈련이 필요하다. 주일 아침 예배에 참석하는 것만으로 교회에 소속되었다고 생각하는 사람들이 많다. 그들은 관심사가 자신에게만 국한되기 때문에 연약한 양으로 지정된다. 그들은 교회의 대중 설교나 가르침에서 제공되는 양식으로 양육되는 한편 다른 사람을 사역하는 훈련은 받지 못한다. 그들은 다른 사람 섬김을 통해 성장하는 기회를 놓칠 뿐만 아니라 이러한 교인이 사역에 동참하지 않음으로 인해 그리스도의 몸은 약해진다.

(3) 길 잃은 양

길 잃은 양은 다른 사람 사역에 관여하지 않을 뿐 아니라 분기에 한 번 정도 예배에 참석할까 말까 하는 사람이다. 이런 사람들은 크리스마스나 부활절에 간혹 나타난다.

(4) 잃어버린 양

잃어버린 양은 교회를 완전히 저버린 사람이다. 이는 교회 혹은 주님과 연결되어 있다는 것을 증명할 것이 오직 교인 명부에 있는 그의 이름 뿐인 사람이다.

(5) 상황에 따라 활동하기 어려운 양

이 밖에도 개인의 상황으로 인해 교회 활동을 활발히 할 수 없는 사람들이 있는데 이들을 따로 분류할 필요가 있다. 양로원에 있는 사람이나 외출할 수 없는 환자, 학교, 군대, 다른 사역이나 출장으로 멀리 가 있는 사람 혹은 이사 간 사람 등이 여기에 포함된다. 교회에 잘 나오지 않는 성도는 마음이 멀어질 수밖에 없다. 그렇기 때문에 이런 신자들은 보살피는 목자의 관심이 필요하다. 성도가 이사를 간 경우 그 근처에 있는 성도들과 잘 어울릴 수 있도록 북돋아줘야 한다. 외출할 수 없는 환자와 양로원에 있는 사람들에 대해서는 장로들의 심방이 정기적으로 이뤄져야 한다. 장로들은 학교, 군대, 출장이나 기타 사역 등으로 멀리 있는 사람들을 기도로 돕고 무엇이 필요한지 살펴야 한다. 당신은 교인 명부와 초기진단을 조사하면서 실망할지도 모른다. 명부에 영적으로 건강하지 않은 성도 수가 많거나 리더가 양에 대해 잘 몰라서 조기진단을 내릴 수 없다는 데에 실망할지도 모른다. "실망하지 말라!" 당신은 당신의 양 떼를 아는 데 있어서 중요한 걸음을 시작했다. 다음 단계는 더 중요하다.

■ 행동계획

1. 당신의 목양 계획은 교회의 각 구성원 모두를 포함하는가?
2. 당신이 책임져야 할 양들에 대해 확실히 이해하고 있는가? 언제 마지막으로 교인 명부를 명확히 정리했는가? 교인 명부를 통해 함께 일할 모임을 마련하라.
3. 양들의 초기진단을 완성할 시간을 가져라.

4. 효과적인 목양 계획은 관계적이어야 한다

앞서 성경의 자료들에서 보았듯이 양이 목자에 대해 알고 목자가 양을 아는 것은 매우 중요하다. 한 교회에 목자들이 많을수록 목자와 양 사이에 관계를 성립하는데 필요한 구조가 잘 짜여 있기 마련이다. 목자-양 사이의 상호이해를 극대화하기 위해 목자들에게 양들을 배정 하는 것이 필수적이다. 그래야 목자도 자신에게 맡겨진 양에 대한 책임 의식을 갖게 되며 양 또한 자신의 목자에 대해 알아갈 수 있기 때문이다.

1) 양들을 분배하기

목자들이 자신에게 맡겨진 양들을 책임지기 위해서는 양들을 어떻게 분배하는 것이 좋을까? 여러 교회에서 사용했던 다양한 접근법이 있다. 다음은 여러 교회에서 사용했던 방법 4가지를 정리해 놓은 것이다. 교회 규모에 따라 선택 가능한 방법이 달라질 것이다.

(1) 지리적 위치에 따라

많은 교회는 목자들에게 교인이 사는 위치를 기준으로 해서 양들을 나눈다. 필라델피아에 소재한 제10장로교회 매리언 클락 목사는 1,400명의 교인을 6개의 구역으로 나눠서 관리한다. 한 구역 소속 교인은 적게는 80명, 많게는 420명까지 있다. 각 구역마다 구역장이 있는데 이들이(목자 및 집사) 구역에 소속되어 있는 교인을 책임지게 되는 것이다. 이 방법의 단점은 특정 구역에만 교인의 수가 많을 수 있다는데 있다. 그나마 다행인 것은 교인이 많은 구역의 경우 그 수에 비례해서 목자들을 배치할 수 있다는 점이다.

(2) 친목 그룹

어떤 교회에서는 친목 그룹 또는 소그룹을 통해 양들을 돌본다. 캘리포니아에 소재한 복음주의풀러턴자유교회의 전 원로부목사 폴 세일헤머는 성인 친목 그룹 모임을 통해 4,400명의 교인을 돌보고 있다고 했다. 한 그룹에 35-150명의 교인이 소속되어있다. 각 그룹에 목자가 있지만 이들이 이끌어 가야 하는 것은 아니다.

(3) 소그룹

앞서 살펴봤듯이 소그룹 운영을 통해 양들을 관리하는 교회들이 많다. 일리노이주 사우스 브링턴에 있는 윌로우크릭교회는 소그룹 연계망을 통해 교인을 돌본다.

대형 교회에서 위와 같은 양육 모델이 성공하기 위해서는 개개인이 어떤 그룹에 소속되기 전에 각 소그룹에 대해 잘 알고 있어야 한다. 윌로우크릭교회에는 수천 명의 교인이 있는데 장로는 6명밖에 되지 않는다. 그렇기 때문에 소그룹 리더들이 양육을 전담하게 된다.

양육을 소그룹 체제로 운영하기 위해서는 각 그룹을 맡은 리더가 있어야 한다. 각 리더는 단 한 명의 성도도 교회 사역에서 소외되는 일이 없도록 해야 한다. 소그룹 운영의 가장 큰 과제는 교인 모두가 참여하도록 하는 것이다.

(4) 장로가 담당할 양을 선택

400여 명의 지체가 다니는 교회 목자들의 경우 담당하고픈 교인을 선택하는 것이 어렵지 않을 것이다. 일단 교인 명부가 나오면 장로들이 회의를 열어 담당할 양을 선택하면 된다. 이 접근 방법이 효율적인 이유는 이미 자연스럽게 형성된 교인과의 관계를 잘 활용할 수 있기 때문이다. 방법은 간단하다. 일단 교인 명단을 제공하고 각 목자들이 원하는 사람들을 선택할 수 있도록 하는 것이다.[5] 예를 들어 살펴보자. 장로 스미스의 소그룹에 해리 애버내시가 있다고 했을 때 스미스가 해리를 선택하는 것은 어쩌면 당연한 것이다. 소그룹 모임에 장로가 참여하는 것은 매우 유용하다. 왜냐하면 장로와 양이 개인적으

---

5 교인 명단은 가족 단위로 정리하는 것이 가장 좋다.

로 친해질 기회를 마련해주기 때문이다. 목자가 소그룹을 인도할 필요는 없다. 그냥 참여만 해도 그 효과는 엄청나다. 또한 장로와 양이 동일한 사역에 참여했을 때에도 친해질 수 있다. 그 경험을 바탕으로 장로는 양을 선택할 것이다. 또 다른 경로를 통해서 친해진 경우를 토대로 장로는 양을 선택하게 된다. 이 모든 과정은 다소 빠르게 진행될 가능성이 높다. 허나 특정 양을 서로 데려가겠다고 장로들끼리 경쟁할 수도 있다. 당신이라면 교인을 선택하는 과정에서 양보할 자신이 있는가? 모든 양에게 담당 장로를 연결시켜주는 이 과정은 신나고 즐거운 일이다.[6]

    길을 잃고 헤매는 양들을 반드시 포함시켜야 한다. 이들이 하나님과 교회와 어떤 관계를 맺고 있는지 확인할 필요가 있다. 양의 상태를 조기 진단하면 양의 상태가 악화되는 것을 사전에 막을 수 있다. 이를 통해 한 목자가 어려운 상황에 처해있거나 방황하는 수많은 양들을 한꺼번에 돌보아야 하는 상황이 발생하지 않을 것이다. 목자는 양과 형성한 기존 또는 현재 관계를 참고해서 선택하면 될 것이다. 목자와 관계를 맺었던 양이 방황하고 있다면 연락하기가 한층 수월할 것이다. 기존에 특별한 관계를 맺지 않았던 양들도 목자들에게 적절하게 분배를 해야 한다.

    당신은 그리스도께서 맡기신 모든 양에 대한 책임이 있다는 것을 기억해야 한다. 새로 온 교인이 등록했을 때도 각 사람을 목자와 연결시켜주고 배정해줘야 한다. 또한 각 장로가 담당하는 교인의 수가 가능한 비슷하도록 해야 한다.

---

[6] 양을 소그룹으로 나눌 때 본서의 부록 A 또는 www.theshepherdleader.com 에 있는 서식을 참고하라.

그 양이 또 다른 하위 리더(소그룹 리더들)에게 속해있더라도 목자-장로는 담당하는 양에 대해 잘 알아야 한다. 또한 담당 목자는 모든 양에 대한 책임을 맡았다는 사실을 잊어서는 안 된다.

한 목자가 담당하기에 적정한 수준의 양은 몇 마리일까? 10-15 가정이 가장 이상적이다. 단위는 가정 또는 개인이다. 이는 수년간의 경험을 토대로 나온 숫자이지만, 반드시 그래야 한다는 것은 아니다. 이보다 많은 경우 돌봄이 다소 어려워지고 복잡해지는 경향이 있다. 당신이 맡고 있는 양 떼가 늘어날 때쯤 주님께서 양육 사역 목자의 수를 더 늘려주시기를 희망한다.

2) 집사를 양육 사역에 포함시키기

양육 사역에서 집사의 역할은 무엇일까? 고린도전서 3장은 집사를 통해 양들을 더 잘 돌볼 수 있음을 명시하고 있다. 디모데전후서에 장로와 집사의 자격 조건이 나와 있다. 여기서는 신학적 관점에서 바라보는 집사라는 직분에 대해 세세하게 다루지 않으려 한다.[7] 그러나 성경적 맥락에서 볼 때 장로와 집사의 역할은 구분할 필요가 있다. 대략적으로 말하자면 장로는 양들의 전반적인 영적 상태를 감독하고 집사는 양들의 육체적이고 물질적인 사항에 집중한다. 즉, 그리스도께서 맡기신 양들에 대한 포괄적인 돌봄을 위해 장로와 집사 모두 참여해야 하는 것이다.

안타까운 점은 교인이 장로의 역할에 대해 오해하고 있는 부분이

---

[7] Timothy Keller, *Ministries of Mercy: The Call of the Jericho Road*(Grand Rapids: Zondervan, 1989); and Alexander Strauch, *The New Testament Deacon: The Church's Minister of Mercy*(Littleton, CO: Lewis and Roth, 1992).

있듯이 집사들의 역할 또한 잘 알려지지 않은 부분이 있다는 것이다. 집사는 교회 건물을 청결히 유지하고 온도가 적절한지 확인하는 역할을 맡았다고 생각하는 교인이 많다. 교인의 물질적인 필요를 충족시켜 주는 것도 중요하지만 집사들도 양들의 영적 상태에 집중할 필요가 있다. 이 중요성을 사도행전 6장에서 찾아볼 수 있다.

"헬라파 유대인들이 자기의 과부들이 매일의 구제에 빠지므로 히브리파 사람을 원망"(행 6:1) 하면서 문제가 심각해졌다. 특정한 지파에 대한 편애로 인해 교회가 나뉠 위기에 처해있었다. 설립 초기에 있는 교회가 구제 관련 편파와 파벌 싸움으로 인해 위태로워져야 할 것인가? 당시 사도들은 문제의 심각성을 느끼고 해결해야 된다고 생각했다. 문제 해결을 위해 사도들이 누구를 찾아갔나 보면 문제가 얼마나 심각했는지 짐작할 수 있다.

> 형제들아 너희 가운데서 성령과 지혜가 충만하여 칭찬받는 사람 일곱을 택하라 우리가 이 일을 그들에게 맡기고(행 6:3).

교인이 하나님의 도움을 구해 과부를 구제하는 복잡한 문제 해결에 필요한 사람을 선택했어야 했다. 여기서 살펴볼 수 있듯이 오늘날 집사 직분과 유사한 위치에 있었던 당시 사람들은 회중의 물질적인 필요를 채워주는 데 초점을 맞췄다.

이러한 성경적 사례를 보고 집사들의 역할을 한정 짓는 사람들이 많다. 당시 사도들은 "오로지 기도하는 일과 말씀 사역에 힘쓰기"(행 6:4) 위해 일곱 사람을 택하고 과부 구제 사역을 그들에게 맡긴 것이었다. 오늘날 목자와 집사들의 역할이 나뉘어져 있는 것도 결국 양 떼의 이익을 위한 것이다.

사도행전 6장과 디모데전서 3:8-13에서 집사 역할의 중요성과 양육 사역에 있어서 필요한 지혜에 대해 언급하고 있다. 역할은 거의 비슷하다. 다만 장로의 경우 "가르치기를 잘해야 한다"고 디모데전서 3:2은 말하고 있다. 이러한 점을 염두에 둘 때 그리스도께서 맡기신 양들을 잘 돌보는 데 있어서 집사의 역할이 필수적이라는 것을 아는 것은 중요하다.

이 때문에 집사들도 장로들[8]과 함께 책임감과 전문성을 가지고 교인에게 물질적인 필요를 채워줘야 한다. 일반적으로 집사들은 교회 건물 또는 예산과 같이 교인 전체를 위한 거시적인 영역을 다룬다. 또한 목자들을 도와 교인의 물질적인 필요를 채워주는 등 미시적인 영역도 다룬다. 따라서 목자들의 양육 사역에 집사들이 함께 해야 한다. 이는 전혀 새로운 것이 아니다. 19세기에 살았던 데이비드 딕슨(David Dickson)은 "목자는 담당 지역 소속인 집사들과 항상 소통해야 한다. 도움을 필요로 하는 사람들을 어떻게 대해야 할지 관련해서 조언을 아끼지 않으며 말이다."[9]

양육에 대한 최종 책임은 목자에게 있다. 그러나 성경에 나와 있듯이 집사들도 양의 영적 건강을 위해 중추적인 역할을 하는 것이다. 교인을 양육하는데 있어서 집사들을 양육 그룹에 배치하는 것 보다 더 좋은 방법이 있을까? 집사들을 양육 그룹에 두었을 때 얻는 이점이 많다.

---

[8] 침례, 독립 및 회중 교회에서 "집사"는 양들의 영적인 상태에 대한 1차적인 진단을 맡은 사람들을 일컫는다. 성경에서 언급했던 직분과 그에 따른 역할 분담을 명확히 하기 위해서 정확한 명칭을 사용해야 한다. 성경에서는 양들의 영적인 상태에 대한 1차적인 진단을 맡은 사람들을 "감독"(overseers) 또는 "장로"(elders)라고 하고 있다.

[9] David Dickson, *The Elder and His Work*(repr., Dallas: Presbyterian Heritage Publications, 1990), 75.

첫째, 교인은 목자장(그리스도)의 계획에 따라 장로와 집사들을 통해 매우 포괄적인 돌봄을 받게 된다.

둘째, 집사의 역할의 중요성에 대해 신자들이 올바른 인식을 갖게 될 것이다. 또한 집사들이 맡은 일에 대해 관심이 높아질 것이다. 집사들을 청소부나 관리인으로만 여기는 사람들은 더 이상 없을 것이다. 대신 집사들은 교인의 물질적 안녕을 책임지기 위해 일하는 사람들로 생각될 것이다.

셋째, 집사들 또한 자신들의 사역에 대해 집중하고 전력을 다하며 직분의 중요성을 느끼게 될 것이다.

넷째, 맡겨진 양을 위한 사역에 동참하면서 장로와 집사들 간의 동료 의식도 다질 수 있을 것이다. 장로와 집사들이 함께 모여 관계를 다지는 교회는 거의 없다. 아마도 예산 문제로 일 년에 한 번 모이는 정도일 것이다. 당신이 다니는 교회의 장로와 집사들은 업무상 어떤 관계를 맺고 있는가? 많은 경우 장로와 집사들은 교회 자산과 역할 분담과 관련해서 충돌한다. 집사들에게도 양육 돌봄이라는 역할을 맡긴다면 장로와 집사들은 자주 만나게 될 것이다(맡겨진 사명이 매우 중요하다. 이에 대해서는 추후에 다루기로 하자). 장로와 집사들이 양육 사역에 함께 힘씀으로써 소통이 원활해지고 상호 존중하며 신뢰를 쌓아갈 것이다.

다섯째, 장로와 집사 모두 양육 사역은 하나님께 영광을 돌리기 위함이며 그들의 사명은 하나님을 섬기는 것임을 다시 한 번 상기하게 될 것이다.

하나님은 장로와 집사들을 통해 교회를 축복한다. 장로와 집사들은 상호 보완적인 존재이며 함께 사역할 때 하나님이 원하시는 종합적인 양육 돌봄이 완성되는 것이다. 최소 한 명의 목자와 한 명의 집사가 팀을 이룰 때 가장 이상적이다.

3) 다양한 소그룹 운영 방식

교인을 여러 개의 소그룹으로 나누고 각 그룹에 목자를 세울 때 목양 방식이 많아진다는 것을 점차 깨닫게 될 것이다. 다음을 살펴보자.

(1) 기도와 이메일을 통한 소통

소그룹을 만들고 여기에 장로를 세움으로써 회중과 교회 리더들 간 중요한 소통의 창구가 생긴다. 또한 장로가 소그룹 내 긴급 연락을 돌려야 할 때 교회를 거치지 않고 손쉽게 할 수 있게 된다.

(2) 교회 전체적 돌봄

여러 가지 이유에서 도움을 필요로 하는 교인을 지원하기 위해 많은 교회는 교인 전체에 대해 연락을 취한다. 예를 들면 어떤 교회에서는 출산을 한 가정에게 음식을 제공하는 사역을 한다. 또한 각 소그룹에 역할을 위임하여 교인의 필요를 채워주도록 한다. 소그룹 내에서 해결하기 어려운 문제인 경우 다른 소그룹이나 교회 전체에 도움을 청한다. 그룹 내 집사들이 목자를 도와 양육을 하며 집사들은 다른 그룹 구성원들도 도움 제공에 함께 할 수 있게 격려하는 모습이 가장 이상적이다. 그룹 내 방황하는 사람들이나 (병)약한 사람들에 대한 돌봄에도 다른 그룹 구성원들이 참여할 수 있도록 한다.

(3) 역할에 알맞은 책임자 세우기

오늘날 많은 교회는 주요한 역할에 알맞은 책임자들을 세우기 위해 애쓰고 있다. 최근 우리 교회 전도 위원회에서 지난 10주 동안 매주 해야할 일이 있었다. 행사를 맡은 리더들은 그룹 구성원들을 동원하여 세팅, 청소, 안내, 유아 담당 등 다양한 일들을 하도록 했다. 이는 매우 효율적인 방법이었다.

그룹의 성장과 교회의 효율적인 운영을 위해 택할 수 있는 방법은 많다. 더 나은 방법을 모색하기 위해 항상 깨어 있어야 한다.

■ **행동계획**

1. 당신은 장로와 양들이 서로 알아갈 수 있게 무엇을 했는가? 당신 교회의 교인은 담당 장로가 누구인지 아는가? 장로들은 자신들이 담당한 양이 누구인지 아는가?
2. 우선 교인 명부를 마련하라. 그 후 부록 A에 제공된 서식을 따라 가족 단위로 각 목자와 연결시켜 주라. 장로가 담당하게 될 양을 스스로 선택할 수 있도록 일종의 모임을 준비하라.
3. 목양팀에 장로와 집사들을 함께 배치하는 방법에 대해 생각해 보라.

5. 목양 사역을 효과적으로 하기 위해 필요한 4가지 목양 전략

목자의 기본적인 역할은 양에 대해 알아가고 양을 먹이고 이끌고 보호하는 일이다. 보다 효율적으로 목양 사역을 하기 위해서는 이 4가지 영역을 미시적, 거시적 차원에서 전부 다룰 수 있어야 한다. 이 책은 미시적 차원의 목양, 즉 목자와 양들간 개인적 교제나 관계 형성에 초점을 맞추고 있다. 많은 목자에게 부족한 부분이 바로 이것이다. 이 책의 제 2장에서 다뤘던 4가지 목양 전략을 생각하면서 다음의 질문들을 통해 당신 교회의 목양 사역을 검토해보고 평가해보라.

■ 행동계획

1. 미시적 차원에서 알아가기
   맡겨진 목양 그룹과의 관계를 맺어가는 과정에서 무엇을 할 것인가? 심방 계획을 세울 것인가? 아니면 전화 연락을 할 것인가?
2. 미시적 차원에서 먹이기
   양과 연락을 유지하는 과정에서 말씀 사역은 어떻게 진행할 것인가? 성경 공부나 교리 문답을 통해서 적극적인 전략을 택할 것인가 아니면 양들이 질문을 할 때까지 기다리는 소극적인 방법을 사용할 것인가?
3. 미시적 차원에서 인도하기
   사도 바울이 그랬던 것처럼 "너희는 나를 본받으라"(빌 3:17)라고 감히 말할 수 있는가? 삶의 어느 부분을 가장 많이 개선시켜야 하는가? 당신이 주님과 동행하는 모습은 타인들에게 모범이 될 수 있는가? 당신의 가정은 교회 다른 가정들에게 본보기가 될 수 있는가? 교인의 기본 역할(십일조, 예배 참석, 사역 동참)에 충실한가?

4. 미시적 차원에서 보호하기

양들이 당면해 있는 도전과제들이나 문제들을 알 정도로 당신의 양과 친한가? 교인의 출석 여부를 확인할 수 있는 제도를 만들어서 출석 패턴에 변화가 있는지 살펴보라. 이를 통해 출석 변화가 생기는 즉시 조치를 취할 수 있을 것이다.

6. 효과적인 목양 계획은 책임을 수반한다

성공적인 목양 사역의 최대 방해 요소는 목자가 책임을 다해 양들을 돌보지 않는다는 것이다. 목양 계획을 세우는 것과 실제로 양들에게 연락을 하는 것은 별개이다. 장로에게 있어서 목양이 최우선 과제라면 적어도 한 달에 한 번 연락을 취해야 할 것이다.

1) 월별 체크

장로들은 월별 목양팀 정기 회의에서 시간을 정해놓고(30-60분) 지난 달 양들이 목자의 연락을 받았는지 검토해보는 시간을 가져야 한다. 장로는 담당하고 있는 양에게 연락을 잘 했는지 보고할 의무가 있다.

또 양들이 겪고 있는 문제들 중에서 중보기도가 필요한 경우 기도

요청도 해야 한다. 월별 회의에서 출석도 점검할 필요가 있다.[10]

표를 작성하여 몇 번 연락했는지 보고할 때 교인의 주소, 전화번호 또는 기타 정보를 공유할 수도 있게 된다.[11]

목양팀에 집사들도 포함시켰다면 그들도 회의와 중보기도에 동참하게 하라. 이 회의를 통해서 특별 관심 및 케어가 필요한 양들을 살펴보면 된다. 이는 목양을 팀으로 운영할 때의 이점이다.

목양팀 모임이 끝난 후 리더 전체가 모여 회의할 시간이 필요하다. 모든 목자들이 관심을 갖고 해결해야 할 문제가 발생했는지 보고할 수 있는 좋은 기회다. 큰 위기를 맞닥뜨린 가정이 교회 전체로부터 도움을 받아야 하는 경우가 발생할 수도 있기 때문에 전체 회의를 통해 문제 공유를 하는 것은 매우 중요하다.

목양팀 내 집사들이 있다면 목양팀별 모임 때 목자들과 함께 회의를 하는 것이 중요하다. 양육팀 모임 이후에도 재정 상황, 교회 재산 보고 등의 문제들로 장로와 집사가 모일 수도 있다. 이러한 문제들은 교회 내 모든 리더들이 관심을 갖고 있는 문제인 경우가 많다.

이후 장로와 집사는 각자의 책무와 감독 영역에 대한 논의를 위해 따로 모여야 한다. 이러한 모임들을 통해 우리 교회는 목자와 양의 관계에만 혁명을 불러일으킨 것이 아니라 리더들 사이에서도 긍정적인 변화가 일어날 수 있다. 또한 장로와 집사들이 목양 사역으로 하나가 되면서 하나님이 주신 주요 책무가 무엇인지 깨닫는 시간도 가지게 되는 것이다.

협력을 통해 서로에 대한 신뢰가 쌓이고 각 직분에 하나님이 맡기신 책임에 대해 서로 존중하기 시작하면 결국 양들을 돌볼 때의 효율

---

10 부록 A "Shepherd's View" 참조.
11 예제 형식은 부록 A를 참조 하거나, WWW.theshepherdleader.com 으로 가서 다운로드 하라.

성도 증가하기 마련이다. 리더들은 어떤 방법과 전략을 사용하든지 양들의 영적 건강 향상을 위해서 한다는 것을 깨닫고 실천하게 될 것이다. 또한 어떤 목양 전략을 택하든 연락이 잘 이뤄졌는지 확인하는 시간이 필요하다. 이러한 확인 과정이 없으면 목자들이 양들에게 꾸준히 연락할 가능성이 줄어들기 때문이다. 이 과정을 통해 장로는 양에 대한 책임감을 갖고 연락하게 될 것이며 리더들 사이에서는 튼튼한 관계도 형성된다.

2) 연간 진단

적어도 일 년에 한 번은 교인의 상태에 대한 진단이 필요하다. 초기 진단은 교인 개개인의 영적인 건강뿐 아니라 교회 전체의 영적 상태를 살펴본다는 점에서 연간 진단과 사뭇 다르다. 첫 진단과 비교했을 때 교인 영적 건강이 악화되었는지 향상되었는지는 연간 진단을 통해서 알 수 있다. 다음과 같은 질문을 해보라. "방황하고 있던 사람들 중 몇 명이나 돌아왔는가?", "영적으로 강건해진 사람들은 몇이나 되는가?"

연간 진단을 할 때 오랜 시간 동안 방황하고 있거나 길 잃은 양들의 상태를 잘 살펴봐야 한다. 앞서 교인 명부를 정확하게 기록하고 업데이트하는 것의 중요성에 대해 알아보았다. 길을 잃어버린 양은 예배에 참석하지 않고 교회 생활도 하지 않는 교인을 일컫는다. 교인 명부에 이름만 있을 뿐이다. 목자가 연락을 성실히 하고 잘 돌보았다면 양이 길을 잃는 경우는 많지 않을 것이다. 하지만 양육 돌봄을 아무리 잘 한다 해도 길 잃은 양은 생기기 마련이다. 교회에서 목양 계획을 마련하고 리더들이 교인 명부를 주의 깊게 살펴보면 얼마나 많은 사람이 헤매고 있는지 알 수 있을 것이다.

연간 진단은 목자들이 한 해 동안 양들과 연락하기 위해 노력했다는 사실을 전제로 한다. 사실 목자들의 연락에 반응하지 않거나 예배나 교회 생활에 대해 완전히 거부 반응을 보이는 교인도 있다. 목자들의 노력에도 불구하고 반응을 보이지 않거나 비적극적인 교인을 어떻게 대하는지 리더들에게 물어보았다. 대부분의 경우 교회 명부에서 삭제한다고 대답했다. 일부 교회에서는 목자가 양에게 직접 연락을 하고 돌보려고 노력을 하다가 더 이상 안 되겠다 싶을 때 명부에서 삭제한다고 한다. 또 다른 교회의 경우 연락을 조금 해보다가 또는 아예 해 보지도 않고 이름을 지우기도 한다고 한다. 방황하는 양을 찾으려는 노력을 거의 하지도 않고 말이다. 명부를 깔끔히 정리하는 이유를 살펴보면 놀랄 것이다. 내가 아는 어느 한 목자는 다음과 같이 말한다.

> 교회가 소속되어 있는 교인 수만큼 교단에 내야 하는 돈이 있다. 교인이 더 이상 교회에 나오고 있지 않아도 명부에 소속되어 있는 한 내야 하는 것이다. 따라서 여러 방법을 동원해서 교인이 잘 나오도록 하던지 재정적인 부담을 덜기 위해서 이름을 지워야 하는 것이다.

교회가 교단의 요청 사항에 매우 충실한 것처럼 보인다. 하지만 방황하는 양에 대해 교회의 비인간적인 태도를 보여준다. 또 다른 목자는 "특히 작은 교회에게 있어서 명부를 업데이트하고 잘 정리하는 것이 매우 중요하다. 투표로 결정해야 하는 상황이 발생할 때 정확한 정족수를 아는 것은 필수이기 때문이다. 교회 출석은 하지 않으면서 정족수에만 포함되어 있는 교인이 많으면 투표 절차가 복잡해진다"라고 말한다.

위 목자들의 이야기들은 행정상의 딜레마를 잘 보여주고 있다. 더욱 안타까운 것은 행정상의 딜레마들이 양들을 돌보는 데 있어서 걸림돌로 떠오른다는 것이다. 이는 목양 자체보다 교인 숫자 세는 것에 더욱 관심을 두고 있을 때 발생하기 쉽다.

앞서 언급했듯이 교인 명부는 불완전하지만 중요하다. 그리스도의 양으로 부름받은 교인이 누구인지 구분 지어주기 때문이다. 목자의 목소리를 들은 양들 말이다. 교인 명부에서 이름을 삭제할 때 매우 신중해야 한다. 교인 이름 삭제를 매우 간단하게 여기는 교회들이 많다.

그러나 그 작업은 하나님 앞에서 교인의 상태를 평가하도록 목자들에게 허락하신 일종의 권위이다. 교인 명부에서 삭제된 교인은 특정 교회로부터만 박탈되는 것이 아니다. 예수 그리스도의 교회에 더 이상 소속되지 않는 것과 마찬가지다. 따라서 교인 명부에서 이름을 삭제할 때 엄숙하고 신중히 그리고 많은 기도가 쌓인 후에 진행해야 한다.

선한 목자이신 예수님이 쏟아 부으셨을 법한 마음을 가지고 임해야 한다. 만약 교인이 자신이 저지른 죄악 때문에 교회 나오기를 꺼려한다면 훈계와 올바른 가르침을 제공해야 한다. 그 교인이 교회뿐 아니라 그리스도께 다시 나아오리라는 희망을 품으면서 말이다.

결론적으로 목양 계획을 통해 목자들이 양들의 상태에 대해 논할 수 있어야 하고 양들의 필요를 충족해 줄 수 있어야 한다. 또한 연락이 잘 되고 있는지 확인할 수 있어야 한다. 목자에게 있어서 가장 중요한 대상은 양이다. 목양 사역을 팀으로 운영하고 리더 간 사역에 대한 보고를 주고받음으로써 양과의 연락을 보다 더 잘 할 수 있게 되는 것이다. 사역팀 내 보고 체계를 두면 목자들은 더 열심을 다해 연락을 돌리려고 할 것이다. 마지막 날에 하나님은 목자에게 책임을 물을 것이다. 양육을 잘 이끌어내기 위해서 서로 책임을 지게하고 격려해주는 것이 필요하다.

■ **행동계획**

1. 현재 목양 사역을 맡고 있는가? 그렇다면 어떤 방법을 통해서 연락이 잘 돌아가고 있는지 확인하는가?
2. 월별 사역자 정기 모임의 일부분을 할애하여 목자들이 양들에게 연락을 잘 했는지 검토하고 양들을 위해 기도하는 시간을 가져보라.
3. 적어도 일 년에 한 번은 방황하거나 길 잃은 양들의 상태를 점검하라. 점검할 때 교인 명부를 활용하라.

7. 기도는 효과적인 목양 사역에 필수이다

목양 사역은 수많은 영적인 수고를 필요로 한다. 그렇기 때문에 하나님이 더 나은 방향으로 이끌고 사역에 축복을 주시라고 기도하고 의지해야 한다. 제5장에서 보았듯이 포괄적인 목양 사역의 기초는 말씀 사역과 기도이다. 보다 더 효율적으로 양을 알아가고 먹이고 이끌고 보호하기 위해서는 성령님께서 목자와 양의 마음을 만지셔야 한다. 데이비드 딕슨은 다음과 같이 말하고 있다.

목자라면 자신에게 맡겨진 교인을 돌보기 위해 개인적으로 굳게 다짐해야 한다. 목자는 성령님께서 허락하시는 만큼 교인의 영적인 건강에 실제적이고 영속적인 영향을 주게 되는 것이다. 하나님은 이와 같은 사역에 반드시 축복하신다. 그분은 약속하셨고 약속한 바를 지키시는 신실한 분이시다.

> 너희가 악한 자라도 좋은 것으로 자식에게 줄 줄 알거든 하물며 하늘에 계신 너희 아버지께서 구하는 자에게 좋은 것으로 주시지 않겠느냐(마 7:11).[12]

하나님은 이 사역을 감당케 하시려고 당신을 부르셨다. 맡겨진 양을 돌볼 때 하나님은 당신을 축복하시길 원하신다. 우리는 하나님께 지혜를 구하며 사역에 임해야 한다. 이는 하나님의 도우심 없이는 아무것도 할 수 없다는 것을 인정하는 것과 동일 선상에 있다. 사무엘 밀러(Samuel Miller)는 양을 인도하기에 자신이 부족하다고 느끼는 목자들을 위해 다음과 같이 기도했다.

> 목자가 자신의 부족함을 느끼고 깨달을수록 끊임없이 하나님의 도우심을 구할 것이다. 목자가 은혜의 보좌에 가까워질수록 그는 하나님께 힘과 지혜를 구할 것이다.[13]

---

[12] Dickson, *The Elder and His Work*, 81.
[13] Samuel Miller, *The Ruling Elder*(1832:repr., Dallas, TX: Presbyterian Heritage Publications, 1999), 264.

하나님이 우리에게 맡기신 사역임에도 불구하고 하나님의 축복을 구하는 대신 우리들의 힘으로만 사역을 하려는 사람들이 얼마나 많은지 모른다. 교회 리더이기 때문에 회중 앞에서 대표 기도를 해야 하는 경우가 많다. 문제는 목자들이 혼자만의 시간을 할애해서 기도 생활을 잘 하고 있느냐이다. 조나단 에드워즈(Jonathan Edwards)는 "기도 생활에 있어서의 위선자"라는 제목의 설교를 두 편 썼다. 그의 두 번째 설교에서 다음과 같은 문제 제기를 하고 있다.

> 타인과 있을 때만 기도하는 사람은 혼자 있을 때 기도하지 않는다. 하나님을 의식하면서도 기도하지 않는 사람은 하나님을 경외하는 마음으로 기도하지 않는다. 항상 지켜보시는 하나님마저 무시하며 결국 기도도 하지 않는다.[14]

진정한 리더는 다른 사람들을 의식해서 또는 타인과 있을 때만 기도하면 안 된다. 개인적인 시간을 할애하며 그리스도처럼 기도생활을 열심히 하고 하나님이 맡기신 양들에게 모범을 보여줘야 한다.

하나님의 사람이라면 꾸준히 기도하는 훈련을 받아야 한다. 더 나아가 목자는 양들의 필요를 위해 기도하는 특권을 누리고 이에 대한 책임감을 가져야 한다. 양에게 정기적인 연락을 취할 때 기도 제목을 물어보라. 단순히 기도 제목을 듣고 받아 적는 데에 만족하지 말고 개인적인 시간을 활용하여 은혜의 보좌에 기도 제목을 올려드려라. 기도 제목을 알기 때문에 양과 연락하기가 점차 수월해질 것이다. 그렇다고 다음 정기적 연락을 할 때까지 기도 제목과 관련해서 연락을 안 할 필

---

14 Jonathan Edwards, *The Works of Jonathan Edwards* (Carlisle, PA: Banner of Truth, 1979), 2:75.

요는 없다. 리더는 양의 기도가 응답되었는지 가능한 빨리 확인해 봐야 한다. 필요에 따라 상담과 같은 다양한 방법을 동원하는 것도 좋다.

목자는 개인적인 기도 시간에 양을 위해 기도해야 한다. 또한 양육팀의 다른 리더들과의 월별 정기 모임에서 양들의 기도 제목을 나눌 수 있어야 한다. 이를 통해 목자는 양에 대한 책임을 다 하게 되며 양은 중보기도를 더 받을 수 있게 되는 것이다. 어떻게 하면 하나님이 원하시는 방법으로 기도 제목을 공유할 수 있을지에 대해 리더들은 고민해야 할 것이다.

방황하고 있거나 길 잃은 양에게 가장 시급하게 필요한 것은 기도다. 무엇으로 그들의 마음을 돌이킬 것인가? 무엇으로 탕자를 돌아오게 할 것인가? 하나님이 그들의 마음에 뉘우침을 주시고 하나님 품으로 돌아오라고 말씀하시는 하나님의 음성에 마음이 열리기를 기도하라. 우리 교회 장로들은 특별하게 지정한 월요일에 모여 방황하고 있거나 길 잃은 양들을 위해 기도하기로 했다. 이 밖에도 목양팀들은 매달 모여 양들을 위해 기도하는 시간을 갖는다. 우리는 기도에 힘쓰고 하나님께 온전히 의지해야 한다. 하나님 없이 할 수 없기 때문이다.

또한 장로는 양이 필요로 할 때 기도해주거나 방문할 의지가 있다는 것을 표현할 필요가 있다. 야고보서는 병들었을 때 목자에게 도움 요청 할 것을 얘기하고 있다.

> 너희 중에 병든 자가 있느냐 그는 교회의 장로들을 청할 것이요 그들은 주의 이름으로 기름을 바르며 그를 위하여 기도할지니라(약 5:14).

목자가 돌보기 원하며 또한 가까이 다가가고 싶어 한다는 사실을 교인은 알아야 한다. 따라서 목자-장로는 양을 위해서 뿐 아니라 양과 함께 기도해야 한다.

많은 교회의 경우 양육 사역의 필수 요소 6가지는 잘 챙기는 반면 기도하는 데 힘쓰지 않는다.

장로들이 성실히 기도해야 목양 사역을 효과적으로 감당할 수 있는 것이다. 하나님의 축복을 통해서만 사역을 잘 담당할 수 있다고 믿는 장로들만이 양을 위해 신실하게 기도할 것이다. 스코틀랜드의 위대한 목자, 토마스 찰머스(Thomas Chalmers)는 사역의 결실을 맺기 위해서는 하나님께 도움을 구해야 한다고 목자들에게 말했다. 토마스는 성요한 교회(St. John's Church) 목자들의 목양 사역에 앞서 다음과 같은 메시지를 전했다.

우리는 우리가 세워 놓은 계획의 효율성을 따지며 우리 지식과 지혜에 의지하는 경향이 있다. 보기 좋은 체계나 훌륭한 도구가 있으면 열매를 맺을 수 있을 것이라 착각한다. 목자와 집사들의 강력한 리더십이 있다면 좋은 결과가 바로 나올 것이라고 생각한다. 이때 하나님은 자신의 지혜를 믿고 의지하는 사람의 교만함을 부끄럽게 하실 것이다. 세상 속에서 하나님이 이루신 영적으로 선한 것들에 대한 영광을 받으실 것이다. 따라서 당신의 능력을 믿지 말라. 오직 경건함으로 사역에 임하라. 이때 10배나 좋은 결실을 맺게 될 것이다. 기도 없는 노력은 그 어떠한 긍정적인 영향도 가져다 줄 수 없을 것이다. 물론 노력 없는 기도도 생산적이지 않은 것은 마찬가지이다. 또한 노력하지 않으면서 기도도 불성실히 할 때의 결과와 비슷할 것이다. 노력하지 않은 자의 기도는 천국에서 받아들여지지 않을 것이다. 인간적인 노력과 하나님께 드리는 기도가 함께 가야 한다. 그래야만 사도들이 그랬던 것처럼 하나님 사역에서 결실을 맺을 수 있을 것이다. 여러분이 하나님과 동행하기를 기도한다. 칭찬받을 만한 사역을 하는 데 있어서 하나님의 축복과 평안이 함께 하시길 바란다. 또한 보다 더 효율적으로 사역을 이행해 나가길 바란다.[15]

■ **행동계획**

1. 각자가 맡은 양을 위해 또한 그들의 필요를 위해 주기적으로 기도하는가?
2. 사적인 기도 시간이나 목자 모임에서 어떤 방법을 동원해서 양들을 위해 기도할 것인가?

---

15 Hanna, ed., *Memoirs of the Life and Writings of Thomas Chalmer* (New York: Harper and Brothers, 1850), 2:301.

THE SHEPHERD
LEADER

10장

목양 사역의 의미

목자로서의 부르심을 진지하게 받아들인다면, 사역 접근방법에 중요한 영향을 줄 것이다.

1. 목양 사역이 예비 장로에게 주는 의미

만약 장로의 중요한 책임이 목양이라면, 이것은 자격, 훈련, 장로 선출에 큰 영향을 끼칠 것이다.

1) 자격

회중은 무엇을 보고 장로를 선택하는가? 불행히도 많은 이들이 무엇을 보아야 하는지를 알지 못한다. 많은 교회와 교인은 경제적으로나 사업에서 성공한 이들이 장로로서 자격이 있다고 생각한다. 이 때문에 교회에는 '이사들의 사고방식'을 가진 중직자가 넘쳐난다. 나는 경제적으로나 사업에서 성공한 이들이 섬길 자격이 없다고 말하는 것이 아니다. 사실, 이러한 성취들은 하나님이 주신 선물이다. 그러나 그것 자체만으로 그들이 장로가 될 자격이 주어지는 것은 아니다. 그렇다면 장로 후보를 찾을 때 진정으로 고려해야 할 것은 무엇인가?

장로 후보 선정에 있어 먼저 고려되어야 할 것은 성품이다. 이는 디모데전서 3:1-7과 디도서 1:5-9에서도 언급하고 있다. 다른 누구보다도 장로들이 성도들에게 모범이 되어야 한다. 단언컨대, 말씀에서 말하는 자격에 완벽히 들어맞는 사람은 아무도 없다. 그러나 이러한 자격에 예외가 빈번하게 발생해서는 안 된다. 완벽한 사람은 없다 할지라도, 바울은 장로의 삶이 복음의 힘을 통해 비난받을 것이 없어야 한다고 말한다(딤전 3:2).

또한 장로는 목자가 양을 사랑하듯 성도를 사랑할 줄 아는 사람이어야 하고 목양을 하는 데 있어서 책임감과 그에 따른 결단력을 갖추어야 한다. 장로를 선출할 때(선출 방법은 공동의회나 당회 등 교회 구조에 의존한다), 후보자의 성품이나 은사를 최우선으로 고려해야 한다. 각각의 후보들은 개인적으로, 공동체적으로 목양의 섬김을 한 증거가 명백히 있어야 한다. 공고를 통해 과정들이 진행됨에 따라 이러한 성경적 기준들이 회의 가운데 논의되어야 하며, 과정들을 기획한 서류를 신중을 기해 준비해야 한다.

2) 훈련

믿기 어렵겠지만, 몇몇 교회들은 장로의 직무 훈련을 거의 하지 않는다. 목양 사역 리더 훈련이 중요한데도 불구하고 목양 사역에 아주 적은 관심만을 보이고 있다. 직무 훈련에 있어 어떤 내용을 포함하고 있는지 자문해보라. 장로교 혹은 개혁파 교회는 장로를 훈련할 때 교회의 교리 학습에 치중하고 있다. 물론 장로들이 교리를 신실하게 믿고 장차 성도들에게 교리에 대해 가르쳐야 하기 때문에 교리 학습은 중요하지만 이는 장로 훈련의 한 부분일 뿐이다. 리더십 훈련에 대해서 전체적인 그림을 그릴 줄 알아야 한다.[1]

성품 기준이 성경에서 명시되어 있기 때문에, 이 부분들에 대해 장로 후보자들[2]과 공부하고 의논하는 것이 굉장히 중요하다. 하나님이 후보자들의 중요한 결점에 대해서 말씀하시기 때문에 그들 자신은 이런 기준들을 두고 스스로를 평가해보는 기회를 가져야 한다. 자격미달인 후보자들에 대해서 현직 장로들과 목회자들이 함께 이야기를 하고 결정을 내려야 한다.

교리 교육과 성품 기준과 더불어, 장로 후보자들은 목양에 대한 책임감을 가져야 한다. 사실상 장로 후보자들도 양들이다. 그들이 목양 사역을 할 때 하나님의 은총을 받은 것을 보면, 양육에 대해 책임감을 가져야 한다는 것은 어쩌면 당연한 일이다. 장로가 된다는 것은 목자가 된다는 것이고 이때 목자의 역할을 감당해야 함을 분명히 해야 한다. 후보자가 이미 두터운 관계를 형성한 장로나 양들(양육 대상자)과 함

---

1 본서 제7장 참조.
2 딤전 3:1-7에서 언급하고 있는 자질에 관한 연구는 www.theshepherdleader.com에서 다운 받을 수 있다.

께하면서 장로 직분을 수련하는 것이 좋다. 교회 전체 인구가 늘어나고 양 떼가 증가함에 따라 목자가 이끄는 양 떼 모임들도 자연스럽게 늘어날 것이다.

후보들과 성도들이 목자 자격에 대해 잘 인지하고 있고 장로들에 대한 훈련이 잘 이뤄지고 있다면 목양 사역에 큰 관심이 없는 사람이 선출될 가능성이 적어질 것이다.

2. 목양 사역이 현직 장로에게 주는 의미

몇몇 현직 장로들이 당신의 목양 사역에 함께하기를 꺼려한다면 어떻게 하겠는가? 믿기 어렵겠지만 이는 일어날 법한 일이다. 많은 장로들이 목양 사역에 집중하기보다는 교회 위원회에서 결정을 내리는 등 감독 위원으로 일하는 것을 더 선호하기 때문이다.

현명한 목회자는 모든 장로가 성도들에게 정기적으로 연락을 하고, 계획에 따라 목양 사역을 하는 일에 열정적이 아니라는 점을 알아두어야 한다. 몇몇 목자들은 목양의 성경적 책무를 알고도 이를 꺼려할 수 있다. 크로스로드교회에서 만난 한 원로 장로는 목양 관련 시도들이 진행된 시점에서 '저는 연락한 적이 없으며 관심도 없다'고 고백했다. 이러한 상황에서 팀으로 목양 사역을 할 때의 이점을 찾아볼 수 있다. 우리는 양들에 대해 제대로 된 목양을 제공하지 않은 장로와 잘 해온 목양 장로 및 집사를 한 팀으로 묶었다. 그동안 잘 해오지 않았던 장로도 매월 목양팀 회의에 참여해서 연락 관련 보고를 받고 중보 요청도 확인했다. 사실 이 장로가 다른 목양팀원들이나 성도들이 기뻐하는 모습을 보고 자극받아서 양들에게 연락했으면 하는 것이 희망사항이었다. 무슨 일이 일어났는지 아는가? 목자 역할의 중요성을 제대로 이해하기도 전에 떠났다.

어떠한 경우에도, 이러한 장로들에 대해 인내심을 갖고 기다리며 하나님이 이들을 세워주시기를 기도하는 것이 중요하다. 그러나 목양 사역 맡는 것 자체를 거부하는 장로가 섬길 자격이 있는 사람인지에 대해서는 진지하게 재고할 필요가 있다고 생각한다. 목양은 '은사'나 '선호'의 문제가 아니라, 부르심에 대해 어떤 마음을 가지고 있느냐의 문제이며 장로회 정체성의 문제이다. 즉, 목양은 사역에서 필수불가결한 요소이다.

3. 목양 사역이 '순환제'(Class) 또는 '기간제'(Term) 장로직 제도에 주는 의미

우리는 또 순환제에 대해서 생각해 봐야 한다. 교회에서 순환제는 '순환 관리자'나 '기간제' 제도로 알려져 있다(여기서는 같은 의미로 사용한다). 예컨대, 선출된 장로는 어느 한 클래스의 일원이다. 임기기간을 어떻게 정하느냐에 따라 달라지겠지만, 1년을 임기기간으로 했다면 예를 들어 2009년 한 해에 선출된 하나의 장로 클래스가 있는 것이다. 만약 임기가 3년이면, 이 장로들은 '2012년 클래스'가 될 것이다. 다시 말해 현직 장로들은 임기가 3년이고 임기가 끝나는 시점이 2012년이라는 뜻이다.

이 시스템은 성경에서 말하는 장로직의 본질과는 사뭇 다르다.³ 또한 현실과 동떨어져 있는 경향도 있다. 우선 성경에서는 장로의 임기 보장에 대해서 이야기하고 있지 않다. 이따금씩 안식년을 보내면서 장로직을 쉬는 것에 대해서 논란이 있는 가운데 순환제를 운영하는 것은 맞지 않다.

이 제도의 실용성에 대해 짚고 넘어가고자 한다. 기간제 장로직의 이점에 대해 물으면, "부적합한 장로를 매 3년마다 교체할 수 있다는 것"이라고 대답하는 사람들이 많다. 이는 매우 부끄러운 사실이다. 물론, 이 체제는 훌륭한 장로들도 3년마다 교체해야 하는 아쉬운 점도 있다(내가 개인적으로 아는 교회 중 가르치는 장로들에 대해서 임기 제도를 가진 곳은 단 한 곳도 없다).

또 다른 문제는 인위적인 방법으로 일정한 숫자의 장로를 채워야 한다는 것이다. 예를 들어 보자. 어느 교회에서 제도 운영상 각 클래스마다 3개의 자리를 둔다. 클래스에서 주요 역할을 정하면 적임자가 있든 없든 무조건 자리를 채워야 한다. 이 때문에 소명이나 은사, 섬길 의향조차 없는 사람들이 자리를 채우는 일이 발생한다. 당신의 성도들을 섬길 장로들을 몇 명을 세울지 어떻게 결정할 것인가? 정답은 있다. 소명이나 은사가 있고 검증된 사람들을 뽑는 것이다. 이를 기반으로 몇 명의 장로들을 세울지 결정해야 한다. 지나치게 많거나 지나치게 적어서도 안 된다.

기간제 장로직의 핵심적인 문제는 목양과 관련되어 있다. 장로들을 자주 바꾸게 되면 목양하는데 방해가 될 수 있다. 양들로부터 신뢰

---

3 이와 관련해서 John Murray의 생각에 동의한다. John Murray, Collected Writings(Carlisle, PA: Banner of Truth, 1977), 2:351-56 참조. 부록 B에 그의 글을 실었다.

를 얻기 시작한 장로가 있어도 제도상 섬김을 마쳐야 하는 상황이 발생할 수 있다. 만약 당신의 교회에서 기간제 장로직을 도입했다면 목양의 지속성을 위해 다음의 제안을 고려해보라. 3년 임기가 끝난 장로가 있다면 막중한 책임(당회에서의 역할, 행정적인 역할)을 덜어주는 대신 양들을 돌보는 역할은 계속할 수 있도록 하는 것이다. 목양팀에 소속되어 양들을 위해 기도하게 하라. 임기를 마친 장로가 연락해야 하는 양들의 수는 줄어들 수도 있겠다. 그러나 목자로서의 소명은 하나님이 주신 것이니 지속해 나가야 할 필요가 있다.

사실 기간제 장로직을 폐지하는 것이 더 나은 선택이다. 머레이가 말했듯이 "기간제 장로직의 단점들을 해소할 수 없다면 제도 유지를 고집할 수 없는 것이다."[4]

4. 목양 사역이 멤버 오리엔테이션에 주는 의미

대부분의 교회들은 일정한 모임을 통해 예비 성도들에게 교회 소개를 한다. 모임 시간은 교회마다 다르게 진행되지만 일반적으로 믿음, 실제 적용, 과정, 교회 특징에 대한 내용을 알려준다.

이 과정에서 교회의 목양 사역에 대해 예비 성도들에게 설명하는 일은 매우 중요하다. 교회들은 성경에 기반을 두어서 장로의 목양 사역에 대해 전반적으로 소개해 줘야 한다. 또한 새신자들은 교회에서 준비하고 있는 것들에 대해서도 알고 있어야 한다. 교회를 통해 그들이 무엇을 누릴 수 있는지 분명히 알게하라. 또한 장로들의 경우 양들

---

[4] Ibid., 2:356.

을 섬기고 그들을 위해 기도하는 데 있어 준비된 사람이라는 사실을 새로 온 성도들에게 알려줘야 한다. 또한 새신자들이 장로들에게 알려준 정보나 기도 제목을 신중하게 다룰 것이라는 확신을 갖도록 조치를 취해야 한다. 대부분의 교인은 장로들이 책임을 갖고 자신과 가족들의 영적인 건강을 위한다는 사실에 감사할 것이다.

목양에 대한 성경의 은유를 통해 예비 성도들은 몇몇 민감한 주제들에 대해 쉽게 다가갈 수 있을 것이다. 예를 들어보자. 제자 훈련을 진지하게 다루는 교회에 다녀보지 못한 사람들이 많다. 그렇기 때문에 "교회의 제자 훈련 과정과 행정(교회 운영 방식)에 순종하기"[5]로 마음을 먹어도 어떻게 해야 할지 모르며 그게 무슨 뜻인지도 모르는 경우가 허다하다. 따라서 이에 대한 기본적인 이해가 필요한 것이다. 안타까운 점은, 예비 성도가 새신자 모임에 오면 제자 훈련에 대해서 책자에 나와 있는 정도로만 아주 잠깐 소개하고 만다는 것이다. 훈련 과정을 자세하게 적어 놓은 책을 권하는 것도, 새신자 모임에서 너무 간략하게 설명하는 것도 권장하고 싶지 않다.

대신에, 모임에서 장로들이 목양 사역에 대한 소개를 직접 한다면 새신자들은 제자 훈련이 무엇인지 자연스럽게 알게 될 것이다. 교회의 장로들은 방황하고 있는 양들을 찾아 헤맨다. 새로운 성도들은 교회 제자 훈련에 함께하고 마음을 열어 순종하는 것의 의미를 알 필요가 있다. 양들이 교리적으로나 실제로 길을 잃었다면, 교회 장로들이 이들을 찾아 회복시키는 책임을 다할 것이다.

새로운 성도들과의 모임에서 마태복음 18:15-20을 전하라. 이는 교회 제자 훈련의 기초가 되는 말씀으로 하나의 잃어버린 양을 찾기 위

---

5 미국 장로교회에서 새로운 성도가 교인으로 등록하면서 헌신을 서약할 때 사용하는 표현.

해 99명을 뒤로한 채 떠난 좋은 목자의 이야기를 담고 있다. 잃어버린 양을 찾아가는 과정이 처음에는 홀로 하다가, 다음에는 다른 사람들을 동참시키고 마지막으로는 교회의 상황에 대해 보고하는 것을 포함한다. 두 이야기 모두 길 잃은 양을 찾는 것은 벌주기 위해서가 아니라 회복시키기 위함임을 분명히 하고 있다. 이것은 마태복음 18:21-35의 예화에서 잘 보여주고 있다. 예수님은 베드로가 "주여 형제가 내게 죄를 범하면 몇 번이나 용서하여 주리이까 일곱 번까지 하오리이까"(21절)라고 질문할 때 비유를 통해 대답하셨다. 베드로는 스스로 굉장히 관대한 사람이라고 생각했다. 그러나 예수님이 말씀해 주신 예화는 우리가 예수님을 믿으면서 용서를 받은 것처럼 자비롭게 용서하라고 도전한다.

마태복음 18장은 잃어버린 양을 찾길 갈망하는 목자의 모습이 담긴 말씀 이후에 나오며 용서의 필요성에 대한 내용 전에 쓰여 있는 것을 눈여겨 볼 필요가 있다. 이는 목자가 양을 돌보고 찾고 상태를 회복시키고 잘못에 대해 용서를 해주는 등 포괄적으로 다뤄야 할 것이 많음을 암시한다. 예비 성도에게 이 말씀을 잘 전달해준다면 교회 장로들이 양들에 대해 어떤 책무를 이행해야 하는지 알려주는 좋은 기회가 될 것이다. 또한 성경 구절에 기반을 두어서 목양의 중요성에 대해 강조하면 양이 길을 헤매고 있을 때 올바른 길잡이를 제공해 줄 수 있을 것이다.

새로운 성도가 교회에 왔을 때 어떻게 접근하면 좋을지에 대한 마지막 조언을 하겠다. 교회들에서는 새로운 성도들이 왔을 때 기존 성도들 앞으로 불러서 소개하는 경우가 많다. 또한 새로운 성도들이 교회의 일원으로서 헌신하고 '교회의 제자 훈련 과정과 행정에 순종하기'를 바란다. 이들은 헌신하기를 고백하면서 "네, 저는 목자-장로인 당신의 권위에 순종하며 그리스도안에서 돌보아주시고 삶의 방향을 이끌어주시는 대로 살 것을 약속합니다"라고 말한다. 크로스로드교회에서 우리는 이에 덧붙여 추가 질문을 할 때 도움이 된다는 것을 알았다. 새로운 성도가 또 다른 고백을 하도록 부추기는 것이 아니라 목자-장로가 헌신에 대한 고백을 하도록 이끌어내는 것이다. 새신자가 서있는 동안, 장로들을 일으켜 세워 다음의 내용을 읊으면서 헌신에 대한 고백을 하도록 한다. "당신은 이 새신자들의 목자로서 맡겨진 새로운 신자를 목양하는 책임을 감당하겠습니까?"라는 질문에 대해 장로들로부터 "네, 그렇게 하겠습니다"라는 고백을 이끌어낸다면 양과 목자의 관계가 매우 중요하다는 사실을 성도들과 다른 장로들 앞에서 다시 한 번 확인하는 계기가 될 것이다.

5. 목양 사역이 교회 훈련에 주는 의미

앞에서 언급했듯이, 교회 목자들에 대해 훈련을 하는 것이 중요하다. 양 떼를 위임받은 자는 교회 훈련을 받아야만 한다. 이는 최근 우리 교회 한 성도에게 발생한 문제가 심각해지면서 나의 관심사로 떠올랐다. 목자들 중 한 사람이 내가 목양팀과 토론했으면 좋을 것 같은 문제가 있다고 연락해왔다. 목양팀과 의논하기 위한 날짜를 잡으려고 연락했을 때 리더들이 이미 문제를 해결했다는 이야기를 전해 들었다. 길 잃은 양을 바로잡기 위해 장로들과 집사들이 직접 나서서 일을 처리했다는 사실에 감동을 받았었다. 마태복음 18장에서는 첫 번째(일대일 만남)와 두 번째(다른 사람과 함께 함) 접근법을 활용할 것을 권하고 있는데 문제의 수위가 이보다 심각해졌을 때, 양 떼를 맡은 리더들이 "교회에 알림으로" 이들 사역의 첫 단추를 끼울 수 있을 것이다. 양들에게 정기적으로 연락을 취하고 세심하게 돌보면서 다져진 목자와 양의 관계 덕분에 양들은 올바른 방향성을 제시하는 목자에 대한 신뢰를 쌓을 수 있을 것이다. 만약 리더들이 역할을 제대로 이행하지 못한다면 당회가 문제 해결에 나서도록 해야 할 것이다.[6]

6. 누가 목자를 양육하는가?

"목자는 누가 양육하는가?"하는 질문이 생길 것이다. 목자-장로들이 양들에게 연락하고 돌보느라 바쁜 가운데 있을 때, 누가 목자-장로들에게 연락(안부)을 취하고 이들을 돌보는 것이 좋을까? 우선, 목양팀에 집사들이 있다면, 목자-장로는 집사들이 양들을 돌보는 것처럼 집사들과 그들의 가족을 돌볼 책임이 있다. 목자-장로들을 양육하고 돌보는 일은 목사나 부목사가 하는 것이 좋다. 대부분의 경우, 이는 목회자들이 다뤄도 되는 영역이다. 한 교회에 목자-장로들이 많다면 부목사들이 함께 책임지면 된다.

위 문제가 해결되었다면 "그렇다면 과연 누가 목회자를 돌보는가?" 하는 질문이 생길 것이다. 이것은 조금 복잡해질 수 있다. 아마도 목자-장로들을 격려해서 목회자와 그 가족들에게 연락을 하고 신경 쓰도록 하는 것이 가장 선한 방법일 것이다. 목회자가 홀로 감당해야 하는

---

6 교회 제자훈련과 관련해서 가능한 한 소속 교파의 절차에 따르는 것이 중요하다. 안타까운 것은 교회 직분이 있는 사람들을 이끌고 성도들의 권리를 보호하는 것 뿐만 아니라 자주 발생하는 문제 해결 및 예방 차원에서 필요하다는 점이다.

부분이 많은 것이 사실이다. 목회자 가족들의 영적, 육체적 건강을 생각해주는 사람들이 주변에 많다면 목회자가 사역하는데 매우 유용할 것이다. 사실 모두가 그렇듯 목회자들 또한 많은 관심을 필요로 한다. 그러나 양들의 경우와 마찬가지로, 많은 목회자 또한 문제가 발생하거나 회의를 할 때 비로소 장로들의 관심을 받곤 한다. 목회자들에게도 평소에 적극적으로 연락을 하고 관심을 가져야 한다.

7. 목양 사역이 교회 내 다른 사역에 주는 의미

많은 사람이 이와 유사한 목양 방법을 채택하는 것이 교회 내부적으로 유용하다는 것을 알고 있을 것이다. 예컨대, 청소년 담당 사역자와 대학부 담당 사역자들은 맡겨진 범위 내의 학생들에게 정기적으로 연락하는 방법을 택했다. 그리고 이미 열심히 활동하고 있는 학생들뿐만 아니라 그럴 가능성이 있는 학생들에게 연락하는 노력을 아끼지 않았다. 특히 대학 입학 후 교회와 멀어지는 학생들이 많기 때문에 중요한 결정이었다.

교회 내 다양한 사역 부서에서 해당 부서 소속 성도들에 대한 관심을 갖고 돌볼 때 목양은 다차원적으로 이뤄지게 될 것이다. 이는 이미 열심히 활동하는 성도들과 앞으로 그럴 가능성이 있는 성도들 모두에게 해당한다.

8. 목양 사역이 교회 개척에 주는 의미

일반적으로 교회 개척을 한다고 했을 때 사람들을 그리스도께로 인도하는 데 유용한 전략들을 생각하곤 한다. 실제로 그러한 전략을 잘 실현시키면 교회가 성장할 것이다. 사람들을 그리스도께 인도하는 일은 모든 교회의 사명이다.

교회 개척을 계획하는 사람들은 교회를 성장시키기 위한 전략 이행 시 죽을 각오로 임한다.

그러나 기존 성도들에 대한 목양이 제대로 이뤄지고 있지 않은 상태에서 새로운 사람을 교회에 영입하는데 전력을 다해서는 안 된다. 기존 교회에서와 마찬가지로 개척 교회에서도 새로운 사람들이 교회 앞문으로 들어오는 동안 기존 성도들은 뒷문으로 빠져 나간다. 특히 개척 교회에서는 "새로운 무언가"에 대한 흥미가 금방 사라지거나 교회에서 모든 성도에게 교회 사역에 동참할 것을 요구하기 때문에 사라지는 사람들도 있다. 어떤 경우에서든 교회 개척을 할 때 새로 온 성도들에 대한 목양 사역을 가능한 빨리 시작하는 것이 중요하다. 개척 교회에서 양과 목자 간에 원활하게 소통하고 돌보는 것이 필수적이다. 교회의 대외적인 사역에 너무 신경 쓴 나머지 대내적인 사역을 소홀히 하지 않도록 주의하라.

교회를 개척할 때 목양 사역의 책임을 목자 혼자 떠맡아야 하는 경우가 있다. 예비 장로들에 대한 훈련을 할 때 목자인 장로의 역할을 성경에 기반을 두어서 소개해 줘야 한다. 타 교회에서 장로 한 명을 초빙해서 개척 교회를 시작한 당신의 사역을 도와달라고 요청하는 것도 매우 유용할 것이다. 그러나 장로가 가지고 있는 "목양"에 대한 관점을 확인하기도 전에 무조건적으로 도움을 요청하지는 말라. 개척 후 장로 후보자들의 자격을 검토하고 일정 기간 동안 훈련을 마쳤다면 양들에 대해 진정으로 아끼는 사람이 누구인지 살펴보고 목양 사역의 주축으로 세워라. 목양 사역을 잘 감당할 수 있는 장로가 아니라면 직분을 주지 않는 편이 낫다.

목양 계획을 잘 짜놓으면 새로운 교회를 개척하는 데 용이하다. 이는 특히 모 교회에서 지역별 교구체계를 갖고 있었다면 더욱 그러하다. 각 교구가 성장함에 따라 해당 교구 장로와 집사들은 양들을 돌보는 데 있어 더 능숙해질 것이다. 교회에서 추후에 개척할 비전이 있다면 특정 지역에 교구를 만들고 어느 정도 성장하면 새로운 교회로 자리 잡을 수 있게 하는 것은 어떠한가? 리더들도 세워져 있고 리더와 성도 간 관계 및 양육 체계도 잘 잡혀 있을 터인데 이는 개척 교회에 매우 필수적인 요소들이다. 물론 모 교회가 애초부터 개척에 대한 비전이 있어서 준비했을 경우 개척이 성공할 가능성이 더 높을 것이다.

| 생각해 볼 문제 |

1. 목양 사역이 예비 장로에게 주는 의미

1) 당신의 교회 장로 후보 자격으로 디도서 1장과 디모데전서 3장에서 다루고 있는 성품이 포함되어 있는가? 또한 후보들이 양육하기에 적합한 소질이 있는지 확인할 방법이 있는가? 더 나아가 성도들과 후보들이 이러한 자격에 대해 잘 인지하고 있는가?
2) 교회 장로 훈련 프로그램에서 성경에서 언급되고 있는 성품을 강조하고 양육의 중요성에 대해 설명하고 있는가?

2. 목양 사역이 "순환제"와 "기간제" 장로직에 주는 의미

1) 당신의 교회는 "기간제 장로직"을 채택하고 있는가? 이 제도가 성경적이라고 생각하는가? "목양" 담당 장로들과 이러한 제도에 대해 심도있게 논의해보라. 이 제도에 얽매이지 않기 위해 어떤 다른 조치들을 취할 것인가?
2) 만약 기간제 장로직을 계속 유지할 계획이라면, 어떤 방법으로 교회 목양 사역을 안정적으로 지속시켜 나갈 것인가? 목양 사역에서 공식적인 임기가 끝난 후 "직책을 내려놓은" 장로들을 어떻게 활용할 것인지 생각해보라.

3. 목양 사역이 멤버 오리엔테이션에 주는 의미

1) 새로운 성도(새가족) 오리엔테이션에서 장로들이 목회 사역에 대해 소개하는 시간이 마련되어 있는가?
2) 어떻게 하면 목회 사역 소개를 효과적으로 할 수 있을지 생각해 보라.

4. 목사-장로 목양은 누가 할 것인가?

1) 목사-장로의 목양을 누가 책임질 것인지 결정해야 한다.
2) 목회자들과 그들의 가정을 누가 양육할 것인지 결정해야 한다. 한 명의 목자-장로가 할 것인가, 아니면 목자-장로 그룹이 맡을 것인가? 그것도 아니면 다른 교회 리더에게 맡길 것인가?

5. 목양 사역이 교회 내 또 다른 사역들에 주는 의미

1) 성도 목양을 위한 전략을 세우는 것이 다른 사역들을 진행할 때 유익할까? 만약 그렇다면, 어떤 사역들에서 목양 전략을 활용하여 좋은 결과를 얻을 수 있을까?
2) 일정 시간을 마련하여 사역 리더들이 목양 전략들에 대해 알아갈 수 있도록 하라.

6. 목양 사역이 교회 개척에 주는 의미

1) 새롭게 개척한 교회에서 즉각적으로 목양을 할 수 있는 계획들이 있는가?
2) 목양 계획을 사전해 마련하여 교회에 새롭게 오는 사람들이 처음부터 목양을 잘 받을 수 있도록 해야 한다.
3) 처음으로 장로 후보들을 물색할 때, 성경에서 명시하고 있는 역할을 충실히 해낼 수 있는 사람을 찾으라. 또한 목양 리더 훈련 과정에서 성경에서 말하는 목자의 역할을 잘 설명하라.

THE SHEPHERD LEADER

11장

시작해보자!
실천을 위한 제안들

목양 사역을 어떻게 시작하면 좋을지에 대해 알고 싶을 것이다. 이번 장에서는 교회 목양 사역과 관련된 실제적 방법을 소개하고 있다. 이들 중 대다수는 앞서 언급된 것들에 기초하고 있다. 따라서 보다 간단하게 소개하고자 한다. 구체적이고 실질적인 방안에 대하여 살펴보고 싶다면 홈페이지(www.theshepherdleader.com)를 살펴보면 될 것이다.

1. 목양 사역을 시작하는 목자들을 위한 10단계

1. 1, 2장에서 설명한 목양 사역 관련 성경적 기초부분들을 공부하라.
2. 목양의 거시적, 미시적 기능들을 리더십 모임에서 어떻게 다루고 있는지 분석하는 시간을 갖도록 하라.

3. 현재 계획을 평가하고 새로운 계획을 세우는 데 있어서 본서 제 8장에서 언급한 효과적인 목양 사역을 위한 일곱 가지 필수요소를 연구하라.
4. 목양팀들을 모으라(장로와 집사들을 필요한 곳에 배치하라). 각 목양팀에 적어도 2명의 위원이 있어야 한다. 좋은 목자로서 당신이 맡은 양들을 잘 목양하기 위해 늘 기도에 힘쓰라. 또한 완성도 높은 사역을 위해 모두가 책임감을 가질 수 있게 하라.
5. 목양팀 멤버들에게 역할 분담을 해서 어떤 양을 맡는 게 좋을지에 대해 살펴보라.
6. 가능하다면 "장로 할당"이라는 방법을 통해 목양팀들 사이에서 양을 선택하라. 목자들과 양들간 현존하는 관계들을 고려해야 한다는 것을 기억하라.
7. 또한 하나의 팀에 "방황하거나", "길을 잃은" 양들을 너무 많이 배정하지 않도록 하라. 양들을 뽑을 때 "개인적인 상황이나 환경 때문에 사역 활동할 수 없는" 멤버들(타 지역 대학생, 바깥출입을 못하는 사람, 이사를 간 사람들 등등)도 포함시켜야 한다. 만약 당신이 교회 개척 사역에 관심이 있다면, 양들을 뽑을 때 지리적인 요소를 고려하라. 이로 인해 지역 모임들이 새로운 교회로 파송될 수 있을 것이다. 양들과 관계를 유지하기 위해 어떤 방법으로 연락을 할지 결정하라. 매달 전화를 할 것인지 매년 심방할 것인지. 혹은 두 가지를 다 할 것인지, 아니면 다른 방법들을 세울 것인지 등, 관계를 다져가기 위해서는 정기적으로 연락을 해야 한다. 이때 명확한 계획들이 필요할 것이다.
8. 양들에게 개인적으로 연락하는 것에 대해 모든 리더들이 책임감

을 갖고 임해야 한다. 목양팀에서는 월별 정기 모임(또는 별도의 모임)을 만들어서 그간 이루어진 연락들에 대해 보고하고 성도들의 기도 제목을 놓고 기도하는 시간을 가져야 한다.
9. 성도들이 예배를 잘 드리는지 또는 사역에는 얼마나 참여하고 있는지 살펴보기 위한 방법을 강구해야 한다. 본서 부록 A의 표를 통해서 매주 교인의 예배 참석을 확인할 것인가, 아니면 좌석에 배치된 출석 카드나 게시판용 출석 확인 용지를 사용할 것인가? 장로들이 성도들의 예배 참석을 확인 할 수 있도록 좋은 방법을 찾아라.
10. 위의 전략들을 순차적으로 도입한 후에 양들에게 연락을 시작할 것을 권한다.

2. 교회를 준비하는 4단계

1. 리더십이 목양하는 것에 대한 확신을 성경을 기반으로 다져지고 세워진 후에 비로소 간략한 말씀들을 설교하도록 해야 한다. 꾸준한 설교를 통해 목양에 대한 신학적인 관점들과 장로들의 역할에 대해 소개해야 한다.[1] 이 사역을 위해 장로들이 또는 (장로들을 대신하여) 목회자들이 회개기도를 해야 할 수도 있다. 사역을 하다 보면 계획하거나 원하는 대로 잘 진행되지 않을 수도 있는데 이러한 때를 위해 기도를 쌓는 것이다. 목회자들은 장로들에

---

[1] 벧전 5장이나 행 20장으로 시작할 것을 추천한다. 이때 구약성경들에 기반해서 설교하는 것이 중요하다.

게 양육 계획을 세부적으로 알려줘서 양들을 잘 이끌 수 있도록 해야 한다. 성도들은 장로들로부터 영적인 돌봄을 받을 수 있다는 사실에 기뻐할 것이다.
2. 계획을 공지한 후, 세부사항들과 장로들의 헌신 서약이 담긴 안내편지를 각 가정과 개인에게 전달해야 한다. 이 편지에서 각각 성도나 가정을 양육하게 될 목자가 누구인지를 알려주어야 한다. 내용은 "000 장로가 당신을 담당하게 되었습니다"가 아닌 "000 장로가 당신을 선택했습니다"로 되어야 한다. 이는 장로가 성도들을 선택했다는 사실을 보다 명확하게 전달하는 것이다. 또한 특정 가정을 선택한 장로의 열정이 느껴지는 부분이다.
3. 목양 사역의 중요성을 강조하고 성도들이 궁금해 하는 점들을 해소해주기 위해서 '양들을 위한 파티'가 필요할 수도 있다. 이는 선택적인 것이나 목양 사역 전체적인 면에서 볼 때 중요한 단계가 될 수도 있다. 일반적으로 정보는 많으면 많을수록 좋기 때문이다.
4. 양들이 담당 장로들에게 기도 제목을 말하기 위해 매달 전화를 '기다릴 필요가 없다'는 것을 알게하라.

3. 마지막 요소

당신은 장로의 자격으로 어느 하루 날짜를 잡고 성도를 만나야 하는데, 이는 목양 사역의 첫 단추라고 생각하면 된다. 연락이 다소 어려울 수 있는 여름을 제외하면 어느 때든지 좋다. 연락이나 심방이 좋은 결과로 이어질 수 있는 때에 목양 사역을 시작하게 되면 큰 격려가 될 것이다.

　목양 시작 시기(연락이 시작될 때)를 설교나 교회 편지로 성도들에게 알리면 사역에 대해 더 책임을 지려하고 사명감을 갖고 임하려 할 것이다. 이를테면 연락 순서를 미리 공지해서 양들이 놀라지 않고 마음의 준비를 할 수 있도록 해야 하는 것이다. 양들은 보통 겁이 많다. 또한 목양 계획을 미리 알려주지 않는 것은 최악의 상황으로 치달을 수도 있다. "방황"하거나 "길을 잃은" 양들에게 교회 편지로 목양 계획을 미리 알려줄 때 어느 시점에 편지를 보내는가도 중요하다.

　이 모든 절차들을 밟은 후에 목양을 시작하라. 일단 연락하기로 마음먹었다면 첫 달이 중요한 것을 잊지 말아라. 그 한 달 동안 맡게 된 모든 양들에게 연락을 돌려야 한다. 계획이 공지됐는데도 연락이 적절한 때에 이뤄지지 않는다면 성도들은 마음의 좌절을 겪고 냉소적인 반응까지 보일 수 있다. 반면, 계획대로 잘 진행된다면 성도들은 당신의 수고에 감사할 것이다. 또한 당신도 하나님이 당신에게 성도 목양 사역을 맡기셨다는 사실에 책임감을 갖고 기쁨으로 임할 것이다.

THE SHEPHERD LEADER

결론

"목자 없는 양처럼?"

～

> 내가 내 자신을 돌아볼 때, 그리고 하나님의 축복을 잘 관리하여 이 사역이 잘 되는 것을 볼 때, 내 마음은 기뻐 춤춘다.
> – 리처드 백스터(Richard Baxter)

가을학기 때마다 나는 웨스트민스터신학교에서 "교회의 역동성과 목회"라는 제목으로 한 과정을 가르치는 기회를 갖는다. 이 과정에서 나는 당신이 이 책에서 읽었던 내용들을 주로 다룬다. 처음 수업 시간에 나는 다음과 같은 질문을 자주 던지곤 했다. "당신이 속한 교회에 목자와 같은 사역자가 있는가?" 슬프게도 전체 수업을 듣는 사람들 중 서넛만이 손을 들 뿐이었다. 그들에게 이 내용을 가르친다는 사실은 일종의 도전을 주는 행위였다. 그리고 그들 중 대부분이 하나님이 그들을 부르신 그곳에 여기 나타난 원리들을 적용하려고 노력했다. 자, 이제 나는 당신에게 묻는다. "당신의 교회에 목자와 같은 사역자가 있는가?" 예수님은 이스라엘의 촌락과 주변부를 돌아다니시며 사람들의 안타까운 모습들을 관찰하시고 그들을 향해 이렇게 말씀하셨다. "그들이 목자 없는 양과 같다." 이 책의 결론 부분에서 당신에게 던지고자 하는 질문은 단 한 가지이다. 당신의 교회 회원 중에 "목자 없는 양"과 같은 자가 있는가? 나는 이 책에서 서술해온 "목자와 같은 목사"가 한물간 고리타분한 비유가 아니라 오늘날의 교회에 절실한 필요임을 확신한다.

교회에는 목자와 같은 장로들이 절대적으로 필요하지 결코 이사회가 필요한 것이 아니다. 교회에는 양을 사랑하고 그들을 위해 올바른 방향을 제시할 뿐만 아니라 인격적으로 돌보는 데 헌신적인 사람들이 필요하다. 내가 바라는 것은, 당신이 이 책의 초반부에 제시한 성경의 내용들에 기초한 이러한 것들을 확신하는 것이다. 내가 당신의 교회에 성경적 원리를 적용하도록 하는 실천적인 제안들을 제공하려고 노력하긴 했지만, 교회의 각 지체들은 당신의 정황에 맞게 그 원리들을 어떻게 적용할 수 있을까, 기도하고 고민해야 할 것이다(그러나 효과적인 목회 설계의 일곱 가지 본질적인 요소는 결코 타협할 수 없는 것이다!). 패커(J. I. Packer)가 리처드 백스터의 목회 사역을 보며 다음과 같은 도전을 던졌다.

> 백스터가 알았고 묘사했던 것과 상당히 다른 상황에 맞게 오늘날 사역이 이루어져야 할 것이다. 그러나 백스터가 우리에게 던지는 질문은 이것이다. 왜 우리는 이렇게 시도하지 않는가? 끊임없이 실천되어야 하지 않는가? 만약 그가 우리가 그렇게 하도록 권하고 있다면 우리는 우리 상황에 맞는 방법을 찾는 일

에 소홀하면 안 될 것이다. 뜻이 있는 곳에 길이 있다.[1]

확신이 서는가? 만약 그렇다면 방법을 찾으라. 당신의 양 떼를 돌봐야 할 교회에서 목양 사역를 확립하는데, 이 책의 원리가 도움이 될 것이다. 양은 교회의 지도자인 당신의 관심을 필요로 한다. 걸려 넘어지고 길을 이탈한 양을 쫓아가는 한발 늦은 목양을 할 것인지, 처음부터 잘 계획하여 한 발 앞선 목양을 할 것인지는 당신의 선택에 달려있다. 나는 선험적인 목양 설계가 양의 이탈을 막아줄 뿐만 아니라 양 떼 가운데 문제가 발생했을 때 당신이 더 나은 반응을 취할 수 있기를 바란다. 선택은 당신의 것이다! 기쁨이 넘칠 것이라는 기대의 성취감을 가지고 목자와 같은 사역을 하라. 양 떼를 위한 사역을 할 수 있는 은혜와 지혜를 구하며 사역 가운데 선한 목자가 되기를 기대하라. 예수님이 흘리신 보혈로 양 떼를 먹이고, 이끌고, 보호하는 당신을 통해 일하실 하나님 보기를 또한 기대하라. 이 주제와 관련된 보물과 같은 데이비드 딕슨(David Dickson)의 말을 빌려 이 글을 마무리하고자 한다.

> 짧은 삶이지만, 우리는 여기 이 땅에서 주님을 위한 사역을 해야 할 것이다. 우리 온 힘을 다해, 바로 우리 주님처럼 최선을 다하자. "그리하면 목자장이 나타나실 때에 시들지 아니하는 영광의 관을 얻으리라"(벧전 5:4).[2]

---

1 J. I. Packer가 *The Reformed Pastor*(1656 repr., Carlisle, PA: Banner of Truth, 1997)에 쓴 서문 19.
2 Dickson, *The Elder and His Work*(repr., Dallas: Presbyterian Heritage Publications, 1990), 82.

THE SHEPHERD LEADER

부록 A

추가 자료

이 부록에서 당신은 당신의 목양 계획을 시행하기에 유용한 세 가지 자료를 얻을 것이다. 이들은 www.theshepherdleader.com에서 무료로 내려받을 수 있다.

첫 번째는 "양 떼 위임장"(Delegating the Flock)이다. 장로나 집사가 목회 팀으로 구성된 후, 그들은 이 도구를 사용하여 양 떼의 여러 회원들을 작성하는데 사용하면 된다. 가족 단위로 회원들의 목록을 구성하라. 관계적인 연결들을 활용해야 함도 기억하라(예를 들면 어느 한 장로의 소그룹에 가족이 있는가?). 만약 당신이 지리적인 접근을 하고자 한다면, 정기적인 만남을 통해서 충분한 목양이 이루어질 수 있도록 "교구"(parishes)를 형성하라. 어느 한 팀에 지나치게 많은 '이탈한' 혹은 '잃어버린' 양을 위임하여 어려움을 겪지 않게 하라. 잊지 말아야 할 것은, 그 목록에 대학교의 학생이나, 군대에 입대한 사람, 선교사, 기타 입원 등의 이유로 바깥출입이 어려운 "비활동 인원"(circumstantially inactive)을 포함시키는 것이다. 위임장을 작성하는 데 오래 걸리지 않을 것이다.

두 번째는 "목자 관찰 기록서"(Shepherd's View Sheet)이다. 각각의 목양팀은 그들의 양 떼의 회원들이 함께 기술된 목자 관찰 기록서를 갖고 있어야 한다. 첫 번째 칸에는 최근 만남 날짜를 기록한다(직접 방문이나 전화 심방 등). 다음 칸에 보면, "직접 눈으로" 확인한 후, 두 달간 "직접 기록한" 예배 출석 현황을 볼 수 있을 것이다. 그리고 다음 칸에는 해당 회원에게 어떤 사역을 했는지를 기록하는 칸이 있다. 교회의 회원 한 명, 한 명에 헌신한다는 것은 중요하다는 것을 기억하라. 마지막 칸에는 당신과 그 교회의 회원과 만났을 때, 당신에게 요청된 기도를 적는 곳이다. 이러한 "목자 관찰 기록서"는 매달 새롭게 작성 되어야 한다.

세 번째는 "월별 목양팀 보고서"(Monthly Shepherding Team Report)이다. 이 보고서는 책임감과 연결된 중요한 요소이다. 각각의 목양팀은 매달 의무적으로 만남을 가진 후에 이 보고서를 제출해야 한다. 이 보고서에는 만난 사람의 수, 회원 정보의 변화(예를 들면 전화번호나 주소 등), 기타 공유되어야 할 것들을 기입해야 한다.

양 떼 위임장

#1 장로/집사	#2 장로/집사	#3 장로/집사	#4 장로/집사	#5 장로/집사

목자 관찰 기록서

장로/집사	마지막 미팅일자	2월				3월				사역 내용	기도 제목
		1	8	15	22	29	7	14	21	28		
1												
이름												
2												
이름												
3												
이름												
4												
이름												
환아												
이름												
대학												
이름												
이사												
이름												

월별 목장 정기 보고서 양식

월별 정기 보고서

목양 사역

_____달

미팅 날짜:_____

팀 리더　　:_____

접촉 성공 비율(총 시도/실제 만남):

　　일반 성도　　:_____ / _____

　　환우　　　　:_____ / _____

　　이사간 성도:_____ / _____

정보(주소/전화번호 등) 변경사항:

_____

_____

_____

기타 사항

_____

_____

_____

THE **SHEPHERD**
L E A D E R

부록 B

"기간제 장로직에 대한 반론"

존 머레이(John Murray)[1]
전 Westminster Theologycal Seminary 조직신학 교수

이 짧은 글에서 논의하고자 하는 것은, 다스리는 장로의 선택과 임직에 있어서, 제한된 특정한 회기에만 공식적으로 선택되고 임직되는 것인지 아니면 그 선택과 임직이 공식적으로 종신직인지에 관한 것이다. 현대의 저자들이 취하는 입장은 후자, 즉 시간의 제한을 둔 공식적인 임직에 대한 개념은 신약에서 근거를 찾을 수 없으며, 또한 선택이나 임직에 대한 함축에도 반대한다는 것이다. 이러한 입장에 있어서, 먼저 분명하게 해야 하는 것은 다루고자 하는 문제가 무엇인지에 관한 것이다. 다스리는 장로는 공식석상에서 사라져야 한다는 문제를 다루고자 하는 것이 아니다. 물론 어떤 장로는 잘못된 교리나 부도덕성으

---

[1] John Murray, *Collected Writings*(Carlisle, PA: Banner of Truth, 1977), 2:351-56. 이 부록 B는 Banner of Truth Trust 출판사의 동의하에 여기에 실었다.

로 인해서 공식적으로 물러나야 할지도 모른다. 그리고 비록 그가 심각한 잘못을 저지르지 않았다 할지라도 기타 사유로 그가 그 자리를 내려놓아야 할 수도 있다. 예를 들면, 그가 요구되는 은사가 부족하다고 판단될 때이다. 만약 그러한 일이 있는데도 계속 장로의 직분을 수행하고자 하는 것은 그리스도께서 제정하신 제도를 우스꽝스럽게 만드는 것이 될 것이다. 그러한 경우 그 장로는 사임해야 하고 그 사임 요청은 수리되어야 한다. 혹은 그가 단순히 회기에 맞게 적절한 행동으로써 그 직분을 내려놓는 일도 있을 수 있다. 이러한 후자의 경우에 일어날 수 있는 기타 절차들은 이 논의의 관심사가 아니다. 어느 한 장로가 장로의 직분으로서의 활동을 못하게 될 때, 그는 더 이상 그 직분을 유지하지 못할 것이다. 이러한 불가 상태는 질병이 원인일 수도 있고, 그가 살고 있는 거주지로부터 멀어져서 더 이상 그 의무를 감당하지 못하게 되는 것이 원인일 수도 있다. 이러한 환경에서 그의 장로직은 유지되기 어려울 것이다. 우리는 장로의 직분과 기능을 나누고자 하지 않는다. 따라서 여기서 다루고자 하는 종신직의 임명 사안은 필요할 때 요구되는 사임의 차원이 아니다. 또한 환경에 따른 사임의 권리나 의무에 관한 것도 아니다. 논쟁되어야 할 것은 전혀 다른 차원의 것이다. 제한된 기간 동안 다스리는 장로의 임명 시행이 개혁파 교회에서 오랫동안 시행되어 온 것은 분명한 사실이다. 그 역사를 추적하다보면 많은 흥미로운 사실이 빛을 가져다 줄 수 있을 것이다. 그러나 지금 우리 관심사는 성경이 말하고자 하는 바가 무엇이냐라는 것이다.

이 글에서 수용한 입장을 지지하기 위해 무엇보다도 먼저 말해야 할 것은 이것이다. 즉, 소위 우리가 "기간제 장로직"이라고 부르는 것이 신약성경에 분명하게 나타나지 않는다는 것이다. 관련 구절들에서 장로를 공식적으로 임명된 자에게 주어지는 특별한 기간이라는 것을 암시하는 곳은 없다. 이것은 결코 가볍게 넘겨질 수 있는 사안이 아니다. 그 자체만으로 이러한 문제를 결정지을 수 없다면, 기간제 장로직에 대한 정확한 근거가 없다라는 것을 밝히는 것이 필연적이다. 우리는 반드시 다음의 두 가지 방식을 염두에 두어야 한다.

첫째, 성경은 하나님의 뜻을 우리에게 계시하기 때문에, 그것은 성경에 분명하게 기록되어 있다는 것이다.

둘째, 선과 필연성으로 인한 결과는 성경으로부터 추론될 수 있다는 것이다.

우리는 우선 전자에 입각해서, 분명한 근거라는 측면에서 이러한 부분을 확실하게 해야 한다. 즉, 기간제 장로직에 대한 개념을 지지할 만한 근거가 없다는 것이다.

그러나 적절하게 다음과 같이 논의될 수는 있다. 비록 기간제 장로직 자체가 분명한 근거를 갖지 못한다고 하더라도 그것에 반대하는 근거도 없으며, 신약은 이를 일종의 열린 결론을 두고 있지 않느냐는 것이다. 즉, 신약은 이것을 어떤 법률로 제정하지 않았다는 것이다. 이러한 입장은 오늘날 현대의 저자들이 논의하고 있는 것이다. 비록 성경이 기간제 장로직에 분명하게 법률적으로 반대하고 있지는 않지만, 선함과 필연성의 추론의 범주로 나뉘는 고려사항들이 있으며, 그것들은 이러한 관행이 적절하지 않기에 반대하고 있다. 이러한 고려사항들은 이러한 공직의 선택과 임명이라는 행위 속에 내재하고 있는 암시로부터 추출될 수 있다. 그러한 암시들은 기간제 장로직과 조화되지 않는다.

장로직에 대한 자질이 신약성경에 분명하게 드러나 있다(딤전 3:1-7; 딛 1:5-9; 참조. 행 20:28-35). 이러한 자질들은 높은 수준의 것이며, 그것들이 암시하는 바는 그러한 자질들을 갖춘 사람은 성령과 교회의 머리되신 그리스도로 말미암아 그것들을 소유하게 되었다는 것이다. 따라서 자격을 갖춘 사람들이 그러한 은사들과 은혜를 부여받은 목적은, 그가 받음으로써 얻게 된 그 능력으로 그리스도의 교회를 섬기도록 하기 위함이다.

하나님의 교회에는 다양한 은사들이 있다. 그 소유한 은사들은 전체 몸의 통일성을 수행하는 각 사람의 기능에 영향을 준다. 따라서 장로직에 해당되는 은사는 일시적인 성격의 것이 아니다. 사람이 은사를 소유한다는 것은 그 은사를 영구적으로 소유하게 되었다는 말과 같다. 물론, 슬프게도 신실치 못함으로 그것들을 잃어버릴 수도 있다. 그러나 어느 한 사람이 은사를 소유하게 되었으면, 우리는 반드시 그 사람은 신실하게 계속 은사의 소유를 입증할 것이라고 생각할 뿐, 굳이 그가 신실치 못함에도 계속 은사를 입증할 수 있지 않을까라는 일종의 의심을 가져서는 안 될 것이다. 단순한 사실은, 어느 한 사람이 장로의 직분에 합당한 자질을 가질만한 은사를 얻게 되었을 때, 우리는 그 은사들이 계속해서 그에게 머물러 영구적으로 그를 공직의 기능을 수행하기에 적합하게 만든다고 여겨야만 한다.

회중이 어느 한 사람을 장로로 선택했을 때, 그리고 회기에 그가 임직되었을 때, 회중과 회기는 둘 다 그가 그러한 자질들을 갖추었다고 확신해야만 한다. 그들이 다르게 행동한다면, 그들은 신약의 제도를 위반하게 되는 것이다. 그러나 이러한 회중과 회기의 판단은 사람이 자질들을 갖추었는지 보다 더 많은 다른 것들을 포함한다. 또한 선택에 대한 판단은 그가 수여받은 은사라는 이유로, 교회의 머리되신 그리스도와 교회 가운데 내주하시는 성령께서 이 사람을 그 거룩한 직분으로 부르셨다는 소명을 포함한다. 다르게 말하자면, 회중과 회기는 그들 스스로가 그리스도와 그의 성령의 부르심이 이러한 결과를 도출해내었다는 것을 나타내는 도구임을 인식해야 한다. 사도 바울이 에베소의 장로들에게 한 말이 지금 논의에 아주 적절하다.

> 여러분은 자기를 위하여 또는 온 양 떼를 위하여 삼가라 성령이 그들 가운데 여러분을 감독자로 삼고 하나님이 자기 피로 사신 교회를 보살피게 하셨느니라(행 20:28).

이러한 두 가지 사실들을 살펴볼 때(공직에 적합하게 하는 은사의 영구성과 교회의 판단이 곧 예수 그리스도께서 공직 수행으로 사람을 부르신 소명이라는 것) 제한된 기간을 위해 공직에 임명하고 세우는 교회의 판단과 행위라는 것은 결코 이 모든 사실과 조화될 수 없는 듯하다. 장로직의 기간에 대한 명확한 근거가 부족하다는 사실은 최소한, 제한된 기간 임직을 제도화하는 것은 매우 위태로운 것이라고 할 수 있다. 우리가 공직을 위한 자질이 그리스도의 은사이며, 따라서 이러한 은사를 활용하기 위한 그리스도와 성령의 유효한 소명임을 생각할 때, 또한 이러한 은사의 소유는 일시적이지 않고 지속적인 것이며, 심지어 그 활동 가운데서 맺는 열매와 결과 안에서 점점 그 은사가 풍성해진다는 것을 염두에 둘 때, 임시적 공직 임명을 정당화 시킬 수 있는 아주 결정적인 증거가 반드시 제시되어야 할 것이다. 하지만 그러한 결정적인 증거라는 것은 결핍되어 있다. 이러한 조명 안에서 명확한 근거의 부재가 시사하는 바는 매우 중요하다. 오직 결정적인 근거만이 우리가 지금까지 다루어 온 이러한 고찰들의 타당성을 분쇄시킬 수 있을 것이다.

마지막으로, 다스리는 공직은 통일성과 관련된다는 논의가 남아있다. 하나님의 교회를 다스린다는 측면에서, 다스리는 장로와 가르치는 장로는 완전히 동등하다. 가르치는 장로가 임명될 때 그는 가르치고 다스리기 위해 임명되며, 그의 다스리는 기능은 가르치는 기능만큼이나 영구적이다. 정통장로교(Orthodox Presbyterian Church, OPC)에는, 적어도 내가 아는 한, 가르치는 장로의 임직 기간에 관한 헌법조항이 없으며 제안된 적도 없다. 그러나 다스리는 장로의 임직 기간은 제안되고 주장된다. 이는 명백한 모순이다.

최소한의 일관성이 요구되어야 한다. 만약 장로직의 기간이 다스리는 장로의 경우에만 우리 교회 정치 체제로 제안되고 승인된다면, 동일하게 가르치는 장로의 경우에도 제안되고 승인되어야 한다.

우리가 가르치는 장로의 경우를 동일한 임직이라고 생각할 때 장로직의 기간이라는 것이 아주 이례적이라고 생각하는 것이 여기서 도움이 될 것 같다. 가르치는 장로와 관련하여 그러한 제안이 이루어지지 않는 이유에 대해서 의심하지 않는다는 사실이 보여주는 것은, 가르치는 장로는 복음을 전하는 자로 부르심을 입었다는 소명과 그러한 기간제가 일치되지 않는다고 우리가 생각하고 있다는 것을 암시한다. 바로 그렇다! 다스리는 장로의 부르심도 동일하게 평가되어야 한다. 그때 우리는 다스리는 장로의 경우에도 기간이 있다는 사고가 얼마나 부적절한 것인가를 생각할 수 있을 것이다.

이와 관련된 모든 고찰 중에서 가장 중요한 것은 다스리는 장로의 기간은 다스리는 장로와 가르치는 장로 사이를 갈라놓는 일종의 선을 긋는다는 사실이다. 그 둘은 공통의 한 기능을 가지고 있기도 하고, 동시에 둘은 동등하다. 가르치는 장로는 다스리는 직무의 종신직에 임명

되는 것이다. 그러나 만약 다스리는 장로의 기간제가 수용된다면 그것은 종신직에 임명되는 것이 아닐 것이다. 바로 여기에 다스리는 장로와 가르치는 장로 사이에 날카로운 분열을 가져오는 구분의 선이 존재한다. 통일성과 완전한 동등성을 지키기 위해 이러한 것이 필요한가? 다스리는 장로에게 기간제를 시행한다는 것은 장로의 직무의 기본적 통일성과 특별히 교회 정치에 있어서 모든 장로가 동등하다는 것을 인식하지 못하는 완전한 교권주의를 생각나게 한다.

만약 다스리는 장로가 아니라, 생명의 사역으로 부름을 받고 말씀과 교리의 사역을 전적으로 자신의 사역으로, 즉 전임 사역자가 되었다면, 다음 세 가지를 기억해야 한다.

1. 사역자가 자신의 시간 전부를 이 직무에 쏟고 장로는 그렇지 못하다 할지라도, 장로가 다스리는 직무에 있어서 영구적인 책임이 없는 부르심으로 간주되었다고 생각해서는 안 된다. 그가 비록 그 사역에 전념하지 못할 수 있지만, 그렇다고 해서 결코 영구적인 직무로 부르심을 받지 못한 것이 아니다. 전임이나 파트나 직분에 대한 소명의 영구성에 대해 의심을 제기해서는 안 된다.

2. 디모데전서 5:17이 가르치는 바, 가르치는 장로는 그의 가르치는 사역에 대하여 마땅한 대가를 받아야 한다. 파트 타임의 사역도 전임 사역처럼 그 종신직으로 선언되어야 한다.

3. 심지어 다스리는 장로들이 다스리고 돌보는 의무에 전념한다면, 당연히 사례가 지불되어야 한다. 노동자의 보수는 마땅히 존중

받아야 하기 때문이다.

| 기간제 장로직에 반대하는 실제적인 제안 사항들 |

1. 기간제 장로직에는 사람들의 마음에 시험기간이라는 개념을 자꾸 만들어 내는 경향이 있다. 그러한 것은 장로의 선택에 있어서 어떠한 형태로도 자리 잡아선 안 된다.
2. 기간제 장로직에는 장로의 마음에도 그러한 개념을 발전시키려는 경향이 있다. 따라서 책무와 공직에 대한 개념을 줄어들게 한다.
3. 기간제 장로직은 지속성을 위협하며 따라서 책임감과 직무의 안정성도 방해한다.
4. 기간제 장로직은 선한 장로든 나쁜 장로든 그들을 해임시키는 원인이 될 것이다.
5. 기간제 장로직은 목사로 하여금 당을 짓고 불화를 일으키게 할 수도 있다.
6. 기간제 장로직은 정치체제와 민주주의의 대표자라는 인상을 주기 쉽다. 그러나 장로교는 민주주의가 아니다(Presbyterianism is not democratic).
7. 기간제 장로직은 장로직이 사라질 것이라는 인상을 남긴다.

결론적으로 이것은 다른 다양한 논의로 상쇄될 수 없으며, 더 이상 진전한다고 해도 더 나은 주장은 없을 것이다.

THE SHEPHERD LEADER

 MEMO

목자 리더십
The Shepherd Leader

2014년 6월 5일 초판 발행
2022년 9월 10일 초판 2쇄 발행

지 은 이 | 티모시 Z. 위트머
옮 긴 이 | 임경철

편　　집 | 박상민, 윤지현
디 자 인 | 김복심, 이보람
펴 낸 곳 | 개혁주의신학사
등　　록 | 제21-173호(1990. 7. 2)
주　　소 | 서울시 서초구 방배로 68
전　　화 | 02) 586-8761~3(본사) 031) 942-8761(영업부)
팩　　스 | 02) 523-0131(본사) 031) 942-8763(영업부)
홈페이지 | www.clcbook.com
이 메 일 | prpkor@gmail.com
온 라 인 | 기업은행 073-073466-01-010
　　　　　예금주: 개혁주의신학사

ISBN 978-89-7138-024-6 (93230)

* 낙장 · 파본은 교환해 드립니다.